STUDIES
IN MEDIEVAL AND
REFORMATION THOUGHT

EDITED BY

HEIKO A. OBERMAN, Tucson, Arizona

IN COOPERATION WITH

THOMAS A. BRADY, Jr., Eugene, Oregon
E. JANE DEMPSEY DOUGLASS, Princeton, New Jersey
PIERRE FRAENKEL, Geneva
GUILLAUME H. M. POSTHUMUS MEYJES, Leiden
DAVID STEINMETZ, Durham, North Carolina
ANTON G. WEILER, Nijmegen

VOLUME XXXIX

CHRISTIAN BRAW

BÜCHER IM STAUBE

LEIDEN
E. J. BRILL
1986

dir ist Freüde die Fülle
lche Ehre werden alle Heiligen haben

Vorsatzblatt von Dieckmanns Ausgabe vom WChr, 1706.

BÜCHER IM STAUBE

*Die Theologie Johann Arndts
in ihrem Verhältnis zur Mystik*

VON

CHRISTIAN BRAW

LEIDEN
E. J. BRILL
1986

ISBN 90 04 07815 0

Solcher alten kurtzen Büchlein
die zu einem heiligen Leben führen
liegen viel im Staube verborgen
wie Joseph im Kercker.

Arndt

Karin gewidmet

INHALTSVERZEICHNIS

ABKÜRZUNGEN

BEK   Die Bekenntnisschriften der evangelisch-lutherischen Kirche, Göttingen 1979

BT   Baseler Taulerdruck 1522

H   Johannes Tauler: Predigten, hg. von Georg Hofmann, Freiburg im Breisgau 1961, Neudruck: Einsiedeln 1979

KA   Angela von Foligno: Visiones et Instructiones, Köln 1601 (Kölner Ausgabe)

LTK   Lexikon für Theologie und Kirche, Freiburg im Breisgau 1957-1967

Lz   Angela von Foligno: Gesichte und Unterweisungen, übers. von J.H. Lammertz, Köln, Bonn und Brüssel 1851

NChr Thomas à Kempis: Nachfolge Christi, hg. von Johann Arndt, Magdeburg 1606

RGG Die Religion in Geschichte und Gegenwart, Tübingen 1957-1965

STK   Svensk Teologisk Kvartalskrift

ThD   Theologia Deutsch, hg. von Herm. Mandel, Leipzig 1908

TRE   Theologische Realenzyclopädie, Berlin und New York 1977-

V   Die Predigten Taulers, hg. von Ferd. Vetter, Berlin 1910

WChr Johann Arndt: Vom Wahren Christentum

VORWORT

Diese Arbeit ist aus der pastoralen Erfahrung erwachsen. Als junger Landpfarrer in den alten Grenzgebieten zwischen Schweden und Dänemark wurde ich durch pietistische oder, wie man in Schweden sagt, alt-kirchliche Kreise mit dem Werk Johann Arndts bekannt. Die Begegnung mit dem wahren Christentum, das ich hier verwirklicht sah, gehört zu den Erlebnissen, die mein Leben entscheidend geprägt haben. Mit grosser Dankbarkeit erinnere ich mich besonders an Ellen Svensson und Ruth Carlsson, Ebbalycke, Hertha Carlsson, Tingsmåla, und Simeon Davidsson, Urshult, und vor allem an meinen verehrten Vorgänger als Pastor in Halltorp, Manfred Wiesland, der mir ein Exemplar von Arndts Wahres Christentum geschenkt hat und dadurch den entscheidenden Anstoss zu dieser Untersuchung gegeben hat.

Das Bistum Växjö und Bischof Sven Lindegård haben durch mir gewährten Urlaub die äusseren Voraussetzungen für diese Arbeit geschaffen.

Professor Bengt Hägglund hat diese Arbeit unermüdlich und ermutigend betreut. Seine Forschungsmethode hat mir wichtige Anstösse gegeben. Dozent Gösta Wrede hat die Arbeit ebenfalls durch kreative Vorschläge und kritische Gesichtspunkte zu ihrer Durchführung gefördert. Die Mitglieder des systematischen Seminars an der Theologischen Fakultät zu Lund haben mir alle wertvolle Hilfe geleistet. Besonders gilt mein Dank Teol. Dr Carl Axel Aurelius und Fakultätslehrer Asger Højlund.

Professor Johannes Wallmann, Bochum, hat mich gastfreundlich aufgenommen, ich verdanke ihm wichtige Gesichtpunkte für die Untersuchung. Professor Heiko A. Oberman, Tucson, Arizona, danke ich für wichtige Ratschläge und dafür, dass er das Buch in diese Reihe aufgenommen hat.

Personal und Forscher der Universitätsbibliothek zu Lund haben mir grosszügige Hilfe geleistet. Besonders danke ich Professor Gotthard Nygren, Professor Bernt Olsson, Dozent Rolf Lindborg, Dozent Aleksander Radler und Bibliotekar Per Ekström.

Frau Dr. phil Christiane Boehncke Sjöberg hat die Darstellung einer gründlichen sprachlichen Durchsicht unterzogen. Pfarrer und Frau Josef Imberg haben das Manuskript für den Druck vorbereitet. Biblioteksreferendar Leif Lindin ist mir bei den Zitatkontrollen behilflich gewesen. Frau Eva Andersson hat die Entwürfe ausgeführt, Frau Anna Ehde Malmberg hat mit Interesse und Umsicht an dem Satz gearbeitet; Direktor Åke Svenson und seine Mitarbeiter an der Zentraldruckerei in Borås haben den Druck in kurzer Zeit durchgeführt. Ihnen allen schulde ich Dank.

Meine Eltern, meine Frau Karin und meine Kinder Elisabeth, Anna, Johan, Daniel und Mikael haben alle die Arbeit ausdauernd und mit Interesse, je nach Vermögen, unterstützt. Vor allem danke ich Karin; ihr ist die Untersuchung gewidmet. Sie ist "eine Gehilfin, die um ihn sei" (1 Mos. 1,18) "viel edler denn die köstlichsten Perlen" (Sprüche 31,10) gewesen.

Wer lange mit Arndt und Tauler umgegangen ist, dem ist zutiefst bewusst geworden, dass eine jede menschliche Arbeit die vollbracht ist, nicht auf Erden ihre Vollendung findet, sondern im "Rücklauf" zu Dem, der Kraft dazu gegeben hat, d.h. in Lob und Preis des Höchsten. So gebührt es sich, schon hier Arndt das Wort zu geben und seine Lehre in Leben zu verwandeln, wie er es von den Mystikern gelernt hatte: "Gleich wie ein Wasser aussfleusset und wieder einfleusset in seinen Ursprung: Also trage deine Gaben wieder/ in GOTT/ darauss sie geflossen sein" (WChr 3:22:4, s. 150).

AUS DER FORSCHUNGS-GESCHICHTE

Der Anstoss zur Arndt-Forschung wird schon im Vorwort zum Ersten Buch des Wahren Christentums dargelegt, wo Arndt schreibt, dass hier "etliche Reden nach Art der alten Schribenten Tauleri, Kempisii und anderer" miteingemischt seien, wie er auch im ersten Kapitel im Dritten Buch auf Tauler hinweist: "...und dann in folgenden des Geistreichen Mannes Johannis Tauleri Theologiam einführen/ dessen Wort ich auch in diesem Buch / so viel immer müglich/ unnd unser itzige zierliche Deutsche sprach erleiden will behalten hab."[1]

Damit ist die Hauptfrage der Arndt-Forschung gestellt: was bedeutet bei Arndt das Erbe der Mystik? Dazu wurde durch das Erscheinen von Weigels Betbüchlein 1612 die Übernahme dieser Schrift durch Arndt in WChr 2:34 deutlich gemacht.

Die Arndt-Forschung steht bis zur heutigen Zeit in einem engen Zusammenhang mit den Arndtschen Streitigkeiten, der nicht zu übersehen ist. Arndts Kritiker Lucas Osiander hat seine Quellen mit diesen Worten beschrieben: "... dass bissweilen Tomas de Kempis, Johannes Tauler/ Gerson de monte Contemplationis, Granatensis Theologia Teutsch/ und andere Päpstliche Scribenten/ bissweilen auch Caspar Schwenckfeld/ Flacius Illyricus/ Paracelsus, und wol gar Wigelius mit jhre verbis formalibus oder eigentlichen Worten reden."[2]

Einen grossen Schritt vorwärts machte die Arndt-Forschung mit Gottfried Arnolds Entdeckung von dem Einfluss Angelas (1702); seine Ergebnisse wurden von Johann Dieckmann erhellt.[3] Weiterführende Ergebnisse erreichte später, und vermutlich von Dieckmann unabhängig, Gerhard Tersteegen.[4]

Ferner hat Wilhelm Koepp das Quellengut der Mystik und der Naturphilosophie im WChr identifiziert, und die Resultate der Forschungsgeschichte auf diesem Gebiet wurden gründlich untersucht und weitergeführt von Edmund Weber im Werk "Johann Arndts vier Bücher vom Wahren Christentum", das eine Voraussetzung für

1 WChr 3:1:4, S.4.
2 Lucas Osiander: Theologisches Bedenken, S.8.
3 Hans Schneider: Johann Arndt und die makarischen Homilien, S. 202. Johann Dieckmann: Vorrede zu WChr, Stade 1706, S. 14.
4 Edmund Weber: Johann Arndts vier Bücher vom Wahren Christentum, S. 1.

die vorliegende Arbeit bildet, indem die quellengeschichtliche Darstellung, die Weber beabsichtigt, hier systematisch und ideengeschichtlich untersucht werden soll.

Die moderne Geschichte der Arndt-Forschung nimmt ihren Anfang bei Albrecht Ritschl, und die von ihm aufgeworfenen Fragestellungen beherrschen noch jetzt die Forschungslage. Die wissenschaftliche Forschung auf diesem Gebiet ist seitdem ohne Ritschl nicht zu denken. Die gründlichen Untersuchungen Koepps, die bis jetzt den unumgänglichen Ausgangspunkt der Arndt-Forschung bilden, sind von den Ergebnissen Ritschls zutiefst beeinflusst. Indessen ist aber die grundlegende Fragestellung dieselbe wie die der Arndtschen Streitigkeiten des 17. Jahrhunderts: Ist Johann Arndt als echter Lutheraner anzuerkennen?

Ritschl findet, dass bei Arndt in der "unverrückte(n) Anerkennung der Reformation Luthers, deren religiöse Grundsätze durch seinen Rückgang auf die Mystik zwar vielfach verdeckt, aber doch nicht völlig verdrängt worden sind."[5]

Um Ritschls Haltung zu verstehen, muss man zuerst die zwei Antithesen, die sein Bild vom Luthertum kennzeichnen, erkennen: er bekämpft Metaphysik und Mystik[6]. Glaube, lutherischer Glaube lebt für Ritschl "von der Anerkennung des Zieles des Reiches Gottes, also des Sieges des Guten in der Menschheit, oder der fortschreitenden moralischen Verbesserung des Ganzen."[7] Es ist hier ein Glaubensverständnis vorhanden, das wohl der Ritschlschen Gedankenwelt eigen und echt ist, aber sich für das Eindringen in Arndts Anliegen wenig eignet. Dieses Glaubensverständnis hat zwar zur Folge, dass das Hauptwort der christlichen Mystik, Luk 17,21, "Das Reich Gottes ist in euch", "unmöglich die Gegenwart des Reiches Gottes in dem Gemüthe der Fragenden behaupten kann, sondern nur die Gegenwart jener Grösse in demselben Raume, den die jüdische Religionsgemeinschaft einnimmt."[8] Und das grosse Ziel der Mystik, die Anschauung Christi, kann für Ritschl nur "die Unterordnung des Willens unter das Muster der göttlichen Gnade in einem Menschen sein, welcher der religiösen Gemeinschaft, in die man sich eben durch jene Anschauung einreiht, sowohl ihre Versöhnung mit Gott gewährleistet, als auch den obersten gemeinschaftlichen Zweck im Guthandeln einprägt."[9] Es sind also die Worte Ritschls von dem bei Arndt zwar vielfach verdeckten, aber nicht völlig verdrängten Erbe der Reformation Luthers von dem Verständnis des Lutheri-

5 Albrecht Ritschl: Geschichte des Pietismus Bd II, S. 60.
6 Wilhelm Koepp: Johann Arndt, Berlin 1912, S. 4.
7 Ritschl a.a.O. S. 59.
8 Ibid. S. 49 f.
9 Ibid. S. 49.

schen in der Ritschlschen Epoche her zu sehen. Anders ausgedrückt: was Ritschl beschreibt, ist das Verhältnis Arndts zu dem im Kulturprotestantismus lebendigen Luthertum.

Ritschls Arndtkritik hat Fr. Hashagen zu einer gründlichen Verteidigung aufgerufen in seiner Monographie (Predigt der Kirche, Bd 26, Leipzig 1894). Hashagen geht nicht nur, wie Ritschl, vom WChr aus, sondern will dieses Werk zusammen mit dem ganzen Arndtschen Schrifttum sehen.

Die Ergebnisse Ritschls weiterzuführen war auch Wilhelm Koepps Anliegen, und zwar durch eine Ergänzung der historischen Methode Ritschls mit religionspsychologischer Analyse und religionsphilosophischer Kritik.[10] Für Koepp sind Mystik und Christentum einander entgegengesetzt, und sein Ziel ist, die Beziehung der Mystik zum Protestantismus zu untersuchen.[11] Seine Methode ist ein Herausziehen der Mystik aus Arndts Werk; er will die Mystik bei Arndt selbständig erfassen.[12] Dieses Verfahren gründet sich auf die Behauptung, dass Arndts Werk nicht einheitlich sei.[13] Seine Untersuchung richtet sich vor allem auf die drei ersten Bücher des WChr[14]; wir begegnen also bei Koepp nicht dem ganzen Arndt. Sein Bestreben, die endgültige Lösung[15] darzustellen, hat folgende Ergebnisse: "Jesus Christus ist besser als der blosse Seelengrund. Unsere Hauptfrage nach der Berechtigung der 'Arndtschen Mystik' im Luthertum ist völlig zuungunsten dieser Mystik entschieden. Das ist das endgültige Ergebnis."[16] Koepps Analyse hat ihn dazu geführt, im Seelengrund als Begriff bei Arndt etwas an sich Göttliches zu finden.[17] Hieraus ist sein Urteil zu verstehen, und diese Behauptung wird im folgenden geprüft. Er ist, wie gesagt, zu seinem Ergebnis gelangt, indem er die Züge bei Arndt voneinander scheidet, die bei Arndt vereinigt sind. Sein Urteil trifft also nicht den ganzen Arndt, nicht einmal das ganze Wahre Christentum, sondern das was Koepp als Mystik im WChr identifiziert hat, mit anderen Worten eine Anschauung, die Arndt nie gepredigt hat in der Form, die sich bei Koepp findet. Wie bei Ritschl, so müssen auch bei Koepp die Ergebnisse vor dem Hintergrund des Lutherbildes und der Beurteilung der Lehre von der unio mystica verstanden werden. Koepp arbeitet in diesem Zusammenhang nicht mit Luther selbst, sondern lässt nur das

10 Koepp a.a.O. Vorrede S. VI.
11 Ibid. S. 8, 259, 262, 263 f.
12 Ibid. S. 9.
13 Ibid. S. 181.
14 Ibid. S. 180.
15 Ibid. S. 181.
16 Ibid. S. 276.
17 Ibid. S. 271, 275.

als lutherisch gelten, "was gemeinhin von dem Vorwurfe des 'Unlu-therischen' in der Geschichte noch nicht betroffen worden ist. Damit fällt ja von sich selbst alle Mystik aus dem Rahmen des Lutherischen fort."[18] Diese Voraussetzung erreicht in Koepps "endgültiger Lösung" ihre Antwort. Sie bildet auch den Grund für die Methode, die mystischen und lutherischen Züge im WChr voneinander zu scheiden.[19] Wie ein Widerhall der Voraussetzung gelangt Koepp zu seinem Ergebnis: "Arndts Lebenswerk, 'die Mystik im Luthertum' ist für uns gefallen."[20] Die Zeit des Kulturprotestantismus, von dem Koepps Werk ausgegangen ist, hat seine Ergebnisse auch tief geprägt, mit einer Selbstbehauptung des Protestantismus und "der neuen weltoffenen Zeit seit 1870"[21], die nunmehr vor allem von theologie-geschichtlichem Interesse sind. Zu ihren bleibenden Anstössen gehört aber, dass sie unermüdlich das Arteigene beim Christentum, bzw. Protestantismus gesucht hat, wennschon sie dabei oft beim eigenen Zeitgeist stehen geblieben ist.

Der andere Punkt, von dem her Koepp zu verstehen sein muss, ist seine Beurteilung der Lehre von der Einwohnung Gottes, des Kerns der Mystik. Wie Ritschl das Paulus-Wort "Christus in uns" als eine gottgemässe Haltung[22] verstanden hat, so ist es auch bei Koepp für das Luthertum, "die allein vollkommene und absolute Religion": "Sie will zwar keine 'Vereinigung' bringen, aber sie bringt die Ver-kehrs'gemeinschaft' mit Gott."[23] Es liegt aber in dieser Behauptung verborgen, dass die unio mystica die Eigengöttlichkeit der Seele bedeutet.[24] Diese Annahme macht das Urteil Koepps verständlich, dass die Mystik eine dem Luthertum entgegengesetzte Sonderreli-gion sei, ungesund, unchristlich, auf eine religiöse Selbsterlösung zielend[25], wie auch das Ziel seines Werkes, das Wesen der Mystik in ihrer Beziehung zum Protestantismus darzustellen.[26]

Eine gute Zusammenfassung des Standpunktes der älteren Arndt-Forschung bietet Hilding Pleijel.[27] Die Mängel dieser Forschung sind aber nicht zu übersehen: sie hat fast nur mit WChr gearbeitet,

18 Ibid. S. 182. Vgl. S. 245.
19 Ibid. S. 257 f. Vgl. S. 270, 275, 283 f.
20 Ibid. S. 284.
21 Ibid. S. 278, 285, 295. Vgl. Koepp 1959, S. 17.
22 Ritschl a.a.O. Bd II, S. 43.
23 Koepp 1912, S. 263.
24 Ibid. S. 7. Vgl. S. 271, 275.
25 Ibid. S. 290 f. Vgl. S. 282.
26 Ibid. S. 8, 259, 262 f.
27 H. Pleijel: Die Bedeutung Johann Arndts für das schwedische Frömmigkeitsleben; in: Der Pietismus in Gestalten und Wirkun-gen, Festschrift Martin Schmidt, 1975, S. 383-394.

sie hat in ihrer Fragestellung nach Arndts Verhältnis zum Luthertum nicht selbständig Luther untersucht, wie sie auch wenig mit den mystischen Texten gearbeitet, sondern hauptsächlich nur die nach Ritschl landläufige Auffassung von der Mystik wiedergegeben hat. Auch die Voraussetzungen des Kulturprotestantismus beachtete sie wenig.

Diese Schwäche wurde bald an einem Punkt deutlich, da die Wandlung des Lutherbildes, die mit Karl Holl verbunden ist[28], die Auffassung des Luthertums eines Ritschl oder Koepp nicht unangefochten liess. War Luther nun ein anderer in seiner Beziehung zur Mystik als man gedacht hatte, dann musste auch die immer gegenwärtige Frage nach Arndts Verhältnis zum Luthertum aufs neue beantwortet werden.

Wilhelm Koepps Aufsatz "Johann Arndt und sein Wahres Christentum - Lutherisches Bekenntnis und Ökumene" (1959) bietet ein Beispiel dafür, wie nicht nur das neue Lutherbild, sondern auch der Zeitgeist den Standpunkt der Forschung prägen. Hier ist Arndt nicht mehr Einführer der Mystik, einer Sonderreligion und Selbsterlösungslehre, sondern ein Mann der Ökumene, ein Wegbereiter und Prophet des ökumenischen Gedankens[29], ein neues Arndtbild, das in dem Makarios-Projekt in Åbo und Göttingen weitergeführt wird.[30] Hat Koepp 1912 im WChr "keine Einheit", sondern "die Mannigfalt der frommen Anschauung" gefunden[31], so tritt nun das Werk Arndts als "eine Einheit von einer ungeheuren Stosskraft"[32] hervor. War der Gedanke der unio mystica damals dem Luthertum fremd, so heisst es nun: "Diese Unio oder Vereinigung *konnte* als die mystische Kernlinie in allem lutherischen Glauben gefasst werden. Sie *konnte* auch als dem Luthertum der Lutheraner sehr ferne empfunden werden."[33]

Zwar bringt Koepp mit dieser Arbeit wenig neue Ergebnisse der Forschung, aber ihre Bedeutung besteht darin, dass die neuen Voraussetzungen hier gezeichnet werden. Diese neue Forschungslage spiegelt sich auch in Hans-Joachim Schwagers "Johann Arndts Bemühen um die rechte Gestaltung des Neuen Lebens der Gläubigen" (Gütersloh 1961). Er will Arndts theologischen Ansatzpunkt

---

28 Heinrich Bornkamm: Mystik, Spiritualismus und die Anfänge des Pietismus im Luthertum. Vorträge der theol. Konferenz zu Giessen nr 44.

29 Koepp a.a.O. S. 5, 6, 28, 29.

30 Siehe Hans Schneider: Johann Arndt und die makarischen Homilien; in Makarios-Symposium über das Böse, hg. W. Strothmann.

31 Koepp 1912, S. 181.

32 Koepp 1959, S. 15. Vgl. S. 10.

33 Ibid. S. 22. Vgl. Koepp 1912, S. 283.

untersuchen und ihn in dem theologischen Zusammenhang seiner Zeit sehen. Schwagers Arbeit ist in dem Sinne ein Fortschritt der Arndtforschung, dass er selbständig mit Arndts Quellen arbeitet. [34] In dieser Hinsicht ist die vorliegende Arbeit eine Fortsetzung von Schwagers Untersuchung. Schwager hat klargelegt, wie Arndt den Glauben als Kern seiner Frömmigkeit versteht, und wie sein Ziel eine Wiederaufrichtung des lutherischen Glaubensbegriffes war. [35] Sein Urteil ist: "In seiner Grundintention kann sich Arndt zu Recht auf Luther berufen." [36] Er hat aber auch Arndts "Offenheit zur Fehlinterpretation" gesehen. [37]

Es sind noch eine Reihe von wichtigen Einzeluntersuchungen zu nennen. R.H. Grützmacher hat Arndts Lehre vom Wort Gottes in seiner Arbeit "Wort und Geist" [38] untersucht. Martin Brecht hat mit Speners Arndt-Rezeption gearbeitet in dem Aufsatz "Philipp Jakob Spener und das Wahre Christentum". [39] Bei Hans-Georg Kemper wird die Imitatio-Frömmigkeit in ihrer Verbindung mit der Schöpfungstheologie des Vierten Buches erhellt. [40] Von Johannes Wallmann, der auch Arndts Verhältnis zu Herzog August untersucht hat [41], wurde die Frage der vorliegenden Untersuchung gestellt, die Frage nach Arndts Rezeption der mittelalterlichen Mystik. [42] Winfried Zeller hat Arndt in dem grösseren Zusammenhang mit dem Einfluss der Mystik im Luthertum überhaupt beschrieben. [43] Eine interessante aber leider ungedruckte Untersuchung über Ritschls Arndt-Kritik von Ingvar Hector soll auch hier erwähnt werden. [44].

Drei nordamerikanische Untersuchungen sind ebenfalls Arndt

34 Schwager a.a.O. S. 27—43.
35 Ibid. S. 65, 72, 81.
36 Ibid. S. 76. Vgl. S. 51, 54, 78.
37 Ibid. S. 92, 99, 105.
38 Leipzig 1902, S. 204—216.
39 Pietismus und Neuzeit, Bd 4, 1977/78, S. 119-154.
40 Hans-Georg Kemper: Gottebenbildlichkeit und Naturnachahmung im Säkularisierungsprozess, Bd I, S. 215-225.
41 Johannes Wallmann: Herzog August zu Braunschweig und Lüneburg als Gestalt der Kirchengeschichte - unter besonderer Berücksichtigung seines Verhältnisses zu Johann Arndt; Pietismus und Neuzeit, Bd 6, 1980, S. 9-32.
42 Johannes Wallmann: Johann Arndt und die protestantische Frömmigkeit. Zur Rezeption der mittelalterlichen Mystik im Luthertum; in Frömmigkeit in der frühen Neuzeit, Hg. D. Breuer.
43 Winfried Zeller: Theologie und Frömmigkeit, Bd 2, S. 35-54.
44 Ingvar Hector: Ritschls Arndt-Kritik och luthersk uppfattning av rättfärdiggörelse och helgelse.

gewidmet. George Samuel Spinks "John Arndt's Religious Thoughts: A Study in German Proto-Pietism" (1970) beabsichtigt eine Einführung in den Lutherischen Pietismus[45] durch eine Untersuchung von Arndts Werken. Obwohl gewisse methodische Mangelhaftigkeiten nicht zu übersehen sind[46], ist diese Arbeit vor allem als immanente Studie von Arndts Denken beachtenswert. Grundlegende Fragen wie Arndts Bibelauslegung, Christusglaube, Glaubensbegriff, die Erneuerung, die Busse und das Gebet werden behandelt.

Orlando Harold Wiebes "Johann Arndt: Precursor of Pietism" (1965) ist darauf ausgerichtet, Arndt in seiner Bedeutung für Spener zu verstehen. Zentralbegriffe bei Arndt wie Glaube und Wiedergeburt werden untersucht um ein neues Verständnis von Spener zu gewinnen.

Eric Lunds "Johann Arndt and The Development of a Lutheran Spiritual Tradition" (1979) beabsichtigt Arndt im Zusammenhang mit seiner Gegenwart darzustellen und seine Wirkungsgeschichte im 17. Jahrhundert zu verfolgen. Die Verschiedenheiten, die Arndts Frömmigkeit der Luthers gegenüber aufweist, werden aus der veränderten historischen Lage erklärt. Lunds Ergebnis ist dies: "Arndt can more rightly be called a reformer of the Reformation than a subversive innovator."[47]

Es gibt eine Reihe von Biographien über Arndt, die wohl keine wissenschaftlichen Ansprüche stellen, aber doch als Einführungen nützlich sind. Vor allem gebührt es sich, Friedrich Arndts "Johann Arndt - ein biographischer Versuch" (Berlin 1838) zu erwähnen, wo nicht nur Arndts Leben gezeichnet ist, sondern auch die wichtigsten Dokumente - wie Briefe und Gutachten - zu finden sind. 1848 veröffentlichte Otto Wehrhan seine "Lebensgeschichte Johann Arndts des Verfassers vom Wahren Christentum" mit einer Reihe von Arndts Briefen. Unter den Schriften des Vereins für Reformationsgeschichte wurde 1911 Julius Winters "Johann Arndt - der Verfasser des Wahren Christentums" gedruckt. Zur 400. Wiederkehr des Geburtstages Arndts veröffentlichte Friedrich Seebass eine kleine Biographie, "Johann Arndt - der Kämpfer für das wahre Christentum" (1955).

Die Bedeutung Arndts für den Pietismus in Nordamerika bezeugen zwei Biographien: John A. Morris: The life of John Arndt (Baltimore 1853), und: Karl August Wildenhahn: John Arndt: A Historical Life Picture (Easton 1882).

45 Spink a.a.O. S. X, 292.
46 Der Verfasser hat hauptsächlich mit Englischen Übersetzungen gearbeitet, und sein Bild der Mystiker begnügt sich mit Andeutungen.
47 Lund a.a.O. S. 296.

DIE AUFGABE

Die frühere Arndtforschung hat ihre Kräfte vor allem der Frage nach Arndts Verhältnis zum Luthertum gewidmet. Die Aufgabe dieser Darstellung ist eine andere: die Theologie Johann Arndts in ihrem Verhältnis zur Mystik, mit besonderer Rücksicht auf WChr, zu untersuchen. Die Frage gilt also nicht dem Wandel des Luthertums durch den Einfluss der Mystik, sondern dem Wandel der Mystik bei ihrer Rezeption durch einen bekenntnistreuen Lutheraner.

Die Aufgabe könnte graphisch so beschrieben werden:

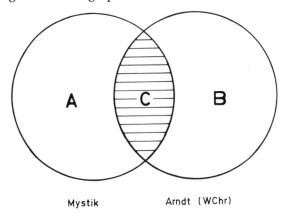

Mystik   Arndt (WChr)

Es gibt selbstverständlich bei den mittelalterlichen Mystikern eine Reihe von Themen, die Arndt völlig fremd waren, und die er daher im WChr weder aufgegriffen, noch verarbeitet hat, z.B. Messfrömmigkeit und Fegefeuer (A). Anderseits ist bei Arndt Gedankengut vorhanden, zu dem bei den Mystikern nichts Entsprechendes zu finden ist, z.B. Naturphilosophie (B). Unser Interesse aber richtet sich nicht darauf, sondern auf die Gedankenkreise, die Arndt und den Mystikern gemeinsam sind (C), wo Einflüsse von den Mystikern und Verarbeitungen von mystischen Gedanken durch Arndt zu vermuten sind. Es ist anzunehmen, dass auf diesem Gebiet einige Schritte auf dem Weg zu einer Antwort auf die Frage von Arndts Verhältnis zur Mystik getan werden können.[1]

1 Vgl. Heiko A. Obermans Methode zur Frage Luther und die Mystik: "Für unsere Frage ist es die einzig sinnvolle und erfolgversprechende Methode, Luthers Verwendung und Wertung von allgemein anerkannten, zentralen Begriffen und Bildern der mystischen Theologie zu erforschen und darzustellen." Luther und die Mystik; in Kirche, Mystik, Heiligung und das natürliche bei Luther, S. 40.

Es gibt gewiss manche andere Einflüsse auf Arndt, die berücksichtigt werden könnten. Ganz bewusst ist aber hier die Frage nach der Mystik gestellt. Auf die Fragen nach anderen Einflüssen ist also hier keine Antwort zu erwarten, sondern nur auf die Frage, was Arndt von den ”Büchern im Staube” gelernt hat, wie ein Entwurf es darstellen könnte:

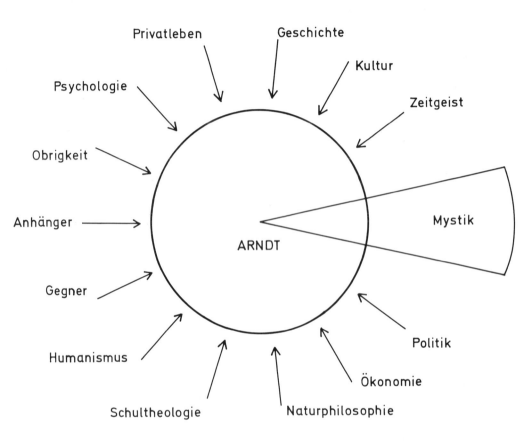

Alle diese Kräfte - und manche andere - haben auf Arndt gewirkt, aber hier wird nur die Frage nach dem Einfluss der Mystik gestellt.

Die frühere Forschung hat wohl auch gesehen, dass die Mystik bei Arndt nicht unverarbeitet bleibt. Man ist aber dabei meist bei einer negativen Analyse stehen geblieben, etwa wie Weber: ”... dass Arndt ein sehr differenziertes und feines Gespür für reine Mystik besass. Da er sie bei den Stücken, die er aufnahm, entfernte oder neutralisierte, kann man schwerlich von einem Mystiker Arndt sprechen.”[2] Arndts Verarbeitung der Überlieferung der Mystik tritt hier als eine ”Entgiftung” hervor. Andere haben bei Arndt die Selbständigkeit der Mystik gegenüber weniger gesehen; so wird das Dritte Buch bei Schwager "ein Konglomerat von Exzerpten, dem jedes eigene mystische Erleben fehlt"[3], und bei Koepp "ein Kompendium Taulers"[4] genannt. Arndt wird von Pleijel als ein hervorragender Plagiator bezeichnet.[5] Hat man hier recht gesehen, dann ist Arndt, wie Koepp meint, lediglich ein Einführer der Mystik in die Lutherische Welt.

Es gibt aber Tatsachen, die die Forschung nötigen, nicht bei diesem Standpunkt zu verbleiben. Einerseits deuten die Ergebnisse Webers und Grützmachers[6] darauf hin, dass Arndt die Mystik nicht unreflektiert übernommen hat. Anderseits ist es allgemein anerkannt, dass bei Arndt viel echt lutherisches Gut vorhanden ist. Wenn nun die Forschung nicht wie Koepp[7] das reformatorische Erbe von seiner Verarbeitung der Mystik trennt, sondern beides zusammensieht - wie sie Arndt selber sah - ist dann nicht anzunehmen, dass wir hier zu einem neuen Verständnis Arndts gelangen könnten?

Aus diesen Überlegungen erwuchs die Hypothese dieser Untersuchung: Arndt ist weder Kompilator der mystischen Schriften, noch ist seine Mystik-Rezeption schlechthin als eine "Entgiftung der Mystik" anzusehen, sondern aus seiner Verarbeitung der Mystik und ihrer Verbindung mit der reformatorischen Überlieferung entstand etwas Neues, eine evangelische Mystik, die sich durch ihr starkes Hervorheben von Glaube und Wort von der mittelalterlichen Mystik unterscheidet[8], eine Frömmigkeit, die in ihrem Verhältnis zu ihren mittelalterlichen Quellen von Kontinuität und Selbständigkeit geprägt ist, und man kann dabei behaupten, dass Arndts Hauptanliegen, die Erneuerung des christlichen Lebens, seine Mystik-Rezeption geprägt hat.

Es bleibt immer eine unumgängliche Aufgabe, das Material der Untersuchung zu begrenzen. Nicht das ganze Arndtsche Schrifttum kann hier Gegenstand der Analyse werden, sondern was hier von Arndt gesagt wird, gilt vor allem dem Arndt des Wahren Christen-

2 Weber a.a.O. S. 107; vgl. Grützmacher a.a.O. S. 215: "Arndt ist Mystiker, aber da, wo die mystischen Gedanken in naturalistische und pantheistische Sätze unter Ignorierung des geschichtlichen Christentums übergehen, folgt Arndt ihnen nicht."

3 Schwager a.a.O. S. 86.

4 Koepp 1959, S. 13.

5 Pleijel a.a.O. S. 385.

6 Siehe N. 2 oben.

7 Koepp ist dazu gezwungen durch seine prinzipielle Gegeneinandersetzung von Mystik und Luthertum. Vgl. Koepp 1912 S. 7, 9, 245, 257, 267, 290 f.

8 H. Jaeger hat in dieselbe Richtung gewiesen, wenn er von einer lutherischen Mystik des Hörens redet. Zeller a.a.O. Bd 2, S. 48.

tums. Einige frühere[9] und einige spätere Schriften[10] sollen aber auch einbezogen werden, um es zu ermöglichen, die Frage nach der Entwicklung Arndts zu stellen.

Die Mystiker, die hier zu Worte kommen, sind die von Arndt angeführten: Johann Tauler, Theologia Deutsch, Thomas à Kempis, Johann Staupitz - von dessen Traktaten Arndt zwei herausgegeben hat[11] - und Angela von Foligno. Wo andere Mystiker in Betracht kommen, wie Dionysius Areopagita, Augustin, Bernhard, wird es ausdrücklich gesagt.

Es bleiben nach dieser Untersuchung aber noch einige Aufgaben übrig, besonders die, das Verhältnis Arndts zu Eckehart und Bernhard klarzulegen. Eine Reihe von Eckeharts Predigten sind in die Baseler Ausgabe von Taulers Predigten (1521, 1522), die Arndt benutzt hat[12], eingefügt. Dass sie hier nicht in Betracht kommen, erklärt sich daraus, dass Arndt nach Webers Ergebnissen sehr wenig daraus aufgegriffen hat. Die bernhardinischen Einflüsse wiederum, die sich im WChr spüren lassen, konnten aber auch von den früher genannten Mystikern vermittelt werden, z.B. die Darstellung von Christus als Bräutigam und die Auslegung einzelner Worte des Hohen Liedes. Es hat den Anschein, dass die Bedeutung Bernhards für Arndt in den Jahren nach der Herausgabe des WChr gewachsen ist, und dass sie daher erst mit einer genauen Untersuchung vom Paradiesgärtlein und der Postille zu klären sein könnte.[13]

Es ist unser Bestreben gewesen, so weit wie möglich zeitgenössische Texte zu benutzen, mit Hinweisen auf moderne Ausgaben. Das

9 Die Vorreden zu ThD (1597, 1605); Leichenpredigt für Bürgermeisterin Schöppenstedt (1603).

10 Die Cathechismuspredigten (1616). Von der Vereinigung der Gläubigen mit Jesu Christo, ihrem Haupte (1620), die Vorrede zu Taulers Postille (1621).

11 Die Aufgabe, den Einfluss von Staupitz zu untersuchen, wurde von Johannes Wallmann hervorgehoben. Wallmann: Johann Arndt und die protestantische Frömmigkeit, S. 68.

12 Weber a.a.O. S. 78 f.

13 Johannes Wallmann hat auf Bernhard als die wichtigste mystische Quelle der Postille verwiesen. Wallmann a.a.O. S. 69, vgl. Spink a.a.O. S. 32, 41. Die bernhardinischen Gedanken, die Spink (a.a.O. S. 43) in WChr 2:24-33 gefunden hat, sind hauptsächlich durch Angela vermittelt.

14 Die angeführten Stellen werden folgenderweise angegeben: z.B. 4:1:3:47, S. 64, was bedeutet: 4 - Viertes Buch. 1 - Erster Teil. 3 - Drittes Kapitel. 47 - Stück 47 (nach der Mühlheimer Ausgabe 1955; diese stimmt grösstenteils mit den Ausgaben seit Spener überein). S. 64 - nach der Magdeburger Ausgabe 1610.

22

Wahre Christentum (WChr) wird nach der Magdeburger Ausgabe von 1610 angeführt.[14]

Der Tauler, der zu Worte kommt, ist der Tauler des Baseler Taulerdrucks von 1521-1522 (BT), der, wie Weber gezeigt hat, von Arndt benutzt wurde.[15] Hinweise finden sich jeweils auf Georg Hofmanns Ausgabe, Freiburg 1961, (H). Theologia Deutsch wird nach Hermann Mandels Ausgabe des Luthertextes, Leipzig 1908, angeführt.[16] Die Nachfolge Christi (NChr) wird nach den Arndtschen Texten angeführt.[17] Zu Johann Staupitz' Traktaten wird die Arndtsche Ausgabe (1605) benutzt.

Angela von Folignos Visiones et Instructiones werden nach der Ausgabe von 1851 angeführt mit Hinweisen auf Lammertz' Übersetzung (Lz). Zitate werden mit der Kölner Ausgabe von 1601, die Arndt vorlag[18], verglichen.

In dem Abschnitt "Arndts Entwicklung" werden die Vorreden zu ThD 1597 und 1605, ebenso wie der Traktat 1620 aus Dieckmanns Ausgabe des WChr von 1706 angeführt. Die Leichenpredigt über Bürgermeisterin Schöppenstedt wird aus der Urausgabe 1604, die Katechismuspredigten aus der Ausgabe 1630 zitiert.

Die Methode der Untersuchung ist theologiegeschichtlich. Sie ist nicht im strengsten Sinn Theologie, als Rede von Gott, vielmehr bewegt sie sich auf einer Metaebene: sie redet von der Rede von Gott. Sie behandelt eine Überlieferung, die Arndt gemeinsam mit den Mystikern, tatsächlich auch mit dem Hauptstrom der christlichen Theologie überhaupt, hat. Die Quelle dieser Überlieferung ist die Bibel, auch haben sich die Theologen, die hier behandelt werden, als Schriftausleger verstanden. Zu diesem Hauptstrom der christlichen Überlieferung gehören Augustin und Luther, die für Arndt von entscheidender Bedeutung waren. Im Verlauf der Arbeit wurde die Wahrheit in Gilsons Worten immer deutlicher: "L'historien de la pensée médiévale rencontre à chaque pas saint Augustin..."[19] Die Untersuchung ist zwar keine Augustinus-Arbeit, aber es wäre nicht möglich Augustin, als selbstverständliche Autorität für Arndt ebenso

15 Weber a.a.O. S. 78.
16 Die Ausgabe des Luthertextes von 1534 ist die jüngste Arndt bekannte. Vorrede zu ThD 1597, WChr 1706, S. 1257 f; Winter a.a.O. S. 21.
17 Weber a.a.O. S. 43 f. Benutzt wird die Magdeburger Ausgabe von 1606 (Buch 1-3). Vgl. Schwager a.a.O. S. 117, Fussnote 28.
18 Weber a.a.O. S. 66.
19 Étienne Gilson: Augustin, S. VII. Vgl. Dom Cuthbert Butler: "...St Augustine laid down the great lines along which all subsequent thought in the Catholic Church has run." Western Mysticism S. 157.

wie für die Mystiker, zu übergehen.

Auch ist hier keine Luther-Untersuchung zu erwarten, aber anderseits muss Luther deshalb in Betracht kommen, weil die evangelische Überlieferung sehr bewusst Arndts Ausgangspunkt war. Die neuere Forschung hat auf eine Verbundenheit Luthers mit der Mystik verwiesen, die darauf hindeutet, dass manches von dem Gedankengut, das Arndt gemeinsam mit der Mystik hat, auch von Luther überliefert werden konnte. Die Hinweise auf Luther beabsichtigen vor allem, die Aufmerksamkeit darauf zu richten. Die Frage nach Arndts Verhältnis zu Luther wird dadurch nicht beantwortet, obschon Hinweise in Richtung einer Antwort gegeben werden können.

Die theologiegeschichtliche Methode bedeutet also, dass die untersuchte Theologie als Teil der christlichen Überlieferung dargestellt wird. Bengt Hägglund, der die Fragestellungen der Theologiegeschichte gründlich durchgearbeitet hat, beschreibt ihre Methode mit folgenden Worten: "...dass sie die Theologie, die sie untersucht und darstellt, als eine durch die Generationen fortlaufende Auslegung der Glaubensregel oder des christlichen Bekenntnisses zu behandeln hat".[20] Die Glaubensregel, regula fidei, wird als die trinitarische Grundstruktur des christlichen Glaubens, die z.B. in den Glaubensbekenntnissen ausgelegt wird, gefasst, eine Struktur, die "fliessend in (ihrem) Wortlaut, jedoch dem Inhalt nach fixiert"[21] ist.

Die Theologiegeschichte untersucht ihren Gegenstand als Teil einer Überlieferung, die sich über die Jahrhunderte erstreckt, aber sie ist damit auch selber in diese Überlieferung eingerückt. H.G. Gadamer, dessen Denken die Methode beleuchten kann, hat diese Aspekte hervorgehoben, wie das Verstehen selber "nicht so sehr als eine Handlung der Subjektivität zu denken" ist, "sondern als Einrücken in ein Überlieferungsgeschehen, in dem sich Vergangenheit und Gegenwart beständig vermitteln".[22] Eine Arndt-Untersuchung gehört damit zur Wirkungsgeschichte Arndts, die Überlieferung wird nicht nur untersucht, sie beeinflusst selber die Forschung, das Verstehen wird ein Geschehen, in welchem die Überlieferung auf die Untersuchung einwirkt.[23]

Die Voraussetzung der theologiegeschichtlichen Methode ist also, dass der trinitarische Glaube die Grundstruktur der christlichen

20 Bengt Hägglund: Regula fidei, S. 43.
21 J.N.D. Kelly, zit. n. Bengt Hägglund: Geschichte der Theologie, S. 11.
22 Hans-Georg Gadamer: Wahrheit und Methode, Tübingen 1965, S. 274 f, zit. n. Bengt Hägglund: Traditionsforskningen och den historiska metoden, S. 35.
23 Vgl. Hägglund a.a.O. S. 42.

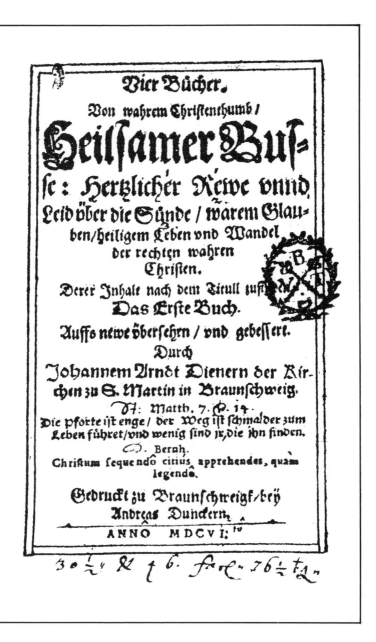

Titelblatt des WChr I, 1606

Überlieferung bildet. Diese Voraussetzung bedeutet ferner, dass die untersuchte Theologie nicht als Einzelerscheinung behandelt wird, sondern als Teil der gesamtchristlichen Überlieferung. Diese Methode lässt die gemeinsamen Züge der Theologiegeschichte, ebenso wie die Akzentverschiebungen und das neue Verständnis des Glaubens, hervortreten: Kontinuität und Selbständigkeit. Die dargestellte Theologie kann dadurch in ihrem Zusammenhang sowohl als "eine Stimme im Chor", wie auch als eine individuelle Leistung gesehen werden.

Die Glaubensregel legt aber nicht nur die fundamentalen Strukturen der Texte bloss, sie richtet auch Fragen an sie. Es ist zwar in fast jedem Text der christlichen Überlieferung eine trinitarische Struktur vorhanden, deutlich oder verborgen. Die Auslegung aber zeigt, ob hier das biblische oder ein anderes Denken vorherrschend ist. Ebenso erwecken die Akzentverschiebungen die Frage, wodurch sie bedingt sind. Wo wir es mit einer Auslegung der Glaubensregel zu tun haben, die sich von ihren klassischen Ausdrucksweisen, wie dem Nizänum[24], merkbar unterscheidet, wird die Frage nach dem Hintergrund gestellt. Treten hier biblische Grundgedanken wieder zu Tage oder zeigen sich Einflüsse des Zeitgeists, der Philosophie oder anderer ausserbiblischen Kräfte? Ist in dieser Auslegung das Zentrale in den klassischen Ausdrucksformen der Glaubensregel zum Randphänomen gemacht, oder dringt das Zentrale, das in der Gegenwart verborgen war, durch den neuen Akzent wieder ans Licht?

Diese theologiegeschichtliche Methode richtet ihre Fragen an einen Verkündiger wie Arndt nicht nur als an einen einzelnen Verfasser, sondern als an einen Ausleger des gemeinsamen christlichen Glaubens. So hat sich auch Arndt verstanden, was seine vielbezeugte Bekenntnistreue und Verwendung der Väter zeigen. Wenn eine wissenschaftliche Methode darin besteht, die dem Gegenstand konformen Fragen zu stellen, die dem Wesen des Untersuchten gemäss sind[25], dann ist die Frage, die für Arndt, als Ausleger der gemeinchristlichen Überlieferung, zutreffend ist, eben die nach dem Glau-

24 Die regula fidei oder regula veritatis wird hier in ihrem geschichtlichen Sinn verstanden, wie sie sich bei den antignostischen Vätern, vornehmlich Irenäus und Tertullian findet, als eine nicht fixierte Glaubensvorschrift, die eine Zusammenfassung des trinitarischen Glaubens darstellt, die "Ausdruck und Rahmen des ganzen apostolischen Glaubens", nicht nur den Glauben als Teilaspekt, sondern die Ganzheit des Glaubens meint. Karlmann Beyschlag: Grundriss der Dogmengeschichte, Bd. 1, S. 152-156.
25 T.F. Torrance, ref. Regin Prenter: Guds virkelighed, S. 151; vgl. Yves Congar: "... retrouver l'architecture de l'oevre de Dieu..." La Foi et la Théologie, s. 132.

ben, den die Taufworte uns vermitteln: "Im Namen des Vaters, des Sohnes und des Heiligen Geistes."

Die Voraussetzung bedeutet ferner, dass die Spiritualität, die die Mystiker und Arndt überliefert haben, nicht in erster Linie als eine Sonderreligion betrachtet wird, sondern als eine Form des gemeinsamen Glaubens, wo Akzentverschiebungen in Richtung auf das innere Leben des Christen, die geheimnisvolle Einwohnung Christi in der Seele und die geistliche Erfahrung deutlich sind.[26] Es kann sich zeigen, dass diese Akzentverschiebungen ausserbiblisches Gedankengut als Hintergrund haben, aber das Urteil kann hier nur das Ergebnis, nicht den Ausgangspunkt der Analyse bilden. Mystik oder mystische Züge des christlichen Glaubens und Lebens werden zunächst als etwas Normales verstanden, wie auch Arndt sein wahres Christentum nicht für religiöse Spezialisten, sondern für alle Christen beabsichtigt hat. Diese Auffassung von der Mystik ist auch auf römisch-katholischem Boden vertreten worden.[27]

Der theologiegeschichtlichen Methode liegen auch Ergebnisse der Sprachwissenschaft zugrunde. Sie gehen davon aus, dass es in jeder Sprache grundlegende Strukturen gibt, die oft in oder vielmehr unter den einzelnen Aussagen verborgen liegen, jedoch können die einzelnen Aussagen ohne Kenntnis dieser Struktur nicht verstanden werden.[28] Die theologiegeschichtliche Methode kennt als Grundstruktur der gemeinchristlichen Sprache den trinitarischen Glauben, regula fidei. Der Gegenstand der Einzeluntersuchung wird damit in einen grösseren Zusammenhang gestellt, da sie nicht nur mit der zeitgenössischen oder national/konfessionell begrenzten Theologie, sondern mit der gesamtchristlichen Überlieferung verbunden wird.

Die Motivforschung hat andere Wege beschritten. Ihr Bestreben war, das Innerste des Forschungsgegenstandes, sein Motiv, in einer kurzen Formel zu erfassen, sei es, dass es sich um einen einzelnen Theologen oder die ganze Theologiegeschichte handelt. Die Probleme der Motivforschung ergaben sich aber aus eben dieser grossartigen Einfachheit, weil es sich zeigte, dass erhebliche Teile des untersuchten Gegenstandes sich auch anders deuten liessen. Die Methode der Theologiegeschichte die hier angewendet wird, steht zwar ihrem

26 Zu einer näheren Bestimmung der Mystik, siehe den Abschnitt "Arndt in seinem Verhältnis zur Mystik".

27 Dom Anselm Stoltz: "P. Garrigou-Lagrange... fasst das mystische Leben als die normale Krönung des allen Christen geschenkten Gnadenzustandes. Mystik und einfaches christliches Leben sind also nicht artmässig, sondern nur dem Grade nach unterschieden." Theologie der Mystik, S. 17.

28 Bengt Hägglund: Trons mönster, S. 13, 15, 17. Vgl. Bengt Hägglund: Traditionens struktur, STK 1969, S. 187.

Anliegen nach der Motivforschung nahe, indem sie bestrebt ist, das Innerste des christlichen Glaubens in einer Formel zu erfassen, aber sie unterscheidet sich von der Motivforschung darin, dass ihre Formel nicht einfach, sondern zusammengesetzt ist, und sie wirkt nicht antithetisch, sondern synthetisch d.h. sie ist umfassend genug, mehrere Aspekte des gemeinchristlichen Glaubens darstellen zu können.

Es ist das Ziel dieser Darstellung, durch die Erforschung der Theologie Arndts in ihrem Verhältnis zur Mystik zu einem tieferen Verständnis für das Geschehen zu gelangen, das als die Mystik-Rezeption im evangelischen Raum beschrieben werden könnte.

Nun wird jede Forschungsarbeit von einem bestimmten Anliegen getrieben, was nicht zu übersehen ist. Es ist dieser Umstand schon in der Forschungsübersicht deutlich geworden, wo gezeigt wurde, dass die Darstellungen, die von Ritschl geprägt sind, als ihr tiefstes Anliegen die Selbstbehauptung des Protestantismus der Mystik gegenüber hatten. Die Veränderung der Einstellung Koepps zu Arndt zwischen 1912 und 1959 liefert ein Beispiel für den Wandel der Forschung durch das Durchdringen eines neuen Anliegens. Dieses Beispiel unterstreicht die Einsicht der Wissenschaftskritik, dass der Forscher nicht nur Beobachter, sondern auch Teilnehmer ist, ein Teilnehmer, der sich dieser seiner Rolle bewusst sein muss.[29] Die Fragen der Wissenschaftskritik sind aber nicht nur an die Forschungsgeschichte zu stellen, die Frage nach der Teilhaftigkeit ist für jede Forschungsarbeit unumgänglich. Man kann behaupten, dass die Antwort auf die Frage bei der Methode zu finden ist, da sie die Art der Arbeit, sich ihrem Gegenstand zu nähern, beschreibt. Wir sahen schon bei Koepp, wie seine Methode, Luthertum und Mystik bei Arndt voneinander zu trennen, seiner Überzeugung entsprach, dass die Mystik als eine Sonderreligion zu beurteilen sei. Die Methode, Arndt und die Mystiker in erster Linie als Ausleger der gemeinchristlichen Überlieferung zu untersuchen, bringt zum Ausdruck, dass die Botschaft der Mystiker in dem Zusammenhang des christlichen Bekenntnisses zu sehen ist. Wo Koepps Methode seinem Anliegen, der Selbstbehauptung des Protestantismus, gemäss ist, wirkt die hier angewandte Methode in Richtung auf eine ökumenische Sicht, in ihren zwei Fragen, nach Kontinuität und Selbständigkeit. Die Frage nach der Kontinuität hebt das Gemeinsame hervor, und es ist zu erwarten, dass die Frage nach der Selbständigkeit Arndts seine Eigenart und reformatorische Frömmigkeit darstellen will.

Es liegt nahe, dass diese Methode zu anderen Ergebnissen als denen Ritschls und Koepps führen wird. Ihre Richtigkeit wird sich

29 Lyngdal - Rønning: Vitenskapskritik, S. 36, vgl. S. 11. Die Beobachtungen, die hier hervorgehoben sind, können nach unserer Meinung auch auf die Theologiegeschichte überführt werden.

in zwei Punkten entscheiden: 1. Wird durch diese Methode ein tieferes und umfassenderes Verständnis von Arndts Verhältnis zur Mystik erzielt? 2. Liefert diese wissenschaftliche Methode Ergebnisse, die für ein klareres Verständnis des evangelischen Glaubens wie er durch Arndt gedeutet wird, relevant sind?

ARNDTS ANLIEGEN

Um Arndts Anliegen zu verstehen, werden wir zuerst seine Zeit betrachten, wie sie in dem Zeugnis Arndts und anderer hervortritt.

Arndt lebte in einer weiten Welt. Es war kurz nach der Zeit der grossen Entdeckungen, und die Hansestadt Braunschweig war durch Handelsbeziehungen mit den fernsten Orten verbunden, davon spricht Arndt wiederholt, mit Verwunderung und Kritik. Durch die Winde "können alle Orter unnd heimlichkeit der Welt besuchet werdē auff dass nichts verborgen bleibe/dass GOtt dem Menschen zu gut geschaffen".[1]

Es war eine von diesen Zeiten, in denen dem Menschen nichts unmöglich zu sein scheint. Wir begegnen in der Renaissance dem Universalmenschen, dem ethisch gleichgültigen Übermenschen, wie Machiavelli und Shakespeare ihn gezeichnet haben, dem Menschen, der durch sein Wissen die Welt und die Menschen bezwingt. Das Lebensgefühl des Hochmittelalters ist zu einem pantheistischen furor eroicus geworden.[2] Weder christliche Ethik, noch christlicher Glaube waren selbstverständlich, wie Arndt in einem Brief an Mentzer vom 29. Oktober 1620 bezeugt: "Meine Zensoren und Beurtheiler aber ermahne ich, dass sie auch zugleich mit mir in diese Fechtschule treten, und den Atheismum zu vertreiben mit mir sich bemühen."[3]

Die Selbstverherrlichung des Menschen wurde in Formen ausgedrückt, die im Barock ihre Vollendung fanden, "mit köstlicher Speise uñ Tranck/ köstlicher Kleidung und anderer irrdischer Freude", wie Arndt sagt.[4] Aber wenn Arndt sagt: "Man spricht jetzo /hilff Gott/ wie reich/ mechtig/ weise und gelert ist der Mann/aber wie sanftmütig /demütig/ gedültig/ andechtig er sey/ davon sagt man nicht", dann sind seine Worte auch ein Widerklang der Sorge der mittelalterlichen Frömmigkeit[5], desgleichen ein Zeugnis für die Geistesverwandtschaft von Arndt und der Mystik. Sie haben im zeitgenössischen Gesellschaftsleben dasselbe gesehen und darunter gelitten.

Arndts Zeit war die Zeit der neuen Fürstenmacht, wie sie sich auch

---

1 WChr 2:29:4, S. 315; vgl. 1:20:24, S. 203 f; 1:36:14, S. 372; 4:1:5:34, S. 165 f.
2 Weber a.a.O. S. 176.
3 Fr. Arndt a.a.O. S. 173; vgl. Hans-Martin Barth: Atheismus und Orthodoxie, S. 20 f.
4 WChr 1:17:3, S. 159.
5 WChr 1:36:14, S. 372; vgl. NChr 3:36, S. 229.

in WChr spiegelt[6], mit den daraus entstehenden Spannungen, die in Braunschweig in die Streitigkeiten zwischen Fürst und Stadt ausmündeten. Man lebte in der Zeit der starken Gegensätze[7], die zuletzt zum Ausbruch des dreissigjährigen Krieges führten, in einer apokalyptischen Stimmung, wie Arndts Adventspredigten in der Postille bezeugen. Was Arndt im WChr vom Kriege sagt, trägt das Gepräge des Erlebten.[8] Kriege sind, wie Hunger, Feuer, Pest und Wasser, für Arndt Strafe Gottes.[9] Der Zorn Gottes trifft wegen ihres Verfalls auch die Christenwelt. Arndt ist von dem gottlosen, unbussfertigen, unchristlichen Leben derer, die sich Christen nennen, tief erschüttert, er sieht "solche abschewliche Laster bey den Christen im schwang gehen/ die nie erhöret seyn/ solche teufflische Hoffart unnd Pracht/ so unersättlicher Geitz/ schendliche Wollust/ viehische Unzucht/ und unmenschliche Thaten"[10], und dies noch dazu unter Menschen, die christlich heissen wollen. Seine pastorale Fragestellung lautet: wie sind Christen, die den Glauben an Jesus bekennen, aber das Leben Jesu unbekümmert vernachlässigen, zu einem wahren Christentum zu führen; so schreibt Arndt am 29. März 1620 an Frantz, er habe "... auch eine treue, eifrige Absicht nämlich der grossen beharrlichen Unbussfertigkeit und Gottlosigkeit der Welt durch solche mein Büchlein zu widersprechen".[11] Dasselbe ethische Anliegen hat Arndt schon 1597 zur Neuausgabe von ThD geführt. Schon in ihrer Vorrede zeigt er hier, wie tief sein Verständnis der christlichen Ethik von Gal. 2,20 geprägt ist: das christliche Leben ist das Leben Christi in dem Christen: "...er leret die Lere Christi ins Leben verwandeln, oder wie Christus in uns leben/ uñ Adam in uns sterben sol."[12] Das für Arndt immer kennzeichnende ethische Bestreben ist, wie in seinem ganzen Werk, mit der Lehre von der Einwohnung Christi verbunden. Das hatte Arndt von ThD gelernt, wie es auch bei Tauler, Thomas à Kempis und Angela zu finden war. Aber Arndt hat die Lehrstücke der Mystiker, die ursprünglich an das Klostervolk gerichtet wurden, zu einer pastoralen Praxis der Gemeinde verarbeitet. Das Erbe der Mystik wird bei ihm zu mehr als

6 WChr 2:34:11:5, S. 393; 2:39:1, S. 461.
7 WChr 1:35:8, S. 360 f.
8 WChr 2:54:2, S. 664; 2:54:7, S. 670 f; 2:57:13, S. 701; 4:1:5:47, S. 174.
9 WChr 1:Vorrede:3; 1:18:7, S. 174.
10 WChr 1:Vorrede:1,3; 1:7:7, S. 66; vgl. 1:9:2, S. 82 f; 1:10:4, S. 88; Schwager a.a.O. S. 44; Koepp a.a.O. S. 40; Fr. Arndt a.a.O. S. 40, 159.
11 Fr. Arndt a.a.O. S. 158; vgl. S. 179. Vgl. WChr 1:Vorrede: 1,4; 4:Beschluss:2, S.337 f.
12 Vorrede 1597 S. 11 v, WChr 1706, S. 1257.

dem Erbe einzelner Auserwählter, es wird zum wahren Christentum.[13]

Nicht nur die Entartung des christlichen Lebens hat Arndt getrieben, sondern auch die Erstarrung der Theologie. Sie bildet die zweite Fragestellung, die Arndt zu seinem Werk veranlasst hat, wie er schon im Vorwort zum Ersten Buch bezeugt: "Viel meinen/ die Theologia sey nur eine blosse Wissenschafft und Wortkunst/ da sie doch eine lebendige Erfahrung uñ Übung ist."[14] Was Arndt hier beschreibt, ist später die Frömmigkeitskrise des 16. und 17. Jahrhunderts genannt geworden; ein Auseinanderfallen von Rechtgläubigkeit und Frömmigkeit; von Lehre und Leben.[15] Man sollte diese "intellektuelle Vereinseitigung des Luthertums" nicht wie Koepp ohne weiteres mit der Orthodoxie verbinden oder gar identifizieren.[16] Der hervorragendste unter den orthodoxen Theologen, Johann Gerhard, hat in seinem Buch Meditationes sacrae eben dieselben Fragestellungen wie Arndt bearbeitet. Und ein orthodoxer Theologe wie David Chyträus hat genau dasselbe wie Arndt gesehen: "Die Theologie unserer Zeit ist ganz und gar scholastisch oder schulfüchsisch, in welcher nichts von der wahren Gottseligkeit zu sehen ist, sondern die Theologi sich nur unter einander mit spitzfindigen Worten und Vernunftschlüssen zerstechen und vexiren."[17] Arndt konnte an diese Auseinandersetzungen durch seinen Mitpastor an St. Martini in Braunschweig, Martin Dennecke, erinnert werden, der sein ärgster Gegner und zugleich ein Schüler des Helmstedter Neuaristotelikers Cornelius Martini war.[18]

Arndt schreibt am 14. Januar 1607 in einem Brief an Piscator: "...durch diesen Verfall des wahren Christentums bin ich bewogen worden, von der Liebe zu schreiben, bey welcher Gelegenheit ich auf solche Gedanken geraten bin, woraus diese meine Bücher erwachsen sind."[19]

Aus der Frömmigkeitskrise, dem Auseinanderfallen von Lehre und Leben, sind nicht nur die ethische Verwirrung und der sittliche Verfall der Zeit erwachsen, sondern auch religiöse Streitigkeiten, wie es nicht nur Chyträus, sondern auch Arndt sieht.[20] Arndt zeugt

13 Vgl. Oberman: True Christianity, Preface, S. XVI.
14 Vgl. 1:36:11, S. 369 f; 2:Beschluss:2; 3:Vorrede:3; 4:1:5:9, S. 139; Oberman a.a.O. S. XI.
15 Fr. Arndt a.a.O. S. 1; Winfried Zeller a.a.O., 2, S. 43.
16 Koepp a.a.O. S. 84 f.
17 Ep.p. 1276; zit. n. Fr. Arndt a.a.O. S. 4.
18 Fr. Arndt a.a.O. S. 64; Weber a.a.O. S. 5; Johannes Wallmann (mündlich).
19 Schwager a.a.O. S. 44, Koepp a.a.O. S. 39.
20 WChr 1:38:11, S. 411 f; 1:39:3, S. 416 f; Fr. Arndt a.a.O. S. 7.

Titelblatt der Ausgabe des WChr von 1610

davon in seinen Vorreden zu ThD und dem ersten Buch des WChr. Arndt hat ein irenisches Anliegen, das nicht zu übersehen ist und das auch das neue Arndtbild Koepps in den 50er Jahren erhellt. Arndt will die Einheit der Kirche, wie er sie kannte, d.h. der evangelischen, wiedergewinnen, und zwar nicht durch Gleichgültigkeit der Lehre gegenüber, sondern durch eine Theologie, die zu Übung des Glaubens, zu Liebe führt. Nur so wird man an die reine Lehre herankommen können. Arndt greift in seiner Kritik an der theologischen Streitsucht auf die Auffassung Luthers zurück, dass die Theologie eine "cognitio experimentalis"[21] ist, so wie es auch für Augustin deutlich war, dass die rechte Lehre nicht von der Liebe zu scheiden ist.[22] Hier ist auch der Hintergrund für Arndts Interesse an Paracelsus zu sehen, dessen grosses Werk innerhalb der Medizin eben darin besteht, dass er sie von der Theorie zur Praxis führen wollte.

Die Frömmigkeitskrise hat nicht nur einen ethischen Verfall zur Folge. Europa ist in dieser Zeit erfüllt von einem geistlichen Suchen und einer Sehnsucht nach geistlicher Vertiefung. Auch diese Tatsachen gehören zum Zeitgeist, in dem sich Arndt bewegte. Geistliche Bewegungen, gleich der, die Arndts Wahres Christentum hervorrief, entstanden gleichzeitig und mit gleichartiger Prägung in Europa.[23] Dass der Boden für Arndts Werk wohl vorbereitet war, bezeugen die Dankbriefe Gerhards und anderer.[24]

Aber das geistliche Suchen der Zeit suchte sich auch einen anderen Ausdruck: den Spiritualismus. Es ist die Zeit Weigels, Böhmes und der Schwenkfeldianer, der Alchemie und Astrologie.[25] Die Spiritualisten erkannten denselben Mangel wie Arndt, und wie dieser griffen sie auf die mittelalterliche Mystik zurück.[26] Arndt stand vor einer Wahl: den Spiritualismus wegen seiner Irrtümer ganz und gar abzulehnen oder das Richtige in seinem Anliegen zu erkennen und kirchlich zu verarbeiten, anders ausgedrückt: eine kirchliche Antwort auf die Frage des Spritualismus zu geben. Es ist auffallend, dass die Polemik des WChr sich gegen Papisten, Synergisten, Majoristen und Calvinisten richtete, vor allem gegen die Schultheologie, aber nicht gegen die Spiritualisten[27]. Wohl hat Arndt Weigels Betbüchlein, in

21 Hägglund: De homine, S. 43; vgl. Congar: Mystikernas språk, S. 16.
22 Przywara a.a.O. S. 144; Gilson a.a.O. S. 12. Vgl. Pagel: Paracelsus, S. 59.
23 Oberman a.a.O. S. XIV. Vgl. Koepp a.a.O. S. 13 f.
24 Fischer: Vita Gerhardi, S. 502 f; vgl. Fr. Arndt S. 63.
25 Fr. Arndt a.a.O. S. 8 f, 280; Delitzsch: Wer sind die Mystiker, S. 29, Koepp a.a.O. S. 85 f.
26 Franz: Bücherzensur und Irenik, S. 142.
27 WChr 1:Vorrede:8; 2:Beschluss:2.

WChr 2:34 aufgenommen, kirchlich verarbeitet[28], aber die polemische Spitze seiner Darstellung richtete sich, wie einst bei Tauler,
gegen die scholastisch geprägte Theologie.[29] Die Polemik, die die
Mystiker gegen die Spiritualisten ihrer Zeit, die freien Geister[30],
getrieben haben, ist erst in den späteren Schriften Arndts zu finden,
z.B. in den Katechismuspredigten.[31]

Als Arndt Weigels Betbüchlein in das WChr aufnahm, war er,
nach eigener Angabe, sich dessen nicht bewusst, dass Weigel der
Verfasser war; er hatte nur ein anonymes Manuskript erhalten. Sein
kirchliches Bewusstsein zeigt er aber in seinen Verarbeitungen. Wie
er Weigel beurteilt, geht aus einem Brief von 1619 an Buscher in
Stade hervor: "Was Weigels Schriften betrifft, so ist nach meinem
Bedünken viel Ungereimtes in denselben enthalten, und wenn ich
nicht irre, der Schrift Widergesprechendes, besonders über die Auferstehung und Verklärung unsers Fleisches und über das Fleisch
Christi und viele andere Dinge mehr. Indessen habe ich sie darum
nicht ganz und gar verworfen, sondern vielmehr an die Worte Pauli
gedacht: Prüfet alles und das Gute behaltet."[32]

Das Interesse an der mittelalterlichen Mystik war aber nicht nur
für das Schwärmertum kennzeichnend. Während Luthers Leben
wurde sein Text der ThD wiederholt herausgegeben, und um 1550 ist
ein neuer Rückgriff auf die mittelalterliche Frömmigkeit zu spüren,
vor allem bei Andreas Musculus (1514-1581), einem der Väter der
Konkordienformel.[33] Paul Althaus d.ä. schreibt darüber: "Die
Geschichte der Entwicklung der evangelischen Gebetsliteratur in der
zweiten Hälfte des Reformationsjahrhunderts bezeichnet den orga-
nischen Prozess eines immer stärkeren Einströmens mittelalterlicher
Mystik, unter zunehmender Abhängigkeit von der römischen
Gebetsliteratur und fortgesetzter Zurückdrängung evangelischen
Sonderguts."[34]

Arndt hat selber durch seine Ausgaben von ThD, NChr und
Staupitz an dieser Entwicklung mitgewirkt. Wenn aber dem Mangel
der damaligen evangelischen Theologie nur durch Neuausgaben von
mittelalterlicher Mystik abgeholfen worden wäre, dann hätte die
Gefahr bestanden, die Althaus gezeigt hat: das reformatorische
Bewusstsein wäre verloren gegangen. Wären aber die Mängel über-

28 Koepp a.a.O. S. 51.
29 BT 5 rb, (Eckehart?), H - ; 42 va, H 135.
30 BT 94 rb, H351; BT 67 rb, H 229 f; ThD Kap. 15, S. 37 ; Kap. 23,
   S. 47 ; Kap. 26, S. 54.
31 S. 217 r, vgl. Winter a.a.O. S. 71.
32 Tholuck: Lebenszeugen S. 272. Vgl. Weber a.a.O. S. 71 f.
33 Koepp a.a.O. S. 13, Schwager a.a.O. S. 24.
34 Zit. n. Ritschl: Dogmengeschichte, S. 200.

haupt nicht erkannt worden, dann wäre die Frage und ihre Antwort den Schwärmern überlassen worden.[35] Das Neue, das Arndt in WChr gegeben hat, ist eine grosse, durchdachte evangelische Verarbeitung des Erbes der Mystik, von eben den Fragestellungen geprägt, die die Mängel der damaligen Theologie hervorgerufen hatten. Arndt ist dadurch mehr als "Einführer der Mystik in die lutherische Welt"[36]; es ist durch seine Verarbeitung etwas Neues ans Licht gekommen, das von seinem reformatorischen Bewusstsein ebenso geprägt war wie von den theologischen Fragestellungen seiner Zeit.

Arndt beschreibt ausführlich sein Anliegen in einem Brief an Herzog August von Braunschweig vom 29. Januar 1621: "Es hat aber dieser sonst hochgelahrte Mann (D. Daniel Cramer, Stettin) die Absicht und den Zweck meiner Bücher nicht begriffen, welcher dieser ist: erstlich habe ich die Gemüther der Studenten und Prediger wollen zurückziehen von der gar zu disputier- und streitsüchtigen Theologie, daraus fast wieder eine theologia scolastica geworden ist. Zum andern habe ich mir vorgenommen die Christgläubigen von dem todten Glauben ab- und zu dem fruchtbringenden umzuführen. Drittens, sie von der blossen Wissenschaft und Theorie zur wirklichen Übung des Glaubens und der Gottseligkeit zu bringen; und viertens zu zeigen, was das rechte christliche Leben sei, welches mit dem wahren Glauben übereinstimmt, und was das bedeute, wenn der Apostel sagt: 'Ich lebe, aber doch nun nicht ich, sondern Christus lebt in mir' (Gal. 2,20); welches alles zu erklären mehr erfordert, als das blosse Exempel Christi."[37]

Die erste Auseinandersetzung, mit der streitsüchtigen und intellektualisierten Theologie hat Arndt, wie gesagt, mit den Mystikern gemeinsam, wie auch mit Luther. Denn eben das ist es, was Luther in der deutschen Mystik gefunden hat, eine Theologie, die wohl "ungesmuckt... ist yn worten und menschlicher weisshet", vielmehr der rechte "vorstand was Adam und Christus sey, und wie Adam yn uns sterben un Christus ersteen sall", wie er es selber beschrieben hat.[38] Mit anderen Worten, er hat hier die Theologie als sapientia experimentalis und Seelenführung gefunden, im Gegensatz zur Theologie als Theorie.

Arndt hat also den Theologie-Begriff der deutschen Mystik und Luthers aufgreifen wollen, die cognitio Dei practica.[39] Von Luther

35 Fr. Arndt a.a.O. S. 15.
36 Koepp S. 9.
37 Fr. Arndt a.a.O. S. 179.
38 ThD S. II, III.
39 WChr 2:28:7, S. 309, Rand; 2:48:3, S. 568 f; 3:Vorrede:3; Fr. Arndt a.a.O. S. 82, 164; Schwager a.a.O. S. 22, 27.

hat er gelernt, wieviel nur durch Anfechtung zu lernen ist.[40] Die Theologie ist lebendige Erfahrung und Übung, und sie hat auch ein bestimmtes Ziel, das nicht nur in theoretischen Erkenntnissen besteht, sondern darin, "... wie der Mensch mit Gott solle vereinigt werden, welches ist des Menschen Vollkommenheit und der Endzweck der ganzen Theologie."[41] Dies hat Arndt bei der Mystik gesehen und es im WChr weitergeben wollen.

Das andere Anliegen, den Glauben zur Reife zu bringen, ist kein zentrales Thema der Mystik, sondern vielmehr der Reformation. Hier greift Arndt bewusst auf Luther zurück: "Relege praefationem Lutheri praefixam epistolae ad Romanos, quam vivida, evangelica, potens res sit fides, propterea opus Dei in nobis appelatur a Salvatore."[42] Koepp wird allerdings Arndt nicht gerecht, wenn er behauptet, dass Arndt den Glauben "völlig unter den Gesichtspunkt einer Vorbereitung des mystischen Gotteserlebnisses"[43] stellt. Vielmehr ist es seine Absicht, von dem toten, nackten Glauben[44] zu dem lebendigen, fruchtbringenden zu führen, wie einst Luther den wirklichen, erneuernden von dem eingebildeten Glauben, "das Summen von Evangelium"[45], unterschieden hat. Arndt will eben zu dem hinführen, was Melanchthon in der Apologie so beschrieben hat: "... nicht ein schlecht Erkenntnis der Historien, sondern ein stark kräftig Werk des heiligen Geistes, das die Herzen verändert"[46]. Arndt strebt danach, diese Wirklichkeit mit dem Wort Substanz zu beschreiben: Der Glaube ist ein lebendiges Wesen, nicht nur eine Erkenntnis oder Auffassung. Biblisches Fundament des Gedankens bildet Hebr. 11,1: "Es ist aber der Glaube eine gewisse Zuversicht — ἐλπιζόμενον ὑπόστασις"[47]. Von hier sind Obermans Worte zu verstehen: "He did not deviate from Luther but rather gave access to a more authentic Luther."[48] Das Anliegen, die Theologie als cognitio Dei practica und den Glauben als eine lebendige, wirksame Kraft darzustellen, hatte Arndt gemeinsam mit der Reformation.

Die vier Bücher des Wahren Christentums haben eine ganz bestimmte Struktur. In dem Dedikationsbrief an Johann Gerhard hat sie Arndt selber beschrieben: "Das erste Büchlein bahnet und öffnet

40 WChr 2:52:9, S. 632 f.
41 Vorrede zu ThD, zit. n. Fr. Arndt a.a.O. S. 134, vgl. S. 82.
42 Fr. Arndt a.a.O. S. 288.
43 Koepp a.a.O. S. 250.
44 WChr 1706, S. 1055, Fr. Arndt a.a.O. S. 287.
45 WA 40, 1, 421. Fr. Arndt a.a.O. S. 285.
46 BEK S. 181; vgl. WChr 1:5:9, S. 49 f; 1:21:8, S. 211.
47 WChr 1:5:2, S. 43 f; 1:6:6, S. 58; 1:21:9, S. 213; 3:3:1, S. 23 f, vgl. WA 40,2,36.
48 Oberman a.a.O. S. XVI.

den Weg zum innern Menschen. Das andere führt etwas näher zu demselbigen, nämlich zum Geschmack der geistlichen Dinge durch Geduld des Kreuzes. Das dritte lehrt den Menschen in sich und in sein Innerstes einzukehren und zeiget, dass das Reich Gottes inwendig in uns sei. Das vierte aber leitet durch die grosse Welt und das Buch der Natur Gott als den Urheber und Schöpfer der Natur in das Innerste der menschlichen Herzen (zu erkennen)."[49] In einem Brief an Frantz, elf Jahre später, entwirft Arndt ein etwas anderes Bild, in dem die Ethik stärker hervortritt: "Man wolle doch um Gottes Willen bedenken, die Prinzipien und Grundlehren meiner Büchlein vom wahren Christenthum, nämlich, den unergründlichen Sündenfall, das verlorne Bild Gottes, Busse und Glauben, die neue Creatur, das Leben Christi in den Gläubigen, den Streit des Fleisches und des Geistes, das zerbrochene Herz, die Nachfolge des Exempels Christi..."[50]

Es wurde aber Arndt schwer, sich gegen die Vorwürfe des Synergismus zu verteidigen. Wohl bezeugte er, dass Christus und sein Verdienst der unbewegliche Grund und das Fundament der Bücher des Wahren Christentums waren[51], er verwies auf das Zeugnis seiner übrigen Schriften.[52] Aber es gibt hier eine Zweideutigkeit, deren er offenbar nie selbst gewahr wurde. Er behauptet wiederholt, dass seine Bücher sich nicht an die Unbekehrten, sondern an die Bekehrten richten, dass sie für den Christen in statu post conversionem gemeint sind.[53] Er will sich an "einen wahren Christen", an "die Kinder Gottes"[54] wenden. Er schreibt: "Demnach hab ich nit den Heyden geschrieben sondern den Christen/ die zwar den Christlichen Glauben angenommen/ aber gantz unchristlich Lebē/ und die krafft des Glaubens verleugnē oder nit vorstehen wollen."[55] Aber ist es überhaupt als christlicher Glaube anzusehen, wenn jemand sich wohl Christ nennt, aber ganz unchristlich lebt, die Kraft des Glaubens verneint oder nicht verstehen will? Arndt ist hier an die Schwierigkeiten geraten, die aus zwei Glaubensbegriffen folgen: dem toten, nackten und dem lebendigen, wahren Glauben. In welchem Sinn ist der tote, nackte Glaube überhaupt Glaube, da doch Arndt selbst in der Überschrift zum WChr 1:11 bezeugt, dass wer Christus in seinem Leben nicht folgt, der tut nicht wahre Busse, ist kein Christ und nicht Gottes Kind. Ist der Glaube rechtfertigend, bringt

49 Koepp a.a.O. S. 63.
50 Fr. Arndt a.a.O. S. 162.
51 Fr. Arndt a.a.O. S. 163.
52 Ibid. S. 162 f.
53 Koepp a.a.O. S. 46.
54 WChr 3:1:2, S. 1 f; 3:1:4, S. 3 f.
55 WChr 4: Beschluss: 2, S. 337 ff.

er die neue Geburt mit? Arndt will "praelucente fide in Christū, & praesupposita fide"[56] schreiben, aber wie kann der Glaube, der ohne Früchte, und deshalb wie ein toter Baum ist, rechtfertigend sein? Es gibt hier bei Arndt eine Unklarheit, die nicht zu übersehen ist.

Arndt hat sein Anliegen in einem Begriff zusammengefasst: das wahre Christentum. Das Thema wurde schon in der ersten Vorrede zu ThD (1597) aufgegriffen, im bewussten polemischen Gegensatz zu der damaligen streitsüchtigen und theoretisierenden Tendenz mancher Theologen.[57] Wahres Christentum wird hier als Busse und christliches Leben verstanden, als die Verwandlung der Lehre Christi in Leben. Das wahre Christentum - Lehre und Leben - spiegelt die Christologie Arndts: Christus als Erlöser und Vorbild; es zielt auf die Aufrichtung der Gottebenbildlichkeit des Menschen, das Hauptthema des Arndtschen Schrifttums, es besteht in "Erweisung des waren lebendigen thetigē Glaubens/ durch rechtschaffene Gottseligkeit".[58] Der Glaube an Christus ist immer das Fundament, wo Arndt von Glauben und Liebe spricht.[59] Glaube setzt bei Arndt Sündenreue und Busse voraus, Kampf gegen die Erbsünde, Kreuzigung des Fleisches und Nachfolge Christi.[60] Arndt schreibt: "Das wahre Christentum stehet allein im reinen Glaubē/ in der Liebe und heiligen Leben. Die Heiligkeit aber des Lebens kömpt aus wahre Busse und Rewe/ und aus Erkentnis sein selbst/ dass ein Mensch täglich seine Gebrechen erkennen lernet/ und dieselben täglich bessert und durch den Glauben der Gerechtigkeit und Heiligkeit Christi theilhafftig wird."[61]

In welchem Sinn hat nun die Mystik für Arndt Gültigkeit? Eben darin, dass das christliche Leben das Leben des durch den Glauben in dem Christen einwohnenden Christus ist: "Denn durch diesen Glauben welcher Gott allein im Hertzē statt uñ raum gibt/ erwehlet man dz beste theil/ durch diesen Glauben besitzt GOtt des Menschen Hertz/ unnd wohnet Christus in uns/ ... In diesem einigen ist alles begriffen was zum wahren Christenthumb gehöret/ daraus

---

56 Ibid.
57 WChr 1706 S. 1248; vgl. 1:39:5, S. 419 f.
58 Christus als Erlöser und Vorbild: WChr 1:11:1, S. 90; 1:11:15, S. 101 f; vgl. Luther, WA 1,11,1-18;40,2,42-43. Aufrichtung der Gottebenbildlichkeit: z. B. 1:41: Überschrift, S. 446. – Erweisung des Glaubens: 1:Vorrede:1.
59 WChr 1:11:3, S. 91; 1:30:1, S. 306 f; 1:31:13, S. 329; 4: Beschluss, S. 337.
60 WChr 1:42:2, S. 479; 1:42:3, S. 481.
61 WChr 1:20:1, S. 191, vgl. 1:18:2, S. 171; 1:41:17, S. 460; 2:Vorrede:4.

fleusset die Liebe unnd alle Tugendt."[62] So sind Mystik und Ethik bei Arndt eins, aber die Mystik - die Einwohnung Christi - ist dadurch sein Anliegen geworden, dass die Ethik seine Fragestellung war, wie er im Vorwort zum Ersten Buch schreibt: "Solch Gottloss Wesen/ hat mir zu diesem Büchlein Ursach geben..."[63] Arndt hat gefunden, dass die ethische Fragestellung, "ein grosser und schendtlicher Missbrauch des heiligen Evangelij"[64] nicht nur durch Gesetzespredigt zu lösen sei[65]; sie bedarf auch der Vertiefung des geistlichen Lebens, der Übung des Glaubens, worin die Mystiker ihm Vorbild waren.

62 WChr 3:2:3, S. 13 f.
63 WChr 1:Vorrede:1.
64 Ibid.
65 Winter a.a.O. S. 18; Fr. Arndt a.a.O. S. 40.

ARNDT IN SEINEM VER-
HÄLTNIS ZUR MYSTIK

Wenn von Arndt in seinem Verhältnis zur Mystik gesprochen werden soll, gehen die Gedanken zu Tauler, Angela von Foligno, ThD,
Thomas à Kempis und Staupitz[1], die alle das gemeinsam haben, dass
Arndt von ihnen gelernt hat und dass sie Mystiker genannt werden
können. Wenn also in dieser Untersuchung von Mystik und Mystikern geredet wird, dann sind eben die hier genannten gemeint.

Eine spätere Zeit als ihre eigene hat sie Mystiker genannt. Und
damit sind sie in die Frage um das Verständnis der Mystik hineingezogen worden. Wir haben schon gesehen, wie für die frühere protestantische Forschung Luthertum und Mystik als entgegengesetzt
hervortraten[2], und wie es daher als eine Aufgabe des Forschers
beschrieben wurde, "alle Spuren Arndtscher Mystik"[3] auszutilgen.

Die Forschung, die diese Haltung zur Mystik als ihre eigene
anerkennt, könnte sich nicht völlig der Kritik eines Denifle entzie-
hen, dass sie mit einem falschen Begriff von Mystik arbeite, der a
priori jede Mystik als pantheistisch gefärbt ansieht. Sie bringt die
christliche Mystik mit der grösstenteils pantheistischen heidnischen
zusammen, weil sie die Prinzipien der christlichen Mystik, vor allem
die Gnadenlehre, nicht kennt.[4] Mit anderen Worten, man hat mit
einem Mystik-Begriff gearbeitet, der ausserchristliche und christliche
Mystik zusammenhalten sollte, und dabei ist man dazu gekommen,
die Mystik als "eine Form der Frömmigkeit, die völlig aus dem
Rahmen des Christlichen heraustritt"[5] zu beurteilen. Die Züge, die
in der Mystik, wie in allen Formen des geistlichen Lebens, z. B. dem
Gebet, der christlichen und ausserchristlichen Religion gemeinsam
sind, konnten die Augen der Forscher vor der Eigenart der spezifisch
christlichen Mystik verschliessen. Und es ist in dieser Forschungs-
überlieferung nicht zu vergessen, dass katholisch und ausserchrist-

---

1 Zur Einordnung von Staupitz, vgl. Wallmann: "Erwähnen wir
   schliesslich noch Arndts Neuausgabe zweier Schriften von
   Johann von Staupitz: Von der Liebe Gottes und Von unserem hl.
   christlichen Glauben. Sie gehören ebenfalls zur Tradition der
   deutschen Mystik bzw. der Devotio moderna." Johann Arndt
   und die protestantische Frömmigkeit, S. 66 f.
2 Koepp 1912 a.a.O. S. 264.
3 Ibid. S. 276.
4 Denifle: Die Deutschen Mystiker, S. XV f, vgl. S. 4.
5 Koepp a.a.O. S. 2.

lich nicht selten gleichgestellt werden.[6]

Das Bild der Mystik, das sich da entfaltet, könnte vereinfacht so beschrieben werden: Die Seele, die göttlicher Natur ist, ist in die Welt der Materie versenkt worden, aber befreit vom Materiellen ist es einzelnen Seelen gegeben, zu ihrem göttlichen Ursprung zurückzukehren, da ihre Identität sich in dem göttlichen Sein auflöst.[7] Die wichtigsten Züge sind hier: die Eigengöttlichkeit der Seele, Schöpfungsverneinung, religiöser Individualismus, Identitätsauflösung.

Diesem Bild gegenüber hätten sich weder Tauler, der Frankfurter, Thomas à Kempis, noch Angela von Foligno oder Johann Staupitz wiedererkannt. Dieser Mystik-Begriff verschleiert mehr als er enthüllt, soweit er der abendländischen Mystik gilt. Es muss nach einem anderen gesucht werden. Welche Züge sind den obengenannten Autoren gemeinsam, Züge die sie mit den Meistern der abendländischen Mystik, Augustin, Gregor und Bernhard[8] vereinigen?

Es ist bei ihnen nicht zu finden, dass sie die Welt verneinen oder der Seele Eigengöttlichkeit zuschreiben. Aber sie sind alle von der *Gegenwart* Gottes überzeugt, sei es in der Welt oder in der Seele, sie streben nach einer *Erfahrung* dieser Gegenwart und sie lehren alle, dass das ethische Verhalten des Menschen eine Voraussetzung dafür, wie auch eine Folge davon ist. Die christliche Mystik ist, anders ausgedrückt, eine Frömmigkeit, die Worte aus dem biblischen Zeugnis wie diese als zentral empfindet: "Ich lebe; doch nun nicht ich, sondern Christus lebt in mir." (Gal. 2,20) "Der ward entzückt in das Paradies und hörte unaussprechliche Worte, welche kein Mensch sagen kann." (2 Kor. 12,4) "Ich bin der Weg und die Wahrheit und das Leben." (Joh. 14,6)

Dom Anselm Stoltz hat eine kurze Zusammenfassung gegeben: "... ein erfahrungsmässiges Erfassen der Gegenwart Gottes und seines Wirkens in der Seele..."[9] Die erfahrungsmässigen Züge sind von allen bezeugt. Gerson hat es schön gesagt: "Theologia mystica est experimentalis cognitio habita de Deo per amoris unitivi complexum."[10] Es wird auch von allen Mystikern hervorgehoben, dass die geistliche Erfahrung, nach der sie streben, immer eine Gnadengabe Gottes bleibt, die sich nicht erzwingen lässt, wie es Staupitz mit einem Wort des Hohen Liedes beschreibt: 'Da sie im nach/ lieff/, da flohe er/von ihr."[11]

Die Mystik kreist also um die göttliche Gegenwart, die nicht nur

6 Koepp a.a.O. S. 285. Vgl. Hägglund: Luther und die Mystik, S. 86.
7 Schwager a.a.O. S. 76; Weber a.a.O. S. 71; Koepp a.a.O. S. 7.
8 Butler: Western Mysticism, S. 3.
9 Anselm Stoltz: Theologie der Mystik, S. 13, vgl. S. 22.
10 Zit. n. Inge: Christian Mysticism, S. 335.

erkannt, sondern auch erlebt, erfahrungsmässig angeeignet, interiori-
siert wird. Diese Erfahrung wird die Vereinigung mit Gott, unio
mystica, genannt. Sie ist die Erfahrung von Dem, Der schon da ist,
das Hervortreten von Dem, Der verborgen da war. Der Mensch ist
vor der Vereinigung nicht von Gott geschieden, vielmehr ist Gott da,
obwohl Er nicht erfahren worden ist, und diese verborgene Gegenwart, diese Vereinigung mit Gott, ist die Voraussetzung für die
Erfahrung, die unio mystica genannt wird. Anders gesagt, die Vereinigung mit Gott wird von den Mystikern in zweierlei Sinn geschil-
dert. 1. Die Gegenwart Gottes in der Seele. 2. Die Erfahrung dieser
Gegenwart Gottes.

Staupitz beschreibt die erstere als die Einheit aller Gläubigen mit
ihrem Haupt Christus, die zweite als die geistliche Ehe[12], und Arndt
beginnt das erste Kapitel des Dritten Buches vom WChr mit den
Worten: "Das die Gleubigen Hertzen Wohnung sind der H. Drey-
faltigkeit/ bezeuget die Heilige Schrifft an vielen orten... Wer ist aber
unter den Christen der diesen Schatz in jhm erkennet/ gross achtet/
und suchet... Diese Perle ist zu suchen/ dieser Acker ist zu Bawen/
diese Gabe des Geistes und gnade Gottes ist zu erwecken als ein
Füncklein Fewr so man auffbleset wie S. Paulus sagt."[13] Damit hat
Arndt ein Anliegen aller abendländischen Mystik beschrieben. Die
verschiedenen Arten dieser Mystik aber lassen sich an ihrer Lehre
von der Natur der Gegenwart Gottes und dem Weg zur geistlichen
Erfahrung erkennen.

Wir wollen nun das Zeugnis Arndts von seinem Verhältnis zur
Mystik untersuchen. Die Quellen zu unserer Kenntnis davon sind
Arndts Vorreden zu ThD 1597 und 1605 (mit NChr), zu Taulers
Postille 1621 und sein Brief an Herzog August zu Braunschweig vom
April 1621, dazu etliche Stellen im WChr.

Arndts Anliegen ist die Ethik, wie wahre Lehre und christliches
Leben zusammenzuhalten sind, wie die Lehre ins Leben zu verwandeln ist. Das hat Arndt bei ThD ebenso wie bei Tauler gelernt.[14] Die
Besserung des Lebens, den Weg zu einem heiligen Leben hat Arndt
bei den Mystikern gefunden: "Solcher alten kurtzen Büchlein/ die zu
einem heiligen Leben führen/ liegen viel im Staube verborgen, wie
Joseph im Kercker."[15] Durch dieses Hauptanliegen, die Ethik,
wurde Arndt zum Mittelpunkt der Mystik, der Einwohnung Christi,
geführt. Die Mystiker haben ihn gelehrt, dass die ethische Frage, die

11 Staupitz: Zwey alte geistreiche Büchlein, Magdeburg 1605, Kap.
   15, S. 36.
12 Ibid. S. 78 f.
13 WChr 3:1:1, S. 1.
14 WChr 1706, S. 1256; Vorrede zu Taulers Postille, S. III r.
15 WChr 1706, S. 1263.

sein pastorales Anliegen war, nicht von aussen, sondern von innen zu beantworten ist: "Summa die Vereinigung mit Christo/ durch den lebendigen Glauben/ die Erneurung in Christo/ durch die Tödtung des alten Menschen/ ist der Zweck und Ziel dieser Schrifften."[16] Das Leben Christi kann also erst durch die Busse in den Christen Gestalt annehmen, es muss Christus Raum im Herzen gegeben werden, erst dann wird er das neue Leben durch uns wirken können: "Wie du nun/ lieber Leser/ das edle Leben Christi an dich nehmen sollt/ und den lebendigen/ thätigen Glauben/ ja Christum durch den Glauben in dir alles sollt wircken lassen/ das wird dich diss Büchlein lehren."[17] Die Nachfolge Christi bleibt immer die Voraussetzung für das Wirken Christi durch den Christen.

Arndt hat bei den Mystikern eine andere Theologie als die streitsüchtige zeitgenössische gefunden, eine Theologie, die von dem Verlangen nach Gott und dem Weg zu Gott geprägt ist: "Summa wie du dir selbst/ und der Welt absterben/ und Christo leben sollest"[18], eine Theologie, die die Vereinigung mit Gott zum Ziel hat.[19] In der zweiten Vorrede zu ThD finden wir eine interessante Verarbeitung hierzu:

1597 WChr 1706, S. 1257	1605 WChr 1706, S. 1261
Denn 1.wo der wahre Glaube ist / da ist Christus / denn Christus und der Glaube sind nicht geschieden. 2. Wo nun Christus ist / da ist auch sein Leben / denn Christus und sein Leben sind nimmermehr geschieden.	Denn wo der wahre Glaube ist / da ist Christus mit aller seiner Gerechtigkeit / Heiligkeit / Verdienst/ Gnade / Vergebung der Sünden / Kindschafft Gottes / Erbe des ewigen Lebens / das ist die neue Geburt / die da kommt aus den Glauben an Christum. Denn Christus und der Glaube vereinigen sich mit einander / also das alles was Christus ist / unser wird / durch den Glauben / wo aber Christus wohnet durch den Glauben / da wircket er auch ein heilig Leben.

16 Ibid.
17 Ibid. S. 1256, vgl. Vorrede zu Repetitio Apologetica, ibid. S. 1174 ff.
18 Ibid. S. 1259.
19 Ibid. S. 1257.

Titelblatt des Baseler Tauler-Druckes von 1522

Hier haben wir tatsächlich eine Zusammenfassung von dem vor uns, was Arndt bei den Mystikern zu finden gemeint hat, zugleich mit einem Zeugnis von seinem wachsenden evangelischen Bewusstsein in der Verarbeitung der Vorrede von 1605, wo er reformatorische Hauptworte wie Gerechtigkeit Christi, Vergebung der Sünden, Kindschaft Gottes, neue Geburt eingefügt hat. Vielleicht ist diese Verarbeitung durch die Kritik am Ersten Buch vom WChr, das auch im Jahr 1605 veröffentlicht wurde, veranlasst.

Es findet sich aber in einer jeden der angeführten Stellen ein Hauptwort, das Arndt nur sehr spärlich hätte bei ThD und NChr finden können: Glaube. Er hat den Glauben als vorausgesetzt angesehen, er hat ihn in die Schriften der Mystiker hineingelesen, obwohl er ihn da kaum gefunden hätte; wenn die Mystiker von Glauben reden, meinen sie oft den Glaubensinhalt. Nur bei Tauler wird von einem Glaubensbegriff wie Arndts, dem lebendigen, tätigen Glauben geredet.[20] Arndt scheint sich dieser Schwierigkeit bewusst zu sein. In der Vorrede zu Taulers Postille schreibt er: "In summa/ ein Hertz so Christum zum Grunde gelegt hat/ wird in Taulero ein solch liecht der besserung/ der andacht / der heiligkeit/ der frömmigkeit/ der Gottseligkeit/ der furcht Gottes/ der geistlichen Weissheit finden/ dass ers wird fruchtbarlich zur köstlichen Seelen artzney zu geniessen haben."[21] Arndt hat also die Mystiker in derselben Weise gelesen, wie er hofft, dass man sein WChr entgegennehmen wird: mit dem rechtfertigenden Glauben als Voraussetzung.[22] Ganz offenbar sind hieraus manche von den Schwierigkeiten Arndts, sich zu verteidigen, zu verstehen. Er hat die Mystiker mit seinem evangelischen Glauben als Fundament gelesen, ein Fundament, das ihnen in seinem reformatorischen Gepräge unbekannt war. Er war selber durch die Kritik darauf aufmerksam geworden, dass bei den Gedanken der Mystiker eine "Offenheit für Fehlinterpretation" vorliege, wie seine Worte im Vorwort zum Ersten Buch bezeugen: "Es sind aber in demselben/ sonderlich in dem Franckfurtischen Druck/ etliche Reden nach Art der alten Scribenten/ Tauleri, Kempisii, und anderer mit eingemischt/ die das Ansehen haben/ als wenn sie menschlichem Vermögen und Wercken zu viel tribuiren:/ (Darwider doch mein gantz Büchlein streitet...)"[23]. Selber ist Arndt aber davon überzeugt,

---

20 BT 67 va, H. S. 231.
21 Taulers Postille 1621, S. III v.
22 WChr 4:Beschluss:2, S. 337; vgl. Vorrede zu Repetitio Apologetica, WChr 1706, S. 1174.
23 Diese Worte sind in der Magdeburger Ausgabe von 1610 ausgelassen; sie sind hier aus der Dieckmannschen Ausgabe (1706) angeführt, die sich auf die Jenische (1609) stützt.

dass die Mystiker alles Gute Gott zuschreiben, nicht dem Menschen.[24]

Arndt hat also in seiner Mystik-Rezeption den rechtfertigenden Glauben als vorausgesetzt angesehen, er hat sich den Leser von Taulers Postille (in seiner Vorrede dazu) mit einem "Hertz so Christum zum Grunde gelegt hat" gedacht. Hat denn Koepp nicht in seinem Urteil recht: "So sind die beiden Grössen bei Arndt aufeinandergebaut wie zwei Stockwerke. Das Luthertum gibt den Grund, aber die Höhe der Frömmigkeit und ihr eigentliches Ziel und das eigentlich Wertgebende ist erst die Mystik"?[25] Wir müssen hier zuerst das Koepp eigene Verständnis vom Luthertum erkennen, auf das schon früher aufmerksam gemacht worden ist. Das neue Lutherbild seit Karl Holl zwingt hier zu einer neuen Überprüfung der Arndt-Forschung, die aber nicht unsere Aufgabe ist. Es ist schon hier klar geworden, das die evangelische und mittelalterliche Spiritualität bei Arndt nicht als ein Nacheinander zu beschreiben ist, sondern als ein Ineinander, wobei das geistliche Erbe der Mystik von dem evangelischen Glauben durchdrungen und gefärbt ist. Eben dieses Ineinander ist es unsere Aufgabe zu untersuchen.

Es gibt im WChr etliche Äusserungen über Tauler, die unsere Fragestellung beleuchten könnten. Arndts Bewusstsein von der Gefahr des Synergismus ist schon früher durch die angeführten Worte aus dem Vorwort zum Ersten Buch bezeugt. Die Art seiner Tauler-Rezeption wird auch da deutlich, wo von Taulers Lehre von der Erleuchtung der Seele die Rede ist. "Diss soll verstanden werden de statu post conversionem, und von der täglichen Erleuchtung unnd Vermehrung der neuen Gaben nach der Bekehrung." [26] Die geistliche Erfahrung, auf die Arndt dringt, ist für ihn keineswegs ohne Busse und Glauben zu denken. Aber dazu hat er bei Tauler auch gelernt, dass die Übung des Glaubens, das Absterben seiner selbst, der Sabbat der Seele der Weg zum Empfinden der Gegenwart Gottes in der Seele ist.[27]

Für die Zeit Arndts war Mystik eine Spiritualität, die sich auf das innere Leben richtet, wie Gerhards Vorwort zu seiner Postille bezeugt[28]; und so hat Arndt Tauler gelesen: "... so ist die gantze Theologia des Tauleri, auf den inwendigen Menschen gerichtet/ unnd auff den innern grund des Hertzens oder der Seele..."[29]

Arndt war sich der "Offenheit für Fehlinterpretation" der Mystiker in Richtung auf den Synergismus bewusst, obwohl er selber durch seine Art der Mystik-Rezeption, bei der er den rechtfertigen-

24 WChr 1706, S. 1261; vgl. ThD Kap. 56, S. 102 f.
25 Koepp 1912, S. 257.
26 WChr 1:39:6, S. 422.
27 WChr 1:37:17, S. 395.

den Glauben immer als vorausgesetzt ansah, sie nicht als unvermeidlich betrachtete. Es war ihm aber nicht verborgen, dass er zu einer Einführung einer neuen Spiritualität, die manchen fremd war, Beiträge geleistet hatte. Das Fremdartige an der Mystik hat er mit einer seltsamen Sorglosigkeit betrachtet, die die Aufmerksamkeit von Gemütern wie Lucas Osiander erregen musste: "Was dich deinem Glauben und Gewissen nicht ehnlich zu seyn/ das lass stehen und gehe vorüber. Es sind viel unbekandte Kreuter im Walde/ da man muss fürüber passiren/ und sie stehen lassen. Es ist kein Garten so rein man findet (nicht) widerwertige Gewächss darinnen."[30]

Arndt hat aber auch etwas von dem Sprachproblem der Mystik gesehen, dass die menschliche Sprache für den geheimnisvollen Gegenstand der mystischen Theologie unzureichend ist: "Wie aber unter der schweren Zungen Mosis ein gewaltiger Geist war/ also ist es hie auch."[31] Es ist wohl dabei nicht nur an "die Zierligkeit der Rede", wie Arndt sagt, sondern auch an die Fragestellung zu denken, die er in der Vorrede zu Taulers Postille behandelt: "Und so die art zu reden dess Tauleri für deinen fleischlichen Ohren grob und hart lautet/ so wisse/ dass für den Ohren dess geistlichen und newgebornen Menschen nichtes grob und hart lautet/ was auss dem heiligen Geist geredt ist." Wie die Heilige Schrift, die ihren Ursprung in dem Heiligen Geist hat, nur durch den Geist auszulegen ist, so verhält es sich für Arndt bei Tauler. Wer Tauler nicht annehmen will, dem mangelt der Geist, das ist Arndts einfache Lösung der Sprachfrage der Mystik. Es liegen in Arndts Stellung zu den Schriften der Mystiker viele unbeantwortete Fragen, Fragen die ihn selber vermutlich sehr wenig bekümmert haben. Er hat nicht nur Weigel, sondern auch

28 "... dass man sonderlich auf die Erbauung des innerlichen Menschen siehet, mit bequemen geistlichen Deutungen die Historien des Alten Testaments mit dem Neuen Testament vergleichet, dieselbigen auf Christum ziehet und in den Lehrpunkten vornehmlich darauf bedacht ist, dass man die wahre Erkenntnis der Innerlichen Verderbung unserer Natur, den wahren lebendigen Glauben an Christum, die brünstige Liebe GOttes, Verschmähung des Zeitlichen, Verlangen nach dem ewigen, demüthige Furcht GOttes, innigliche Gelassenheit, gründliche Demuth und dergleichen ins Herz pflanze, das möchte man nennen die geheimsinnige Art und Weise zu lehren (modum docendi mysticum)." Joh. Gerhard: Postille; S. IX.
29 WChr 3:1:5, S. 5.
30 Vorrede zu Taulers Postille 1621.
31 Erste Vorrede zu ThD; WChr 1706, S. 1258.
32 Brief über Weigel an Buscher 1619. Zit. n. Tholuck: Lebenszeugen, S. 272.

die Mystik gemäss dem apostolischen Wort "Prüfet alles und das gute behaltet"[32] aufgenommen; das war ihm genug.

Aber eben durch sein Vorwort zu Taulers Postille wurde er gezwungen, seine Einstellung zur Mystik tiefer zu durchdenken, da sein Fürst, Herzog August, eine Antwort auf Matthias Lauterwalds Urteil über Taulers Postille forderte.

Arndts Brief an Herzog August ist besonders interessant, weil er Arndts Auffassung von der geistlichen Erfahrung der Einwohnung Gottes beschreibt. Es wird hier wieder deutlich, wie Arndt Tauler gelesen hat: "Dies ist aber des Taulers Zweck, durch Selbstverläugnung und Selbstentsagung näher und enger mit Gott vereinigt zu werden, und so Gott in sich selbst zu empfinden."[33] Für dieses Empfinden aber ist der lebendige Glaube eine Voraussetzung: "Wenn demnach Tauler nicht Christo als Weg, Wahrheit und Leben, gefolgt wäre, hätte er nicht zu solchen geistlichen Reichthümern sich erheben können."[34] Arndt beschreibt die geistliche Erfahrung als ein "schönes Theil oder Erstling des Reiches Gottes... eine kräftige Wirkung und lebendiges Zeugnis Gottes in uns", "eine geistliche Empfindung der wahren wesentlichen Liebe und Freude Gottes", die er mit den Worten des Psalters, besonders Ps. 16, zu beschreiben weiss: "...der ganze Psalter ist wahrlich eine Anleitung zu dieser geistlichen Übung."[35] Arndts Worte deuten auf eigene Erfahrung hin. Zwar sind die Ausdrücke für diese Erfahrungen im WChr überwiegend vorsichtig: ein Schmecken, eine Erleuchtung[36], und Arndts Worte sind tief von der Taulerschen Sprachwelt geprägt. Aber das Zeugnis Arndts im erwähnten Brief an Herzog August lässt doch die Behauptung der früheren Forschung[37], Arndt habe keine eigenen Erfahrungen von der Vereinigung mit Gott gehabt, nicht unangefochten bestehen, besonders nicht wenn Arndts Beschreibung der geistlichen Ehe dazugenommen wird.[38] Nun ist aber der Traktat, der sie enthält, spät (1620), wie auch der Brief an Herzog August (1621). Es wäre möglich, aber nicht notwendig, die vorsichtige Ausdrucksweise des WChr als Mangel an eigener Erfahrung zu deuten und mit Wallmann Arndt nicht als einen Mystiker, sondern einen Liebhaber der Mystik zu beschreiben[39], aber vor dem Zeugnis von 1620 und

33 Fr. Arndt a.a.O. S. 181.
34 Ibid.
35 Fr. Arndt a.a.O. S. 182 f.
36 WChr 1:21:9, S. 212; 1:36:1, S. 363; 1:36:11, S. 369, 370; 1:11:18, S. 104; 2:52:8, S. 630 f; 3:6:1, S. 48 f; 3:10:6, S. 78 f.
37 Koepp a.a.O. 1912, S. 218; Schwager a.a.O. S. 36; Wallmann: Johann Arndt und die protestantische Frömmigkeit, S. 61 f, 74.
38 De unione, Kap. 7; WChr 1706, S. 1118 f.
39 Wallmann a.a.O. S. 74.

1621 muss diese Frage erneut überprüft werden.

Das Neue bei Arndt im evangelischen Raum ist nicht seine Lehre von der Einwohnung Gottes in der Seele. Diese Lehre gehört zum Gemeingut, bei Luther besonders im grossen Galaterbriefkommentar, ebenso wie in der Konkordienformel.[40] Das neue bei Arndt ist der Weg, der zur Erfahrung der Einwohnung Gottes führt. Diesen Weg hat Arndt mit der Mystik gemeinsam, und es blieb immer seine Überzeugung, dass durch diese Erfahrung Kraft zu einer Erneuerung des christlichen Lebens zu gewinnen sei.[41]

Aber auch der Mystik wurde bei Arndt etwas Neues hinzugefügt. Sie wurde von den Hauptworten der evangelischen Spiritualität - Wort und Glaube - geprägt, und während sie früher als Unterrichtsstoff für enge Kreise in den Klöstern wirkte, wurde sie nun - wie Johannes Wallman gezeigt hat - zu dem wahren Christentum verarbeitet, zu dem alle Christen berufen sind.[42] Diese Verarbeitung der Mystik ist Arndt dadurch gelungen, dass er seinen evangelischen Glauben als in den Schriften der Mystiker vorausgesetzt sah.

40 Vgl. O. Ritschl: Dogmengeschichte Bd IV, S. 194 ff; Iserloh: Luther und die Mystik, S. 69; Epitome IV, BEK, S. 789 f; Sol. Decl. III, BEK, S. 932 f, 935; Sol. Decl. VIII, BEK, S. 1046.
41 z.B. WChr 1:21:11 f, S. 213 f.
42 Wallmann a.a.O. S. 72.

DAS HÖCHSTE GUT - DER LIEBE VATER

Gott ist für Arndt vor allem das höchste ewige Gut. [1] Zwar hat dieser Begriff eine biblische Begründung in dem Christuswort Math. 19, 17 erhalten [2]: "Niemand ist gut denn der einige Gott", aber es ist doch unverkennbar, dass wir uns hier in der in der abendländischen Überlieferung übernommenen und verarbeiteten teilweise neuplatonischen Gedankenwelt befinden.

Auf verschiedenen Wegen gelangte sie zu ihrem Einfluss auf die christliche Theologie. Origenes, mit dem Augustin so viel Kontinuität aufweist, war davon geprägt, und es gehört zu den unumgänglichen Tatsachen der abendländischen Theologiegeschichte, dass Augustin selber auf seinem Weg zum Glauben entscheidende Schritte durch die von Porphyrius vermittelte Überlieferung Plotins geführt wurde. [3] Die andere grosse Gestalt am Anfang der abendländischen Mystik, Dionysius Areopagita, ist ebenso neuplatonisch geprägt, und neuerdings hat Gösta Wrede auch auf die Bedeutung von Proklos für Tauler hingewiesen. [4] Hiermit ist allerdings nicht gesagt, dass die Mystiker Neuplatoniker schlechthin seien. [5] Es wäre leicht, den neuplatonischen Gottesgedanken von Gott als dem höchsten Gut mit dem aristotelischen von dem unbeweglichen Sein, das Objekt, aber nie Subjekt der Liebe ist [6], zu verwechseln. Schon bei Platon, im Timaeus, ist aber die antike Gedankenwelt offen für Gott als das höchste Gute, dessen Wesen es ist, sich mitzuteilen, auszugeben, eine Auffassung, die bei Plotin zu einem Grundelement der metaphysischen Weltanschauung wird. Bei Thomas, der sich hier auf den Areopagiten beruft, ist es ein oft wiederkehrender Gedanke

---

1 Gott als das Gute kommt im WChr mehr als 50 mal vor.

2 WChr 1:1:5, S. 5; 1:31:4, S. 321 f; 2:23:4, S. 263; das Wort wird von dem Areopagiten ähnlich wie bei Arndt ausgelegt (Göttliche Namen 2:1); vgl. Nygren: Tro och vetande, S. 97 f.

3 "For Augustine, however, Plotinus and Porphory are grafted almost imperceptibly into his writings as the ever present basis of his thought." Peter Brown: Augustine of Hippo, S. 95.

4 Gösta Wrede: Unio mystica, S. 77 f. Wyser a.a.O. S. 299.

5 Vgl. Vladimir Lossky: Mystical Theology, S. 30 f.

6 Hermann Sasse: Sacra Scriptura, S. 141.

[7], der auch Arndt durch Augustin bekannt war. [8] So verstanden ist das Gute als Gottesbegriff für den christlichen Gottesgedanken, Gott als Liebe, geöffnet. Die Liebe, die Gott ist, ist das sich selbst hingebende höchste Gut. Diese Selbsthingabe Gottes ist die Schöpfung.

Nun bedeutet dieser Gedanke in der augustinischen Überlieferung noch mehr. Gott als höchstes Gut ist auch das höchste Sein. Alles Dasein ist Teilhaftigkeit an Gottes Sein und Güte. [9] Das höchste Gut ist ebenso die höchste Schönheit, und alles was ist, ist in dem Masse in dem es ist, schön, da es Teil an Gottes Schönheit hat. [10] Bei Gott ist das Sein, die Güte, die Liebe wesentlich - als sein Wesen - bei den Geschöpfen dagegen sind sie etwas Mitgeteiltes, anders gesagt, bei Gott sind sie am intensivsten, und er hat sie im Schöpfungsakt ausgegossen. Sie nehmen ab, je weiter sie sich von Gott entfernen, bis zum Bösen, das ein Nicht-Sein ist. [11] Die Weltentwicklung lässt sich durch folgendes Bild darstellen:

7 Cl. Baeumker: Der Platonismus im Mittelalter, S. 45, in: Platonismus in der Philosophie des Mittelalters, hg. Werner Beierwaltes.

8 ''Si ea est conditio boni, ut sese effundat et propaget...'' WChr 2:6:6, S. 80. Vgl. 2:9:26, S. 133 f; 4:2:18:1, S. 263.

9 Conf. 11,17; 12,18. Bei Anselm: Regin Prenter: Guds virkelighed S. 88 f.

10 Adam: Dogmengeschichte Bd 1, S. 263; Conf. 10,27,38; Dom Cuthbert Butler a.a.O. S. 206.

Dieses Denken schliesst auch ein, dass das höchste Gut eins sein muss, während die Geschöpfe vielfältig sind. Hier hat der Neu-Platonismus die christliche Mystik, besonders die abendländische, tief beeinflusst. [12] Dieser Einfluss hat bewirkt, dass die abendländische Mystik sich grösstenteils auf die Einheit des göttlichen Wesens ausgerichtet hat, auf Das, was hinter und über den drei Personen steht, "jene Einheit . . jene überwesentliche Wesenheit" [13], wie der Areopagit sagt. Die Einheit Gottes ist nicht nur Sein, sondern Übersein, das haben schon die Neuplatoniker und Origenes sagen können [14], aber der Areopagit geht noch weiter: Gott ist nicht nur (τὸ ὤν) - wie bei Plotin – nicht nur der Erkennbare, sondern auch (τὸ μὴ ὤν), der prinzipiell Unerkennbare. [15] Damit hat aber die christliche Mystik Plotin verlassen, denn der Gott Plotins ist immer prinzipiell erkennbar, und gelingt es nicht Gott zu erkennen, so erklärt sich das aus einer fehlenden Einheit der Vernunft oder des Intellekts. [16] Diese Entwicklung bewirkt einerseits eine Entfaltung der abendländischen Mystik in Richtung auf eine negative Theologie, mit Gottesbegriffen wie Nichts, Finsternis, Abgrund, die eben diese unbeschreibbare Einheit des göttlichen Wesens darzustellen versuchen, Begriffe die bei Augustin, Gregor dem Grossen und Bernhard kaum zu finden sind [17]. Anderseits bedeutet diese Entwicklung eine Rückkehr eben zu der Mystik der Neu-Platoniker durch die Betonung der unbeschreibbaren Einheit, des Un-persönlichen bei Gott.

Dieses alles gehört zu den selbstverständlichen Voraussetzungen bei den Mystikern und Arndt; es gibt sogar bei Luther Spuren dieses Denkens. [18]

Wie hat sich nun diese augustinische Gedankenwelt bei den Mysti-

11 Adam a.a.O. S. 260. Przywara: Augustinus - Die Gestalt als Gefüge, S. 249. Prenter a.a.O. S. 89; Stöckl a.a.O. S. 1059; Kemper a.a.O. S. 223.
12 "It is an axiom of neo-Platonism that the highest being must be absolutely simple, excluding all differentiation." Butler a.a.O. S. 232 f. Vgl. Göttliche Namen IV: 95; Inge: Christian Mysticism, S. 91; Baeumker a.a.O. S. 46.
13 Göttliche Namen 1:1, S. 20.
14 Inge a.a.O. S. 90.
15 "Grund des Seins für alle Dinge und doch selbst nicht seiend." Göttliche Namen 1:1, S. 21.
16 Lossky a.a.O. S. 30 f.
17 Butler a.a.O. S. 124 f.
18 Grosser Katechismus BEK 565.

kern gespiegelt, und was hat Arndt davon gelernt?

Angela von Foligno ist sich zwar des Unsagbaren bei Gott wohl bewusst wie er un-ermesslich, un-endlich, un-aussprechlich ist [19]; die Negative Theologie aber spielt eine geringe Rolle, obwohl sie vorhanden ist. [20] Nicht nur von Gottes Abgrund redet Angela, sondern vom Abgrund seiner Gerechtigkeit, seiner Liebe. [21]

Anders verhält es sich bei der deutschen Mystik. Der Meister ist hier, wie auch sonst, Eckehart. Er unterscheidet zwischen Gott, d.h. Gott als geoffenbart, und Gottheit, d.h. Gott als verborgen. [22] Diese Distinktion findet sich ebenso bei Tauler und in ThD. [23] Die "Gottheit" im oben genannten Sinn bildet den Schwerpunkt der Taulerschen Frömmigkeit. Gott ist für ihn vor allem ein Abgrund, eine Wüste, ein Nichts, eine Finsternis, ein Grund. [24] Alle diese Begriffe zielen auf die Einheit des göttlichen Wesens, das Namenlose bei Gott, wie der Areopagit sagt, der Tauler in dieser Hinsicht tief beeinflusst hat. Diese Begriffe haben auch das gemeinsam, dass sie vom Menschen gesagt werden können [25], und auf das Innerste, das Einheit ist, zielen. Hier tritt die Taulersche Spiritualität deutlich zu Tage, das Einswerden mit dem Einen. ThD bietet in grossen Zügen ein mit Tauler übereinstimmendes Bild. [26]

Es ist auffallend, dass Arndt die negative Theologie, die mit dem Areopagiten verbunden ist, kaum übernommen hat. Wohl kann Arndt - wie Angela - von dem Abgrund göttlicher Barmherzigkeit,

19 Instr. 52, S. 192, Lz 196; Instr. 53, S. 196, Lz 200 f.
20 Vis. 27, S. 99, Lz 99; Instr. 70, S. 373, 378, Lz 384, 388.
21 Vis. 24, S. 86, Lz 85; Instr. 68, S. 361 f, 364, Lz 372, 375.
22 Inge a.a.O. S. 182.
23 ThD Kap. 29, S. 58: "Got als gotheit gehört nit zu, weder wil noch wissen oder offenbaren... Aber gott als got gehört zu, das er sein selb veriehe und sich selber bekenne und liebe..." Vgl. BT 78 va, H 272; 131 va, H 561; 149 rb, H 433.
24 Abgrund: BT 123 ra, H 567; 20 rb, H - ; 26 rb, H 67; 26 vb, (H 68); 46 va, H - ; 53 va, H 178; 153 ra, rb, H 457; 55 va, H 185; 58 vb, H 196 f; 164 vb, H 623; Wüste: BT 35 ra, H 101; 127 rb, (H 580). Nichts: 103 vb, H 394 f. Finsternis: 30 ra, H 80 f; 107 va, H 400; 123 ra, H 567; 124 va, H 572 f. Grund: 25 va, H 65; 83 va, (H 292); 104 rb, H 407; 134 vb, H - . Es sind hier nur einige Beispiele gegeben. Vgl. Dietrich M. Schlüter O.P.: Philosophische Grundlagen der Lehren Johannes Taulers, S. 127 ff. In: Johannes Tauler - ein deutscher Mystiker, hg. E. Filthaut O.P.
25 Abgrund: BT 140 ra, H 336; 66 vb, H 228. Wüste: 127 rb, H 580. Nichts: 103 vb, H 395; 94 va, H 353; 150 ra, H 436. Finsternis: 4 va, H - . Grund: 33 ra, H 93; 44 va, H 141; 89 vb, H 317.
26 Vgl. oben Fussnote 23; ThD 1, S. 7 f.

Poſtilla

JOHANNIS TAULERI,

Des berümbten Theologi/ der zur

zeit deß Keyſers Caroli IV. gelebt / vnd Prediger zu Straß-
burg geweſen / auch daſelbſt Anno 1379. geſtorben / vnnd den
15. Julij in der Dominicaner Kloſter begraben iſt.

Deſſen

D. Lutherus in ſeinem Büchlein vom Ablaß vnd in der

17. vnd 23. Epiſtel an Spalatinum mit folgenden
Worten rühmlich gedencket :

Ich bitte dich noch einmahl / gleube mir doch in dem fall / vnd folge mir / vnd käuffe dir das
Buch Tauleri / darzu ich dich auch zuvor verthahnet habe / wo du es nur bekommen kanſt /
wie du es denn leicht bekommen wirſt / Denn das iſt ein Buch / darinnen du finden
wirſt ſolche Kunſt der reinen heilſamen Lehre / dargegen jetzt alle Kunſt eiſerne
vnnd jrrdiſch iſt / Es ſey gleich in Griechiſcher oder Lateiniſcher oder Hebreiſcher
Sprache.

Item/ zwey Geiſtreiche Büchlein.

Das erſte / die Deutſche Theologia, Das iſt ein edles Büch-

lein vom rechten Verſtande / was Adam vnd Chriſtus ſey / wie
Adam in vns ſterben / Chriſtus aber in vns
leben ſoll.

Das ander / die Nachfolgung Chriſti / lehret / wie man alle eitelkeit der

Welt fliehen ſoll / durch Thomam de Kempis Anno 1441.
beſchrieben.

Mit einer Vorrede Johannis Arndtes / General Superintendenten deß

Fürſtenthambs Lüneburg / Darinnen die Summa vnd heilſamer Nutz
dieſer dreyer Bücher erkleret wird.

Omnia nos Chriſti vita docere poteſt.

Jetzt auffs New / zu erweckung wahrer Buß vnd Gotteſeligkeit / Allen lieb-

habern vnd nachfolgern Chriſti / deutlicher mit beſonderm trew vnd
fleiß Corrigiret / vnd an Tag gegeben.

Electo. Saxonico.

PRVDENTIA NON VIOLENTIA

Cum gratia & Privilegio

Gedruckt zu Hamburg / durch Hans Moſen.

In Verlegung Michael Herings.

ANNO M. DC. XXI.

*Titelblatt der Ausgabe von Taulers Postille von 1621 mit der Vorrede
Arndts*

Güte und Liebe [27] reden, aber Abgrund als Gottesbegriff kommt bei ihm nicht vor, ebensowenig wie Wüste, Nichts, Grund und Finsternis. [28] Die Frömmigkeit Arndts ist anders geprägt. Sie richtet sich nicht auf die namenlose, unbekannte Einheit des göttlichen Wesens, sondern auf den geoffenbarten Gott, der das Gute, die Liebe, das Licht und die Schönheit ist. [29] Was hat nun Arndt in dieser Hinsicht von den Mystikern gelernt?

Für Angela ist Gott zuerst "bonum". [30] Er ist das höchste Gut[31] von dem alles Gut kommt und das ein Grund alles Guten ist. [32] Nicht dem Abgrund, sondern dem Guten ist Angelas Frömmigkeit gewidmet. Bei Tauler zeigt sich der Akzent seiner Spiritualität auch hier; das Gute ist nicht nur das grosse, wahre, ewige Gut [33], sondern vielmehr das lautere, göttliche, einfältige Gut, das überwesentliche, blosse, unbekannte, ungenannte, verborgene Gut. [34] Er sagt: "...das in die verborgen weyssloss vinsternyss des wysslossen gůts/ da würt der geyst also nahe ingefůrt in die einigkeit gotts..." [35]. Auch hier zielt Tauler auf die verborgene Einheit Gottes, das Namenlose. [36] Ähnlich verhält es sich bei ThD, wo das Einheitsdenken noch stärker hervorgehoben wird [37]; so ist auch das Gute nicht nur unwandelbar, ewig, vollkommen, wahr und lauter, sondern auch einfältig, d.h. das

27 WChr 2:Vorrede:5; 2:3:2, S. 33; 2:25:7, S. 281; 2:42:12, S. 497.
28 Arndt ist jedoch mit den mystischen Gedanken vom göttlichen Dunkel bekannt; siehe Brief an Johann Gerhard 29. Juni 1608, Fr. Arndt a.a.O. S. 90. Vgl. Wrede a.a.O. S. 62.
29 WChr 1:1:5, S. 5; 1:1:7, S. 8; 2:13:7, S. 166 f; 1:28:8, S. 291.
30 Vis. Kap. 20, S. 70, Lz 68; 21, S. 74 f, Lz 73 f; 23, S. 80 f, Lz 79; 26, S. 92, Lz 92 f; 40, S. 152 f, Lz 155 f; 67, S. 356 f, Lz 367.
31 Vis. Kap. 24, S. 85, Lz 84; 57, S. 219 f, 222 f, Lz 225, 228; 62, S. 291, Lz 298; 65, S. 334, Lz 344; 69, S. 367 f, Lz 378 f.
32 Vis. Kap. 21, S. 75, Lz 73; Instr. 67, S. 359, Lz 369.
33 BT 18 ra, H 41; 25 vb, H− ; 31 vb, H 87.
34 BT 31 vb, H 87; 47 rb, H 150; 43 ra, H 137; 55 va, (H 185); 81 vb, H 286; 142 va, H 419.
35 BT 30 ra, H 80.
36 Vgl. BT 124 vb, H 573.
37 ThD Kap. 1, S. 7 f; Kap. 9, S. 21; Kap. 13, S. 31 f; Kap. 42, S. 86; Kap. 44, S. 88 f.
38 Unwandelbar: ThD Kap. 2, S. 10. Ewig: Kap. 4, S. 13; Kap. 10, S. 22; Kap. 11, S. 27; Kap. 15, S. 37. Vollkommen: Kap. 30, S. 60; Kap. 40, S. 81; Kap. 41, S. 81 f; Kap. 54, S. 100. Wahr: Kap. 4, S. 13; Kap. 16, S. 38 f; Kap. 38, S. 74; Kap. 40, S. 81; Kap. 41, S. 81 f; Kap. 42, S. 85. Lauter: Kap. 31, S. 62. Einfältig: Kap. 16, S. 38; Kap. 30, S. 60; Kap. 31, S. 62; Kap. 38, S. 74; Kap. 40, S. 81; Kap. 54, S. 100.

Eine schlechthin. [38] Diese Einheitsfrömmigkeit hat NChr und Staupitz nicht geprägt.

Es ist, wie oben gesagt wurde, auffallend, welche Bedeutung das Gute als Gottesbegriff bei Arndt hat. Er denkt augustinisch. Gott ist für ihn zuerst das höchste, ewige Gut, Ursprung alles Guten [39]; das beste, edelste, vollkommene Gut [40], das wahre, rechte, wesentliche Gut; d.h. das Gute ist Gottes Wesen. [41] Er ist das unerschaffene, unbewegliche, unendliche, das edle und lautere Gut[42], aber er ist auch das liebreiche, das freudenreiche, das überflüssige, sich mitteilende Gut. [43] Er ist "alles Gut", wie es Arndt mit Angelas kennzeichnendem Wort - omne bonum - sagt. [44] Der Akzent Taulers auf dem unbekannten, verborgenen Gut ist bei Arndt nicht zu spüren, vielmehr redet hier ein allgemeiner Augustinismus, wie Angela ihn

39 Das höchste Gut: WChr 1:1:5, S. 5; 1:1:8, S. 9; 1:11:8, S. 94; 1:11:15, S. 103; 1:11:16, S. 103; 1:17:3, S. 159; 1:18:5, S. 173; 1:24:14, S. 249; 1:35:2, S. 356; 2:1:7, S. 9; 2:6:2, S. 75; 2:10:8, S. 142 f; 2:24:7, S. 268; 2:28:7, S. 309; 2:30:2, S. 325; 2:37:3, S. 425; 2:37:6, S. 427; 2:48:3, S. 567; 3:Vorrede:6; 3:2:2, S. 12; 3:18:1, S. 122; 3:21:1, S. 141; 4:2:2:1, S. 213 f; 4:2:2:2, S. 214; 4:2:26:6, S. 291; 4:2:32:2, S. 304; 4:2:38:2, S. 328 (26 mal). Das ewige Gut: 1:1:10, S. 11; 1:11:5, S. 93; 1:11:15, S. 103; 2:1:7, S. 9; 2:6:2, S. 75; 2:10:8, S. 142 f; 2:28:1, S. 304; 2:28:5, S. 308; 2:28:6, S. 308; 2:28:7, S. 309; 2:28:9, S. 310; 2:29:12, S. 322; 2:48:3, S. 567; 3:2:2, S. 12; 3:21:1, S. 141; 4:2:18:3, S. 264; 4:2:38:2, S. 328 (17 mal).

40 Das beste Gut: WChr 1:24:14, S. 249. Das edelste Gut: 1:18:11, S. 177; 1:35:2, S. 356; 2:24:7, S. 268. Das vollkommene Gut: 2:28:1, S. 304; 2:28:6, S. 308; 2:28:8, S. 309; 4:2:18:1, S. 263.

41 Das wahre Gut: WChr 1:1:5, S. 6. Das rechte Gut: 2:28:6, S. 308; 2:28:8, S. 309. Das wesentliche Gut: 1:1:5, S. 6; 2:23:4, S. 263; 2:28:1, S. 304.

42 Das unerschaffene Gut: WChr 3:21:1, S. 141. Das unbewegliche Gut: 2:23:2, S. 261. Das unendliche Gut: 2:24:14, S. 272; 2:28:1, S. 304; 2:48:3, S. 567; 3:2:2, S. 12; 4:2:18:1, S. 263. Das beständige Gut: 2:28:6, S. 308. Das edle und lautere Gut: 2:26:10, S. 297.

43 Das liebreiche, freudenreiche Gut: WChr 2:28:1, S. 304. Das überflüssige Gut: WChr 4:2:18:1, S. 263. Das mitteilende Gut: WChr 1:1:9, S. 10; 2:28:1, S. 304. Vgl. BT 1 va, H 14; Göttliche Namen 4:13, S. 75.

44 Alles Gut: WChr 1:1:5, S. 5; 1:24:15, S. 249; 2:23:4, S. 263; 4:2:2:1, S. 214. Das Vorkommen des Begriffes im Ersten Buch dürfte darauf hinweisen, dass der Einfluss Angelas nicht auf das Zweite Buch zu begrenzen ist.

vermittelt. Sogar im Dritten Buch, wo Arndt bestrebt ist, die Theologie Taulers wiederzugeben, bleibt er auf dem gleichen Boden.

Gott als das höchste Gut entstammt dem platonischen Gottesgedanken, der jedoch im christlichen Raum durchaus umgeprägt wird. Das höchste Gute, das sich in dem menschgewordenen und gekreuzigten Gott offenbart [45], ist von dem Guten der platonischen Frömmigkeit weit entfernt.

Gott als das überfliessende, mitteilende Gut führt uns zu Gott als die Liebe, dem anderen grossen Thema der Arndtschen und augustinischen Gotteslehre, dessen Quelle das johannäische Zeugnis ist. So ist es auch bei Angela. Das höchste Gut ist die höchste Liebe, die die Liebe des Menschen erweckt [46], und diese sich hingebende, mitteilende Liebe wird in dem menschgewordenen, gekreuzigten Gott erkannt. [47] Die Liebe die Gott so erweckt hat, verwandelt den Liebenden in den Geliebten. [48] Angela ist hier, wie auch sonst, durchaus von der augustinischen Überlieferung geprägt [49]. Ähnlich denkt Tauler, obwohl der Akzent auf der Offenbarung von Gottes Liebe in der Menschwerdung und Kreuzigung Christi weniger offenbar ist. Taulers Lehre von Gott als Liebe geht eher von dem innertrinitarischen Leben Gottes aus; so wird auch der Mensch von Gott geliebt mit des Vaters Liebe zum Sohne. [50] Der Mensch begegnet der Liebe Gottes im Sakrament, aber auch in der Anfechtung [51]; der Mensch wird in die Liebe, die Gott selber ist, hineingezogen. [52] Dies bedeutet, dass der Mensch von der mitteilenden, hingebenden Liebe Gottes geprägt ist:"...möchten sy jn selber entfliessen inwendig und ausswendig in warer lieb ires nechstē/ sy entflüssen jn selber..."[53] Die Nächstenliebe ist eine Fortsetzung von Gottes Liebe zum Sohne, die den Menschen umfasst hat.

Ähnlich reden Staupitz und Thomas à Kempis: Gott ist die Quelle aller Liebe, die die Liebe des Menschen zu Gott und dem Nächsten

45 WChr 2:Vorrede:5; 3:2:2, S. 12: "...nichts begeren denn Gott allein als das höchst ewige unendliche vollkommene Gut... und das alles in und durch Christum JEsum unsern HErrn."
46 Instr. Kap. 57, S. 221 f, Lz 226, 228.
47 Instr. Kap. 65, S. 333, Lz 342 f; vgl. Vis. Kap. 20, S. 64, Lz 62; Kap. 33, S. 126, Lz 127.
48 Instr. Kap. 57, S. 221, Lz 228.
49 Étienne Gilson: Saint Augustin, S. 8; R. Lorenz: Augustinus, RGG Bd 1, Sp. 743.
50 BT 85 va, H 299; 94 rb, H 352 f; vgl. über Gottes Liebe im Kreuz 154 vb, H 464.
51 BT 8 va, H - ; 30 va, H 82.
52 BT 49 rb, H 167 f.
53 BT 160 va, H 550; vgl. 128 ra, rb, H 583.

erweckt und durch Liebe sich mit dem Menschen vereinigt. [54]

Ist diese Liebe, von der die Mystiker reden, eine hingebende oder eine begehrende Liebe, ist sie Agape oder Eros? Sie ist beides. In ihrem Dienst am Nächsten ist sie hingebend, von Gottes Selbsthingabe geprägt; als Liebe zu Gott ist sie begehrend, sie will Gott haben, mit ihm vereinigt werden. Selbst das Begehren des Menschen nach Schönheit und Reichtum findet bei Gott seine Vollendung. [55]

Die Lehre von Gott als Liebe hat bei Arndt ein Schwergewicht, wie sie es bei den Mystikern kaum jemals erhält. [56] Sie umschliesst und durchdringt alles was er von Gott, dem Menschen und des Menschen Ziel zu sagen hat. Die ganze Dreieinigkeit ist Liebe; Gott ist eine sich immer mitteilende, hingebende Liebe, die sich wie die Sonne über alle ergiesst [57]; sie ist Gottes Wesen, das eitel Liebe und die Liebe wesentlich ist. Mit einem kühnen Gleichnis sagt Arndt: "Denn weil Gott selbst die Liebe ist/ so thut man jhm einen Dienst daran/ und gefellet jhm wol/ so er viel finden mag/ die seiner Liebe geniessen mögen/ denen er sich kan mittheilen. Gleich wie ein Kindlein der Mutter einen Dienst daran thut/ weñ es jhr die Milch aussauget/ und das alles aus Liebe." [58] Diese immer sich hingebende Liebe Gottes wird bei Arndt zum Ausgangspunkt der Bussverkündigung. Denn der Mensch ist zu Gottes Abbild geschaffen, zu Liebe [59], warum liebt er dann nicht? Die Liebe Gottes wird dem Menschen als ein Busspiegel vorgehalten, sie ruft zur Busse, ja, Gottes Liebe weicht von dem, der in Lieblosigkeit verharren will. [60]

Aber an den Gott, der Liebe, eitel Liebe ist, richtet sich auch der Glaube. Diese Liebe wird nicht nur in der Schöpfung und in der Anfechtung erkannt [61], sondern vor allem in Christus, in seiner Menschwerdung und seinem Kreuz. Arndt sagt: "Wann du den gecreutzigten Christum recht wirst anschawen/ so wirst du nichts dann eitel reine vollkommene unaussprechliche Liebe in jhm sehen."

---

54 Staupitz: Zwey alte geistreiche Büchlein, S. 3, 4, 19, 23; NChr: 3:6, S. 146f; 3:11, S. 164; 3:47, S. 253; 3:27, S. 207.

55 BT 136 rb, H 607; vgl. WChr 1:28:1, S. 286 f; 1:28:8, S. 291; bei Augustin Conf. 2:6; Adam a.a.O. Bd 1, S. 262 f.

56 1 Joh. 4,16 wird von Tauler zweimal, von Arndt dagegen mindestens 14 mal angeführt.

57 WChr 1:32:7, S. 334; 4:2:5:1, S. 221; 4:2:18:3, S. 263 f; 3:13:2, S. 95.

58 WChr 1:21:24, S. 225; vgl. 3:8:1, S. 58; 1:34:8, S. 347.

59 WChr 1:41:4 ff, S. 448 f; 1:41:7, S. 450 f.

60 WChr 1:24-32, S. 241-335; 2:45:5, S. 536; 1:25:5, S. 261 f; vgl. 1:37:8, S. 387 f; 1:11:16, S. 103; 2:10:8, S. 142f; 2:18:4, S. 221.

61 WChr 2:37:3, S. 425 f; 2:53:7, S. 647 f.

[62] Arndts Lehre von der Liebe Gottes hat hier einen christologischen Schwerpunkt, der ihn eher mit Angela von Foligno als mit den deutschen Mystikern verbindet.

Die Vereinigung mit Gott ist ein Werk der ausgebenden Liebe Gottes: er, der die Liebe wesentlich ist, gibt sich eben als Liebe; daher, wo die Liebe nicht ist, da ist nicht Gott. Aber nur wo die Weltliebe ausgetrieben wird, kann die Liebe Gottes Raum finden. [63] Wir erkennen hier die enge Verbindung zwischen Gotteslehre, Vereinigung mit Gott und Arndts ethischem Anliegen. Die Erfahrung der Liebe im Leben des Christen ist ihm ein Zeichen der Vereinigung mit Gott, und in dieser Liebe sind die Liebe Gottes und die Liebe des Menschen nicht von einander zu trennen. [64] In der Liebe dient der Christ seinem Nächsten, und in Liebe begehrt er Gott, der seine Liebe erweckt hat: "Gott ist so lieblich/dass/ je mehr man jhn liebet/ je mehr man jhn begert/ zu lieben... Er ist eine zarte ausserwehlte Süssigkeit/ je mehr man jhn schmecket/ je süsser er wird..." [65] Mit Raimund von Sabunde beschreibt Arndt die Liebe Gottes als Ursprung von allem was da ist und als Band der Vereinigung mit Gott: "Denn die liebe vereiniget sich mit dem geliebten... Sie breitet sich aus über alle Menschen/ unnd theilet sich jederman mit gleich wie Gott." [66] Wir sehen hier nochmals, wie Gotteslehre und Vereinigung mit Gott zum ethischen Anliegen führen.

Arndt unterscheidet nicht zwischen natürlicher Liebe (z.B. zwischen Mann und Frau) und Gottesliebe, sondern zwischen guter und böser, d.h. geordneter und ungeordneter Liebe, wo ungeordnete Liebe die Ordnung des Daseins gebrochen hat, indem sie das Geschöpfliche mehr als Gott liebt. Aber die Liebe als solche ist der edelste Affekt des Menschen, von Gott in uns gepflanzt, ein göttlicher Same in uns. [67] Diese Liebe will Gott zu sich ziehen, durch seine Liebestaten erwecken: "Denn Gott liebet dich erst/ und entzündet deine Liebe mit seiner Liebe..." [68]. Die Schöpfung ist nach Arndt vor allem als ein Liebesbeweis Gottes so zu verstehen. Aber Gott erweckt nicht nur die Liebe, er wirkt sie: "Dann aus eigenen Krefften können wir nichts guts thun/ wo es GOtt selbst durch seine

62 WChr 2:27:1, S. 299; vgl. Angela Visiones Kap. 14, S. 32 f, Lz 31 f; WChr 1:29:6, S. 295 f; 2:27:2−6, S. 299 ff; 3:9:4, S. 70; 3:19:4, S. 129.
63 WChr 3:8:7, S. 62 f.
64 WChr 1:32:6,7, S. 334; 1:29:7, S. 296.
65 WChr 2:26:10, S. 296 f.
66 WChr 4:2:32:2, S. 304; vgl. Albrecht Stöckl: Philosophie des Mittelalters, Bd 2, S. 1070.
67 WChr 1:28:1, S. 286; 4:2:32:1, S. 303 f.
68 WChr 1:28:1, S. 286.

gnade auch nach der Bekehrung nicht in uns wircket. Er ist die Liebe/ und muss sie in uns wircken..." [69]. So kann sich Arndt lange in der Gedankenwelt der mittelalterlichen Theologie bewegen, aber sein tiefes Bewusstsein von den Folgen des Sündenverderbnis ist immer vorhanden, und daraus versteht sich der christologische Akzent seiner Lehre von Gott als Liebe. Denn der Christ, der dies Bewusstsein hat, wird sich eher dem Gekreuzigten als dem unbekannten Abgrund zuwenden wollen.

Es gibt noch einige weitere Begriffe der Gotteslehre, die wir untersuchen wollen. Die ersten sind deutlich von der augustinischen Gedankenwelt, in der wir uns bisher bewegt haben, geprägt: Gott als Licht und Schönheit. Einige Worte sollen auch über Gott als Sein und Wirken gesagt werden, ehe wir uns dem Begriff zuwenden, der den Reformatoren besonders lieb war, Gott als Vater.

Arndt hat mit den Mystikern tief aus der biblischen Botschaft von Gott als Licht geschöpft, vor allem aus dem johannäischen Zeugnis: "...dass Gott Licht ist, und in ihm ist keine Finsternis." [70] Seine Auslegung davon ist durchaus von der früheren christlichen Überlieferung bestimmt. Die Lehre vom göttlichen Licht hat eine Struktur, die wir schon früher erkannt haben:

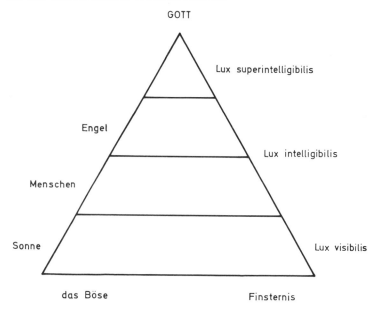

69 WChr 2:6:9, S. 82 f; vgl. 3:4:3, S. 40; 3:8:7, S. 62 f; 4:2:17:3, S. 260 f.
70 1 Joh. 1,5: WChr 1:37, S. 382 ff; 3:11, S. 82 ff; 4:1:1, S. 1 ff; Joh. 1,5: 3:11:1, S. 82 ff; Joh. 1,9: 1:34:8, S. 347; Joh. 8,12: 1:11, S. 89 ff; 3:11:3, S. 84 f; 4:1:1:19, S. 11 f; 2 Kor. 4,6:3:10, S. 74 ff; 1 Mos. 1,3: 4:1:1, S. 1.

Arndt sagt: "GOtt ist das höchste/ lauterste/ reineste/ subtileste/ kläreste und schönste Liecht unnd hat eine Unmässliche Liebe zu dess Menschen Seele/ sie zuerleuchten/ unnd sich mit jhr zuvereinigen..." [71] Wie Gott als höchstes Gut und höchste Liebe mitteilend, sich ergiessend ist, so ist er es auch als höchstes Licht. Arndt knüpft in seiner Lehre von Gott als Licht an den Areopagiten an. Er unterscheidet zwischen "lux superintelligibilis" bei Gott, "lux intelligibilis" bei Engel und Mensch, "lux visibilis" in der Sonne. Das göttliche Licht wird als ein verborgenes Licht, als die ewige Weisheit Gottes beschrieben. [72] Diese Hierarchie des Lichts gehört auch zu den Gedankenvoraussetzungen Taulers. [73]

Nun wird das göttliche Licht von Arndt als die Liebe, Barmherzigkeit, Gerechtigkeit und Wahrheit der Heiligen Dreifaltigkeit verstanden, die im Leben Christi, in seiner Liebe, Demut, Sanftmut und Geduld, d.h. in der Tugend, offenbart sind. [74] Das Wandeln in der Finsternis ist daher ein Leben in Lastern. Wir bemerken schon hier, wie das ethische Anliegen Arndts seine Darstellung prägt.

Arndt kann zwar von dem "lux intelligibilis" im Menschen reden, aber er ist sich wohl bewusst, dass der Mensch ohne Gott, was den geistlichen Bereich betrifft, nicht von Licht, sondern von Finsternis geprägt ist. [75] Er betet: "O du ewiges Liecht... dass wir in Christo die schönen Tugenden leuchten sehen..." [76] Ohne Christus ist das Licht des Verstandes verfinstert. [77] Daher ist der wichtige Unterschied zu verstehen, den Arndt mit Tauler zwischen dem Licht der Gnade und dem Licht der Natur macht: das natürliche Licht ist in der Vernunft, dem Willen und den Sinnen zu sehen, das Gnadenlicht dagegen wirkt im Innnersten, im Seelengrund. Und nun sagt Arndt: "... wo das Gnadenliecht soll scheinen/ da muss das Natürliche Liecht untergehen..." [78] Diese Erleuchtung des Gnadenlichts wirkt Gott durch das Wort. [79] Es besteht also nicht bei Arndt ebensowenig wie bei Tauler und ThD [80] eine ungestörte Harmonie in der Hierarchie des Lichts, sondern das Licht der Natur, d.h. der oberen Seelenkräfte, ist dem

---

71 WChr 3:11:1, S. 82 f.
72 WChr 4:1:1:13, S. 8 f; 4:1:1:5, S. 4; vgl. Augustin de Civ. Dei XI. 10 (Butler a.a.O. S. 39).
73 BT 26 vb, H 69.
74 WChr 1:37:1 f, S. 382 f; 1:37:9, S. 389 f; 4:1:1:16, S. 10 f; 1:34:8, S. 346 f.
75 WChr 1:37:5, S. 385.
76 WChr 2:12:5, S. 158.
77 WChr 2:33:10, S. 347 f.
78 WChr 3:10:2, S. 75, vgl. BT 91 rb, H 320; 9 rb, H 29.
79 WChr 3:10:3, S. 75 f.
80 ThD Kap. 29, S. 57 f; Kap. 38, S. 71 ff; Kap. 40, S. 78 ff.

göttlichen Licht entgegengestellt. Es ist aber eine gewisse Akzentverschiebung bei Arndt vorhanden. Wo die Lehre von Gott als Licht
von den Mystikern in Zusammenhang mit der geistlichen Erfahrung
von Gottes Einwohnen gesehen wird [81], da wird sie bei Arndt eher
ethisch geprägt. Im Licht wandeln heisst Christi Lehre ins Leben zu
verwandeln [82]; Christus als Licht der Welt wird als ein Exempel des
tugendhaften Lebens verstanden. Die johannäische Botschaft vom
göttlichen Licht ist bei Arndt durchaus ethisch ausgelegt; so hat er
die Worte Christi verstanden: "Ich bin das Licht der Welt: wer mir
nachfolget, der wird nicht wandeln in der Finsternis, sondern wird
das Licht des Lebens haben." [83]

Die Lehre von Gott als Schönheit gehört zu derselben augustinischen Gedankenwelt wie die Lehre von dem Guten, der Liebe, dem
Licht: Gott ist das Höchste, und alles was da ist, hat Teil an Gottes
Eigenschaften und zeugt von ihm. So ist es auch bei der Schönheit.
Wie Augustin verbindet Arndt das biblische Zeugnis mit dem platonischen Denken. Er geht von einem Psalterwort aus: "HErr mein
GOTT du bist herrlich unnd schön geschmücket ..." und erhellt es
mit Platon: "Plato/ der weise Heyde/ als er die schönheit der Creaturen betrachtet... hat er aus der Vernunfft geschlossen/ Gott müsse
ein ewiges uberaus schönes wesen seyn." [84] Die Schönheit Gottes
gehört zu den Themen, die von den Meistern der abendländischen
Mystik, Augustin und dem Areopagiten, gründlich durchdacht worden sind. Das Gute, die Liebe und die Schönheit werden bei dem
Areopagiten eng zusammengehalten; das Gute wird von ihm Schönheit genannt, "weil es Ursache der harmonischen Ordnung und des
Glanzes aller Dinge ist" [85]. Augustins Gedanke könnte so zusammengefasst werden: Wir lieben das Schöne in der Schöpfung, wieviel
mehr sollten wir Gott, der die Schönheit selbst und Quelle aller
Schönheit ist, lieben. [86] Das grosse Misslingen des Menschen ist das
fehlgerichtete Begehren des Schönen, das sich auf das Mangelhafte
anstatt auf das Vollkommene richtet. So können auch Arndt und
Tauler von der Schönheit Gottes reden: "Liebestu etwas schönes/
warumb liebestu GOtt nicht/ der aller Schönheit ein Ursprung ist?"

81 Angela Vis. Kap. 21, S. 74, Lz 72 f; Tauler BT 30 ra, H 81; 139 rb,
   H 334. NChr 3:27, S. 205; 3:39, S. 235 f.
82 WChr 1:38:2, S. 404 f; vgl. 1:38:9, S. 409 f; 1:37:8, S. 387 f;
   1:37:10, S. 390; 1:37:12, S. 391; 2:13:7, S. 166 f.
83 Joh. 8,12; WChr 1:11:2, S. 91; 3:11:3, S. 84 f; 4:1:1:19, S. 11 f.
84 Ps. 104, 1; WChr 2:30:1, S. 324; 2:30:4, S. 326.
85 Göttliche Namen 4,7, S. 66 f.
86 Cont. Ep. Fund. XLII, 42 (Przywara a.a.O. S. 117); In Ps 84,9
   (ibid. S. 160); Conf. X, XXVII, 38; II,VI, 12.

[87] Bei den deutschen Mystikern wird übrigens wenig von der Schönheit Gottes gesagt. [88] Bei Angela von Foligno ist es anders; sie hat Gott als "summam pulchritudinem, continentem omne bonum" [89] gesehen. Wenn Angela von der Schönheit Gottes redet, geschieht das immer, um die Gotteserfahrung zu beschreiben. Hierin hat sie offenbar Arndt beeinflusst [90], aber die Lehre Arndts von Gottes Schönheit hat einen eigenen Akzent. Wohl beschreibt er wie Augustin des Menschen Begehren zum Höchsten [91], jedoch erhält seine Darstellung ein eigenes Gepräge Angela gegenüber durch die Auffassung Arndts vom Wesen der Schönheit. Denn die Schönheit ist für ihn nicht nur die harmonische Ordnung und der Glanz aller Dinge, sondern vor allem die Tugend. Hier zieht Arndt noch einmal Plato heran: "...die Tugend unnd Gottseligkeit/ sey der Seelen Schönheit..." [92] Gottes überaus schöne, innerliche verborgene Gestalt, wird als seine Tugenden dargestellt: Weisheit, Gütigkeit, Langmut, Sanftmut, Liebe, Barmherzigkeit [93]. Dazu ist der Mensch geschaffen, zum Abbild Gottes; hier geht das biblische Zeugnis weiter als der platonische Gedanke, denn wir erkennen nicht nur Gott als Schönheit in der Natur, wir sind zu seinem Abbild geschaffen und wir werden dazu erneuert: "... wahrhafftig ein solch Bild.../ dass Gott gleich ist/ darauss Gottes Schönheit/ Klarheit uñ Herrlichkeit leuchten wird: Auss Christo Jesu aber unserm HERRN in höchster Klarheit und Schönheit uber alles." [94] Diese Schönheit wird der Seele eigen durch die Vereinigung mit Gott und die Bekleidung mit Christi Gerechtigkeit, durch die geistliche Wiedergeburt, durch die Vermählung mit Christus. [95] Wir sehen, wie das grosse Thema Arndts, die Erneuerung der Gottebenbildlichkeit des Menschen, sich auch hier bestätigt. Aber die Lehre von der Schönheit Gottes, als die Tugenden dargestellt, dient ebenso seiner Buss-Verkündigung: "Gedenckestu

87 WChr 1:28:8, S. 291; BT 136 rb, H 607.
88 Als Dominikaner waren Eckehart und Tauler von dem Aquinaten beeinflusst; bei ihm gehört die Schönheit zu den "vergessenen Transzendentalien". (Étienne Gilson: The Elements of Christian Philosophy S. 174).
89 Vis. Kap. 21, S. 74, KA S. 62, Lz 74; vgl. Kap. 32, S. 125, Lz 126; Kap. 40, S. 153, Lz 156; Kap. 42, S. 156, Lz 159; Instr. Kap. 67, S. 359 f, Lz 370, Vgl. WChr 2:26:10, S. 294 ff; 3:7:3, S. 54 f; 3:10:9, S. 81; 3:Gebete:1, S. 178; 3:Gebete:2, S. 180 f.
90 WChr 2:30: -, S. 324 f; vgl. Vis. Kap. 21, S. 74 f, Lz 73.
91 WChr 2:26:10, S. 294 f; 2:29:11, S. 320, vgl. 321 f.
92 WChr 4:1:6:26, S. 203.
93 WChr 1:1:4, S. 4.
94 WChr 2:30:4, S. 326 f.
95 WChr 4:1:6:26, S. 204 f; 4:1:6:29, S. 206.

denn nicht O Mensch/ wer dich zu einem solchen schönen Bilde Gottes gemacht/ warumb beraubestu denn deinen Künstler der dich so schön gemacht hat seines Lobes/ und befleckest dich mit unreinigkeit?" [96] Und die Schönheit, an die Arndt vor allem denkt, ist die Schönheit, die der Seele durch den Glauben an Christus gegeben wird, in der Vereinigung mit Gott, eine Schönheit die wohl immer in diesem Leben mangelhaft ist, aber von dem Glanz der Herrlichkeit und Liebe Christi vor Gott gedeckt wird. [97]

Es ist also zu sehen, wie Arndt mit der Schönheit Gottes ein Thema der Mystik aufgegriffen, und durch sein evangelisches Bewusstsein und sein ethisches Anliegen umgestaltet und verarbeitet hat.

Die Grundlage dieser Gedankenwelt, in der wir uns bewegt haben, ist letztlich darin zu finden, dass Gott als höchstes Sein aufgefasst wird. Der Areopagit sagt: "Geziemend wird also an führender Stelle vor allen andern Namen Gott auf Grund der den andern vorausgehenden Gaben als der Seiende bezeichnet." [98] Das biblische Fundament wird in Exod. 3,14 gefunden, von Augustin oft als Beweis dafür angeführt, dass "der Seiende" der eigentliche Gottesname ist, und Sein als Gottesname bedeutet für Augustin Unwandelbarkeit. [99] Dass Gott das Sein ist bedeutet einerseits, dass alles das da ist, teilhaftig an Gottes Wesen ist, obwohl Gott von allem Seienden geschieden ist [100], anderseits dass das Sein bei Gott seine höchste Intensität hat, da Gott nicht nur Sein *hat*, sondern das Sein *ist*.

Bei Angela von Foligno hat dieses Denken nicht nur die theologische Grundanschauung geprägt, wo es die Hoheit Gottes beschreibt [101]; es prägt auch die geistliche Erfahrung. Die Seele schaut das Sein Gottes, wie alles Seiende aus Ihm ist, der Christ ist ein Freund des höchsten Seins, und Angela betet: "O summum esse..." [102]

In der deutschen Mystik wird mit "Wesen" das Sein Gottes beschrieben. Dieses Wort wird von Eckehart in einem zweifachen Sinn gebraucht, es bedeutet nicht nur Sosein (essentia) sondern auch

---

96 WChr 4:1:6:25, S. 203; vgl. S. 202; 2:30:2, S. 325.

97 WChr 2:30:3, S. 325 f; 4:1:6:26, S. 204.

98 Göttliche Namen 5,5, S. 104. Vgl. 5,4, S. 103: "Der Seiende (o ὤν) ist die überwesentliche, schöpferische Ursache alles potentiellen Seins.."

99 D.M. Schlüter O.P.: Philosophische Grundlagen der Lehren Johannes Taulers; Gedenkschrift S. 132. Vgl. Przywara a.a.O. S. 217: "SEIN ist der Name der Unwandelbarkeit" (Serm. 7:7).

100 Göttliche Namen 4, 20, S. 84.

101 Instr. 55, S. 203, Lz 208; Instr. 59, S. 233, Lz 240.

102 Instr. 64, S. 324, 327,329, Lz 333, 336,338; 67, S. 358 f, Lz 369; 64, S. 328, Lz 337; 69, S. 367, Lz 378.

Dasein (existentia, esse), eine Wortanwendung, die auch Tauler selbstverständlich war. [103] Gott als Sein beschreibt die Einheit Gottes, seine Erhabenheit über alles was existiert, aber auch die Abhängigkeit des Seienden von dem wahren Sein. Da Gott Sein, Leben, Wirken ist, geziemt dem Menschen Gott gegenüber nicht Aktivität, sondern Passivität, " da wurd das war wesen geborn" [104], denn Gottes Wesen ist sein Wirken; er ist als Sein "actus purus" eben wie er als das höchste Gut Sich-mitteilend ist. [105] In demselben Gedankenkreis bewegt sich ThD und NChr. [106]

Auch zu Arndts Zeit behält das Wort Wesen seine Bedeutung "Sein" [107]. Der Arndt eigene Akzent wird bald spürbar, wenn er beschreibt, wie Gotteserkenntnis sich durch die Tugenden des Menschen bestätigt: "Daraus solte der Mensch Gott seinen Schöpffer/ und sich selbst erkennē: Den Schöpffer also/ dass Gott alles were/ und das einige höchste Wesen..." [108] Das bedeutet auch, dass alles was der Mensch ist, von Gott abhängig ist. Abfall von Gott ist ein Fall von Sein zu Nichts, denn Gott ist das Leben alles Lebenden, wie es Arndt mit augustinisch klingenden Worten beschreibt; das Leben kommt aus Gott wie Wärme aus der Sonne. [109] Die Darstellung von Gott als Sein dient bei Arndt der Lehre der Gottebenbildlichkeit des Menschen und der Bussverkündigung, aber Arndt hat auch von Tauler gelernt, Gott als ein wirkendes Wesen darzustellen, dem gegenüber der Mensch sich passiv, entleert verhalten soll. Diese Entleerung beschreibt Arndt jedoch nicht nur wie Tauler, als Gelassenheit, sondern als Glauben: "...dass der Glaube das Hertz selbst gereiniget hatte/ das er Gotte gantz ergeben/ und in Gott gezogen und dasselbe leer gemacht von allen dingen die nicht Gott sein..." [110]

Bisher haben wir uns vor allem in augustinischen Gedankenkreisen bewegt, die in mancher Hinsicht mit dem neuplatonischen Denken verbunden sind, obwohl sie auch immer ein biblisches Funda-

103 Paul Wyser O.P.: Der Seelengrund in Taulers Predigten, S. 253, 256.
104 BT 65 rb, H 221; 81 vb, H 285; 164 ra, H 621 f; 156 vb, H 501.
105 BT 85 va, H 299; 161 ra, H 553; vgl. Wrede a.a.O. S. 74.
106 ThD Kap. 1, S. 7 ff; Kap. 34, S. 65; Kap. 42, S. 85 f. NChr 3:6, S. 147; 3:23, S. 195 f.
107 Vgl. Luther-Bibel zu Off. 4,11:"...denn du hast alle Dinge geschaffen, und durch deinen Willen haben sie das Wesen und sind geschaffen." Paul Gerhard: "Du bringst zum Stand und Wesen/ was deinem Rath gefällt..." n. D. Sanders: Wörterbuch der Deutschen Sprache, Bd 2, S. 1586.
108 WChr 1:1:5, S. 5.
109 WChr 2:23:1, S. 260; 2:31:9, S. 331 f; 2:37:4, S. 426.
110 WChr 3:9:2, S. 67; 3:2:6, S. 18 f.

ment haben. Aber Gott ist der biblischen Botschaft nach nicht nur das Gute, die Liebe, das Licht, sondern auch unser Vater, ein Gedanke, der den Reformatoren besonders lieb war, ja, ihre Spiritualität geprägt hatte, wie Luther sie in seiner Auslegung der Worte "Vater unser, der Du bist im Himmel" beschrieben hat: "Gott will damit uns locken, dass wir gläuben sollen, er sei unser rechter Vater und wir seine rechte Kinder, auf dass wir getrost und mit aller Zuversicht ihn bitten sollen wie die lieben Kinder ihren lieben Vater." [111] Ist hiervon etwas bei Arndt und den Mystikern zu finden? Zunächst muss gesagt werden, dass dieser Gedanke im Vergleich mit den früher genannten von geringer Bedeutung ist. In ThD und NChr ist er kaum zu finden, aber Staupitz [112] und Tauler reden von dem himmlischen Vater [113]; Tauler beschreibt, wie der Sohn die Christen zu Gottes Vaterherz führt. [114] Auch für Angela ist Gott der allerhöchste Vater, der durch seinen Sohn dem Christen Kindschaft verheissen hat. [115]

Wie zu erwarten ist, tritt diese Botschaft bei Arndt stärker hervor, obwohl sie, wie bei den Mystikern, nicht zum Zentralgut gehört. Arndt schreibt: "Denn gleich wie ein Vater sich selbst sihet und erfrewet in seinem Kinde: Also hat auch Gott am Menschen seine Lust gehabt... weil in demselben sein Bilde in höchster unschuld und Klarheit geleuchtet." [116] Arndt sammelt das biblische Zeugnis vom allerfreundlichsten Vaterherz Gottes, um das Gebet gewiss zu machen, er beschreibt die väterliche Barmherzigkeit und Treue Gottes gegen seine Kinder. Er ist der liebe Gott, Schöpfer und Vater, der sein Vaterherz schon in der Schöpfung offenbart hat. [117] Arndt tröstet den Angefochtenen: "Was dir nu dein lieber Vater zuschikket/ das leide mit gedult und gedenke es kompt von lieber Hand... und dass dir dein Vater nichts werde zu schicken/ dass nit zu deinem besten/ und zu deiner Seligkeit gedeyen müge." [118] In Christus als Himmelsleiter, in der geistlichen Erfahrung am Ende des Aufstigs zu Gott, begegnet die Seele nicht dem göttlichen Abgrund - wie bei

111 BEK S. 512.
112 Staupitz a.a.O. S. 42, 63, 64, 75.
113 BT 51 va, H 169 f; 85 va, H 299; 98 rb, H 369; 104 va, H 408; 106 rb, H 414; 109 rb, H 469 f; 116 va, H 504; 122 ra, H 564; 137 va, H 326; 147 vb, H 443. Der Gedanke ist in BT im Vergleich mit Vetters Text verstärkt: BT 19 rb, 20 vb, 21 rb.
114 BT 56 rb, H 188.
115 Instr. Kap. 57, S. 223, Lz 229 f, vgl. Kap. 50, 173 f, Lz 177.
116 WChr 1:1:2, S. 2 f.
117 WChr 2:37:16, S. 436 f; 3:7:5, S. 56 f; 3:19:5, S. 130 f; 3:Gebete:1, S. 176; 4:1:3:47, S. 64 f; 4:2:39:1, S. 330 f.
118 WChr 2:45:5, S. 536 f.

Tauler - sondern: "Da schawen wir in Christo an/ dass Hertz unsers lieben Vaters im Himmel/ wir schawen Gott an als das höchste/ ewige/ wesentliche/ unendliche Gut.." [119] So beschreibt Arndt selber die für ihn eigentümliche Vermählung von reformatorischer und augustinischer Frömmigkeit, zumal in der höchsten geistlichen Erfahrung.

Wir haben gesehen, wie die Gotteslehre Arndts, die sich augustinisch ausdrückt, immer seinem ethischen Anliegen diente, der Erneuerung der Gottebenbildlichkeit des Menschen. Warum hat dieses Anliegen Arndts in eben der augustinischen - neuplatonisch beeinflussten - Gedankenwelt seinen Ausdruck gefunden? Arndt hat nicht nur ein ethisches Anliegen gehabt, sondern er war, laut seines eigenen Zeugnisses, "sein Leben lang bestrebt gewesen, lumen naturae et gratiae coniungere" [120], wie vornehmlich im Vierten Buch deutlich wird. In diesem Bestreben, Theologie und Philosophie zu vereinigen, ist Augustin der grosse Vorgänger gewesen, der die ganze mittelalterliche Theologie geprägt hat.

Aber wo die refomatorische Spiritualität zu hören ist, wo der liebe himmlische Vater beschrieben wird mit einer Innigkeit, die kaum bei den Mystikern zu finden ist, als *mein* allmächtiger, lieber, viel getreuer und gnädiger Gott [121], da redet nicht nur das ethische Anliegen Arndts, sondern da ist er auch der Tröster der Angefochtenen. Die auffallende Diskontinuität zwischen Arndt und der deutschen Mystik haben wir darin gefunden, dass die mystische Frömmigkeit, die sich an die verborgene Gottheit, das unbekannte Eine bei Gott richtet, Arndt fremd ist. Dagegen erhält Gott als der gute Vater bei Arndt einen Akzent, der bei den Mystikern nicht vorhanden ist, sondern ihn vielmehr mit der reformatorischen Botschaft verbindet.

Das grosse Zentralgebiet der Arndtschen Gotteslehre ist von einer mit den Mystikern gemeinsamen, augustinischen Gedankenwelt geprägt. Diese Gedankenkreise dienen bei Arndt vor allem einem Anliegen, das bei der Mystik wenig behandelt wird, aber für Arndt die Hauptsache ist: die Wiederaufrichtung von Gottes Abbild in dem Menschen. Hierin ist eine auffallende Parallelität mit Taulers Verkündigung zu sehen: Seine Gotteslehre entspricht seiner Anthropologie (Abgrund, Grund, Finsternis u.s.w.) und beschreibt dadurch sein Anliegen: Werde eins mit dem Einen; Arndts Gotteslehre (das Gute, die Liebe, das Licht u.s.w.) entspricht dem Hauptpunkt seiner Anthropologie, der Gottebenbildlichkeit des Menschen, und dient seinem Anliegen, der Wiederaufrichtung des Abbildes.

119 WChr 2:Vorrede:5.
120 Brief 1612; zit. n. Koepp a.a. O. S. 23.
121 WChr 1:21:6-7, S. 209 f; 2:Vorrede:5; 2:4:2, S. 47; 2:9:1, S. 110; 2:45:5, S. 536.

DIE LIEBE DER HEILIGEN DREIFALTIGKEIT

Welche Bedeutung kommt nun in der Überlieferung, die wir untersuchen, der Lehre der Heiligen Dreifaltigkeit zu? Sie ist bei Augustin eher ontologisch als ökonomisch entfaltet.[1] Das innertrinitarische Leben wird als Liebe beschrieben: amans, amatur, amor; der Vater liebt seinen Sohn; ihre gegenseitige Liebe ist der Heilige Geist. [2] Die Dreifaltigkeit ist in den oberen Seelenkräften des Menschen abgebildet: Gedächtnis, Vernunft, Wille. [3]

Damit sind die Voraussetzungen der Taulerschen Dreieinigkeitslehre gegeben. [4] Tauler warnt eindringlich vor jeder Spekulation über dieses Glaubensmysterium [5], aber er kennt und empfiehlt die Meditation über die Heilige Dreifaltigkeit [6], ja, dieses Mysterium ist eben diesen Menschen bekannt, die den Weg der geistlichen Erfahrung gegangen sind, nicht den Gelehrten. [7]

Die Lehre Taulers von der Heiligen Dreifaltigkeit dient vor allem seiner Darstellung von der Einwohnung Gottes in dem Menschen. [8] Dies bezeugt schon seine Lehre vom Abbild der Heiligen Dreieinigkeit in der Seele, d.h. in den oberen Seelenkräften; Tauler schreibt: "...durch dise krefft ist sy gottes begriffig und empfengklich ..." [9]. Tauler ist, hier wie im übrigen, ganz auf die Vereinigung Gottes mit dem Menschen ausgerichtet, "das die höhe dreyualtigkeit in sy ge-

---

1 Alfred Schindler: Augustin, TRE Bd 4, S. 687.
2 Adam: Dogmengeschichte Bd 1, S. 280.
3 Schindler a.a.O. S. 687; vgl. Przywara a.a.O. S. 287.
4 Das innertrinitarische Leben: BT 59 va, H 199; BT 85 va, H 299; BT 107 rb, H 399 f; BT 135 rb f, H 532; BT 129 va f, H 589. Abbild der H. Dreieinigkeit in den oberen Seelenkräften: BT 1 vb, H 15; vgl. BT 61 ra, H 205.
5 BT 6 va, H 23 f; BT 37 rb, H 111 f; BT 57 va f, H 192 f; BT 59 rb, H 198 f; BT 140 rb, H 337. Vgl. Wrede a.a.O. S. 73.
6 BT 38 rb, H 116; BT 83 va, H 291 f; BT 86 vb, H 303.
7 BT 30 ra, H 80; BT 140 va, H 338 f; BT 135 rb, H 532; BT 160 rb, H 550; BT 129 va f, H 589.
8 Vgl. Preger: Geschichte der deutschen Mystik im Mittelalter, Bd III, S. 141; Wyser a.a.O. S. 285.
9 BT 1 vb, H 15.

leüchten mag" [10]. Ähnlich verhält es sich mit Angela von Foligno. [11]

Arndt hat den augustinischen Gedanken amans, amatur, amor nicht gebraucht; seine Dreieinigkeits-Lehre baut zwar auch auf dem johannäischen Zeugnis von Gott als Liebe, aber sie redet mit weniger Spekulation als Augustin: "Summa Gott der Vater ist die Liebe/ Gott der Sohn ist die Liebe/ Gott der heilige Geist ist die liebe." [12] Liebe prägt, durchdringt und ist das Leben der Heiligen Dreifaltigkeit. Dass der Mensch Gottes, der Heiligen Dreifaltigkeit, Abbild in sich trägt, bedeutet für Arndt nicht in erster Linie, wie für Tauler, dass Mensch in den oberen Seelenkräften für Gott empfänglich ist, sondern dass der Mensch zu Liebe geschaffen ist. [13] Daher ist die Liebe der Heiligen Dreifaltigkeit ein Vorbild für den Menschen, sie will zur Liebe zu Gott und Menschen bewegen. [14]

Wie die Mystiker beschreibt auch Arndt die Vereinigung mit Gott als die Einwohnung der Heiligen Dreieinigkeit: "Denn durch diesen Glauben welcher Gott allein im Hertzē statt uñ raum gibt/ erwehlet man dz beste theil/ durch diesen Glauben besitzt GOtt des Menschen Hertz/ unnd wohnet Christus in uns/ sampt dem H. Geist / und die Heilige Dreyfaltigkeit..." [15]. Nun verbindet diese Lehre von dem gnadenhaften Einwohnen der Heiligen Dreieinigkeit durch den Glauben Arndt eher mit der Konkordienformel, die zur Abgrenzung gegen Osiander dazu erklärt hat: "Etsi enim Deus pater, filius et spiritus sanctus... per fidem in electis...habitat... tamen haec inhabitatio Dei non est iustitia illa fidei..." [16]. Diese Verbundenheit Arndts mit der Konkordienformel wird durch folgende Worte noch deutlicher: "...omnes enim vere pii sunt templa Dei patris, filii et spiritus sancti, a quo etiam ad recte agendum impelluntur..." [17]. Eben dieser ethische Akzent ist Arndts Anliegen, wie die Seele die rechte Werkstatt der Heiligen Dreifaltigkeit werden soll. Aus der Erfahrung der Einwohnung der Heiligen Dreifaltigkeit entspringt Liebe und daraus Freude. [18] Aber das Abbild und die Einwohnung der Heiligen Dreieinigkeit in der Seele bezeugen auch die grosse Schönheit und Würde

10 BT 44 rb, H 141; vgl. BT 20 rb, H - ; BT 35 ra, H 102; BT 95 va, H 363; BT 97 va f, H 366.
11 Vis. Kap. 20, S. 60, Lz 58; Kap. 26, S. 95, Lz 95; Kap. 27, S. 98, 105 f, Lz 98, 106; Kap. 47, S. 166, Lz 169.
12 WChr 1:32:7, S. 334, vgl. 1:26:12, S. 273; 1:41:7, S. 450.
13 WChr 1:27:10, S. 284; 1:41:7, S. 450; 1:26:12, S. 273.
14 WChr 2:21:5, S. 247; 2:29:8, S. 318, vgl. 1:27:4, S. 279.
15 WChr 3:2:3, S. 13 f.
16 Sol. Decl. III, BEK S. 932 f.
17 Ibid.
18 WChr 3:Vorrede:4; 1:41:9, S. 454; vgl. 3:22:11, S. 156; 3:19:2, S. 127 f; 4:2:24:1, S. 280.

der Seele, und die Liebeswerke der Heiligen Dreieinigkeit dienen zum Trost. [19]

Arndts Lehre von der Heiligen Dreieinigkeit dient seinem Anliegen, dem wahren Christentum: Lehre und Leben besonders deutlich, wo Arndt vom Abbild der Heiligen Dreifaltigkeit redet. Arndt will die Würde des Menschen darstellen, sein hohes Ziel, seine Verderbnis und Gottes wiederaufrichtende Gnade. Alles zielt auf die Erneuerung des Gottesbildes im Menschen, durch den Weg, den die Mystiker gegangen sind: die geistliche Erfahrung und die Nachfolge Christi. Es gibt jedoch bei Arndt eine Warnung, die nicht zu übersehen ist: "Diss Bilde GOTtes/ welches in der gleich formigkeit mit Gott stehet/ soltu nicht also verstehen/ als were der Mensch allerdinge Gott gleich/ an so grosser Heiligkeit und Gerechtigkeit/ wie GOTt selbst." [20] Es bleibt immer ein Unterschied zwischen Gott und seinem Abbild.

19 WChr 4:1:6:24, S. 200; 4:1:6:29, S. 206; 4:1:6:9, S. 185f.
20 WChr 1:41:10, S. 455.

DIE BOTSCHAFT DER GESCHÖPFE

Auf das Titelblatt des Vierten Buches hat Arndt folgende Worte gesetzt: "Wie das grosse Weltbuch der Natur/ nach Christlicher Ausslegung/ von Gott zeuget und zu Gott führet." Damit hat er seine Lehre von der Schöpfung zusammengefasst und sich zu der Überlieferung Augustins und des Mittelalters bekannt. [1] Die Natur ist nicht an sich von Interesse, sondern als Zeuge Gottes und als zu Gott führend. Dieses Zeugnis ist nun der natürlichen Vernunft nicht ergründbar, es ist immer "nach christlicher Auslegung" vorauszusetzen.

Die augustinische Gedankenwelt ist die Voraussetzung für die Sprache der abendländischen Mystik. Um diese Sprache zu verstehen, müssen wir uns zuerst an den Stufenkosmos des augustinischen Denkens erinnern. Wohl ist die unter den Menschen stehende Schöpfung von Gott weit entfernt, aber indem sie *ist*, hat sie Teil an Gottes Güte und zeugt von ihm. [2] Die Schöpfung zeugt von Gott, obwohl sie im Verhältnis zu Gott nichts ist. Daher ist die Schöpfung zu nutzen (uti) aber nicht zu geniessen (frui); geniessen sollen wir nicht das unvollkommene sondern das vollkommene Gut, Gott selbst. [3]

Dieses Denken gehört zur Taulerschen Überlieferung. Die Schöpfung ist gut mit Gottes Güte, wir können in allen Dingen Gott finden und alle Dinge sind ein Weg zu Gott. [4] Wir sollen der Schöpfung frei gegenüber stehen, ihr nicht anhangen, sie nicht geniessen, nur nutzen, denn sie ist nichts gegenüber Gott. [5] Alles was Gott gegeben hat, sollen wir Gott mit Danksagung wiederbringen [6], denn das Ziel der Schöpfung ist die Heilige Dreifaltigkeit; sie kommt aus Gott und kehrt zu Gott zurück. [7] Die Schöpfung ist ein Sinnbild

1 Vgl. Yves Congar: Foi et Théologie S. 37, S. 12.
2 Gilson a.a.O. S. 24: "Le monde proclame son Auteur." S. 25: "... un clair miroir où la pensée voit en toutes choses le reflet de Dieu." Przywara a.a.O. S. 251.
3 Adam a.a.O. S. 268, 286.
4 BT 10 rb, H - ; BT 14 rb, H - ; BT 116 va, H 504; BT 130 ra, H 554; BT 146 ra, H 427; BT 148 rb, H 445.
5 BT 7 vb, H - ; BT 18 rb, H 42; BT 19 va, (H 46); BT 20 rb, H - ; BT 156 ra, H 498; BT 125 rb, H 575.
6 BT 23 rb, H 57; BT 76 vb, H 264.
7 BT 59 rb, H 198.

der geistlichen Wahrheiten. [8] Tauler beschreibt wie "alles blüet und grünt und vol gottes ist" [9]. Aber auch das gesellschaftliche Leben gehört zu Gottes Gaben, und Tauler beschreibt den Beruf mit Worten, die denen Luthers vorgreifen. [10]

In derselben Gedankenwelt bewegt sich ThD und NChr. Alles, was da ist, ist gut, und zeugt von Gott und ist ein Weg zu ihm. [11] Anderseits ist die Schöpfung unvollkommen, zersplittert, ein Nichts wider Gott. Sie ist zu nutzen, aber sie ist nicht das Ziel der Sehnsucht des Menschen. [12]

Angela hat die Schönheit der Weinberge als Gottes Offenbarung erlebt da sie die Worte hörte: "Nun siehe und erwäge, das ist mein Geschöpf." [13] Sie hat die Gegenwart Gottes in allen Dingen erlebt, die Einheit des Seienden mit dem höchsten Sein, Gott. [14]

Für Arndt ist, wie gesagt, der Stufenkosmos eine Voraussetzung. [15] Hier steht Einheit bei Gott und Vielfalt in der Schöpfung einander gegenüber, Vollkommenheit bei Gott und Unvollkommenheit der Schöpfung. [16] Sie ist mit Furcht zu gebrauchen, aber nicht zu geniessen, denn sie kann nie den Hunger der Seele sättigen. [17] Jedoch können wir Gott darin sehen, Gottes Fusstapfen, wie Arndt mit Augustin sagt. [18] Himmel und Natur sind geistlich zu denken: Sonne, Wasser und Tau [19]; die Schöpfung, deren Ziel es ist, dem

8 BT 108 ra f, H 403.

9 BT 86 vb, H 303.

10 BT 94 vb f, H 361; BT 117 rb, H 507; BT 122 vb, H 566 f.

11 ThD Kap. 6, S. 15; Kap. 45, S. 89; Kap. 47, S. 91; Kap. 55, S. 101; NChr 2:4, S. 96; 3:10, S. 162.

12 ThD 2, S. 10 ; Kap. 34, S. 65 f; NChr 3:27, S. 205 ff.

13 Vis. Kap. 20, S. 66, Lz 64, KA S. 55.

14 Vis. Kap. 27, S. 100, Lz 100; Vis. Kap. 28, S. 113, Lz 114. Instr. 64, S. 327, Lz 336 f.

15 Hans-Georg Kemper hat auf die Bedeutung der Schulmetaphysik für dieses Denken hingewiesen (Kemper: Gottebenbildlichkeit und Naturnachahmung, Bd 1, S. 223). WChr 2:37:5, S. 427; 4:2:26:6, S. 290 f.

16 WChr 4:2:2:2, S. 214 ; bei Augustin, Adam a.a.O. Bd 1, S. 300; bei Raimund von Sabunde, Stöckl a.a.O. S. 1063; vgl. ThD Kap. 1, S. 7; BT 136 rb, H 607. WChr 2:28:8, S. 309.

17 WChr 1:17:4, S. 160; 1:18:10, S. 175 f; 1:20:6, S. 195; 1:36:22, S. 379; 3:11:1, S. 83; 3:12:3, S. 91; 3:13:5, S. 97.

18 WChr 4:1:1:3, S. 3; 4:1:4:47, S. 121; 4:1:6:24, S. 200; 1:18:8, S. 175. De lib. arb. 11, 16, 17 (Inge a.a.O. S. 27); vgl. WChr 2:42:8, S. 494.

19 WChr 4:1:3:56 (vgl. 59), S. 72 f; 4:1:3:40, S. 60; 4:1:3:31, S. 54.

Menschen zu dienen [20], hat eine Botschaft an den Menschen, eine Mahnung; die Kreaturen sind unser Schulmeister. [21] Auf diese Botschaft der Schöpfung fällt Arndts Akzent. Sie verkündigt von Gott alles, was wir früher gesagt haben: Seine Güte, Liebe, Licht und Leben. Sie mahnt zum Lob Gottes. [22] Arndt hat eine echte Freude an der Schöpfung [23], und ihre Botschaft ist eben die Ethik des Wahren Christentums: Liebe zu Gott und zum Nächsten: "...alle Creaturen uñ die gantze Welt/ rufft de Menschen unauffhörlich zu/ das Er Gott liebe...", "so sollen alle Menschen untereinander sich für einen Menschen achten/ und untereinander die grösseste einigkeit und friede halten..." [24]. Wir sehen hier, wie Arndts ethisches Anliegen auf seine Schöpfungslehre wirkt.

Die Schöpfung steht bei Arndt dem Menschen nicht nur harmonisch gegenüber, sie stellt den Menschen auf die Probe, sie verkündet künftige Strafe und vollzieht die Rache Gottes für die Sünde. [25] Es besteht aber immer eine Übereinstimmung zwischen den Zeugnissen der Schrift und der Natur: alles führt zu Gott. [26] Arndt sagt mit Eckeharts Worten: "Denn durch alle Creaturen suchet GOTT nichts anders/ denn wie er die Seele des Menschen Ehre/ wirdige/ unnd selig mache." [27] Es herrscht hierin eine völlige Harmonie in der Schöpfungslehre zwischen Arndt und den Mystikern.

Da nun die Schöpfung in der Gestalt des Stufenkosmos immer von Gott zeugt und zu Gott führt, bildet das Geschöpfliche einen Stufenweg, eine Leiter, auf der die Seele in Meditation über die Wohltaten Gottes zu Gott geführt werden kann: "Lasset uns nun an der Leiter der Creaturen zu Gott dem Schöpffer hinauff steigen.." [28] Ist denn Koepp in seiner Behauptung Arndt gerecht geworden, wenn er in seiner Sittlichkeit einen "rationalistisch-moralistischen" Kreis gefunden hat? [29] Sofern Rationalismus die Möglichkeit der Vernunft, den

20 WChr 2:29:2, S. 311; 4:1:6:21 f, S. 197 f; 4:2:3:1, S. 215; 4:2:3:4, S. 216 f.
21 WChr 4:2:16:1, S. 256.
22 WChr 2:26:1 f, S. 284; 2:26:8, S. 291 f; 2:29:3, S. 313; 2:42:9, S. 494; 4:2:1:1, S. 209; 4:1:1:7, S. 6; 4:1:1:11, S. 7; 4:1:3:12, S. 40; 4:1:4:59, S. 132; 4:2:2:1, S. 213 f; 4:2:6:3, S. 224; 4:2:25:3, S. 286.
23 WChr 4:2:7:1 f, S. 226 f.
24 WChr 4:2:15:1, S. 253; 4:2:25:4, S. 287.
25 WChr 1:17:1, S. 157 f; 1:18:1, S. 170; 4:1:4:57, S. 130; 1:Vorrede:3; 2:32:3, S. 334; 4:1:4:26, S. 102 f.
26 WChr 3:Vorrede:2.
27 WChr 3:7:1, S. 53; BT 189 rb, H - ; vgl. WChr 3:8:1, S. 58 f, BT 116 va, H 504; WChr 4:1:2:11 f, S. 27.
28 WChr 2:29:8, S. 318; vgl. 4:2:26:6, S. 291.
29 Koepp a.a.O. 1912, S. 189 ff.

Willen und das Wesen Gottes ohne Offenbarung zu ergründen bedeutet, hat Koepp sich geirrt. Die Schöpfung ist bei Arndt ein Kryptogramm, zu dem der *Christ* den Schlüssel hat. Die Schöpfung ist nicht *ohne*, sondern *durch* die Offenbarung zu verstehen, das Weltbuch der Natur bedarf einer *christlichen* Auslegung; so kann es sogar Heiden überzeugen [30]. Die Vier Bücher des Wahren Christentums sind für die *Christen* geschrieben, und das Zeugnis der Natur wird nicht zuerst, sondern zuletzt angeführt. Wie fern Arndt dem Rationalismus steht, bezeugen seine Worte: "O Thorheit/ wann einer meinet mehr erleuchtet zuwerden durch die Creatur als durch den Schöpffer." [31] Rationalismus als Begriff enthüllt weniger von der Schöpfungslehre Arndts als ein Vergleich mit dem Einfluss des Kabbalismus, vor allem von Reuchlin vermittelt, in der Reformationszeit. Dean Inge's Worte darüber könnten beinahe über Arndts Viertes Buch gesagt werden: "According to this view of nature, everything in the visible world has an emblematic meaning. Everything that a man saw, heard, or did - colours, numbers, birds, beasts, and flowers, the various actions of life - was to remind him of something else. The world was supposed to be full of sacred cryptograms..." [32]

Von besonderem Interesse ist Arndts Beschäftigung mit der Astrologie. Sie muss auch als ein Ausdruck für sein Bestreben, das Licht der Offenbarung und das Licht der Natur zu vereinigen, verstanden werden. Der Sternenhimmel bietet für Arndt Gleichnisse für Gottes Verhalten zur Seele, er führt über sich selbst hinaus, er verkündigt Warnungen und er straft. [33] Er wirkt auf die Erde und ihre Ordnungen, aber kein Christ ist dem Einfluss der Sterne unterworfen, er ist nicht ihnen, sondern Gott selbst untertan. [34] Die Sterne sind Gottes Werkzeuge zum Dienst am Menschen. Astrologie als Weissagung des Einzelnen lehnt Arndt ab. [35] Im Lauf des Mondes, der die Zeiten markiert, sieht Arndt eine besondere göttliche Vorsehung zum Nutzen des gesellschaftlichen Lebens " in der Kirchen Gottes/ in den Weltlichen Regimenten und Gerichten/ auch im Hausstandt" [36]. Arndt sieht wie Tauler im weltlichen Beruf ein

30 WChr 4:Vorrede:4; 4:1:1:3, S. 3; vgl. Titelblatt zum Vierten Buch; 4:Beschluss, S. 337 ff.
31 WChr 4:1:1:23, S. 14.
32 Inge a.a.O. S. 270.
33 WChr 1:22:7, S. 231; 3:15:9, S. 110; 4:1:2:2, S. 21 ff; 4:1:4:1, S. 79; 4:1:4:11, S. 87 f; 4:1:4:59, S. 132; 4:1:4:24, S. 100 f.
34 WChr 4:1:3:26 f, S. 49 f; 4:1:3:30, S. 52 f; 2:58:1 f, S. 705; 4:1:4:17, S. 93 f.
35 WChr 4:2:3:1, S. 215 f; 4:1:4:18, S. 95 f.
36 WChr 4:1:4:41 f, S. 117.

Zeichen der göttlichen Vorsehung.[37]

Es liegt in dem Denken des Stufenkosmos beschlossen, dass alles Geschöpfliche zu einem Rücklauf zu Gott bestimmt ist. Alles kommt von ihm her und geht zu ihm hin. Arndt hat diesen Gedanken mit Worten des Thomas à Kempis ähnlich wiedergegeben: "Denn alles was gut seyn soll/ das muss lauter unnd rein aus Gott gehen... und sich in Gott enden."[38]

Der Lobgesang der ganzen Schöpfung, das Opfern aller menschlichen Gaben an Gott, die Einkehr der Seele in ihren Grund - alles ist in die gewaltige Bewegung des Geschöpflichen eingefügt: wieder zu Gott, der nicht nur Alpha, sondern auch Omega ist; so kann das Weltbild des Augustinismus, der Mystiker und Arndts zusammengefasst werden. Das ist das Ziel des Weltbuchs der Natur: zu Gott zu führen.

Der Bussverkündigung der Schöpfung mögen einige Gedanken gewidmet werden. Dieses Thema hat Arndt nicht von den Mystikern geholt. Die Bussverkündigung deutet auf eine andersartige Prägung der Frömmigkeit, wobei Sündenreue, Umkehr, Vergebung eher Hauptworte sind als Einkehr, Entblössung, Gelassenheit. Die Bussverkündigung der Schöpfung wird sich, der biblischen Botschaft nach, zur Endzeit verstärken. Wir können auch hier eine Akzentverschiebung bemerken. Der Blick der Mystiker richtet sich auf die ewige Welt: Fegefeuer, Himmel und Hölle.[39] Mit Ausnahme von Tauler bewegen sich ihre Gedanken kaum um den jüngsten Tag.[40] Bei Arndt tritt diese Verkündigung der letzten Dinge klar hervor. Er redet von der grossen Ernte, dem nahenden Ende der Welt, von jenem Tag, da Christus als Richter kommen und alles offenbaren wird, dem grossen Sommer des jüngsten Tags[41], und diese Verkündigung ist für ihn nicht nur Gesetz, sondern vor allem Evangelium, wie auch in den Adventspredigten der Postille zu sehen ist.

Mit dem jüngsten Tag, dem ewigen Leben und der ewigen Strafe

37 WChr 1:23:1, S. 233; 3:22:9, S. 155; BT 95 ra, H 362; (Weber a.a.O. S. 97).
38 WChr 1:31:4, S. 321; NChr 3:10, S. 161 ff; vgl. WChr 3:8:8, S. 64; 3:22:4, S. 150.
39 Fegefeuer: BT 19 rb, H 45; BT 22 va, H 53 f; BT 152 rb, H 453; Himmel: BT 30 vb, H 83; BT 70 vb, H 246; ThD Kap. 51, S. 96; NChr 3:52, S. 268 ff; 3:53, S. 271 ff; Hölle: BT 26 rb, H 67; 72 va, H 252 f; BT 76 ra, H 261; NChr 1:21, S. 60; 1:24, S. 72 f; 3:13, S. 170.
40 BT 60 vb, H 203 f; BT 103 vb, H 394; BT 125 va, H 577; BT 127 ra, H - .
41 WChr 1:7:3, S. 63; 2:2:1, S. 17; 2:37:29, S. 447; 2:44:3, S. 517; 3:4:5, S. 41; 4:1:3:12, S. 39; 4:1:4:54, S. 126.

stehen wir vor einem Weltbild, das dem Stufenkosmos zwar nicht entgegengesetzt, jedoch anders geprägt ist. Hier hat sich die biblische Gedankenwelt bei Arndt durchgesetzt. Die Wiederherstellung des Alls als Ende des Rücklaufs des Stufenkosmos, ist Arndt, ebenso wie Tauler, fremd.

Die Schöpfungslehre hat Arndt also in ihren Hauptzügen mit den Mystikern gemeinsam, jedoch wird sein eigener Akzent spürbar. Die Botschaft der Schöpfung ist nicht nur ein Weg zu Gott; sie verkündigt Busse und Strafe, sie macht die Bestimmtheit des Menschen zu Lob und Liebe deutlich. Arndt geht in der emblematischen Deutung der Schöpfung nicht prinzipiell, aber praktisch über das Zeugnis der Mystiker hinaus. In seiner Begegnung mit der Natur ist eine Freude und ein Wundern, die wir selten bei den Mystikern finden, die aber zu den Voraussetzungen der Naturlyrik eines Paul Gerhardt gehört.

ABBILD GOTTES UND ABBILD DES TEUFELS

Der Mensch ist für Arndt ein herrliches Geschöpf, die edelste unter den Kreaturen. Sie sind alle bestimmt, dem Menschen zu dienen. [1] Er hat sein Leben von Gott, lebt aus Gott, er ist wie Wachs in Gottes Hand. [2] In der Ordnung des Stufenkosmos hat der Mensch seinen Platz unter den Engeln und über den Tieren, und zwar durch seine Seele, seinen edelsten Teil. [3] Der Mensch kann zu Gottes Leben erhöht werden, er kann aber auch zu den Tieren herabsinken.

In der allgemeinen theologischen Überlieferung der Zeit wurde der Mensch als Mikrokosmos verstanden, eine kleine Abspiegelung des Makrokosmos, so auch bei Arndt. [4] Zur Herrlichkeit des Menschen gehört sein Ziel: er ist zu Liebe, zu Christus geschaffen, zu Rücklauf in Gott. [5] Hier redet Arndt mit der Stimme des christlichen Neuplatonismus, wie einst Tauler, Thomas à Kempis und Theologia Deutsch. [6]

Vor allem kommt die Herrlichkeit des Menschen darin zum Ausdruck, dass er als Abbild Gottes bezeichnet wird - ein biblischer Gedankenkreis, den Arndt ebenso behandelt hat wie die Mystiker. Die Gottebenbildlichkeit des Menschen ist das Hauptthema der Arndtschen Anthropologie, es leitet sein Wahres Christentum ein. [7]

Das Abbild Gottes bedeutet für Arndt die Gleichförmigkeit des ganzen Menschen mit Gott: Seele, Verstand , Geist, Gemüt, alle

1 WChr 1:13:14, S. 123; 1:13:16, S. 125; 4:2:3:1-5, S. 215 ff. Vgl. Raimund von Sabunde: "...totus iste mundus factus est propter hominem et pro homine..." Zit. n. Weber a.a.O. S. 176.
2 WChr 2:10:13, S. 148; 4:1:3:49, S. 66; 4:1:6:16, S. 194.
3 WChr 2:37:5, S. 427.
4 Johann Gerhard: Loci IV: 239 a; Raimund von Sabunde: Stöckl a.a.O. Bd 2, S. 1060; Weigel: Faivre: Epochen der Naturmystik, S. 113; Inge a.a.O. S. 274. Vgl. Stoltz a.a.O. S. 105; Lossky a.a.O. S. 108; Karmiris: Synopsis S. 28. In der Postille hat Arndt den Gedanken von Basilius hergeleitet (S. 234). WChr z.B. 1:6:2, S. 55; 2:58:9, S. 712; 4:Vorrede:1; 4:1:1:12, S. 8; 4:1:3:50, S. 68; 4:1:4:55, S. 128; 4:1:6:20, S. 197.
5 WChr 1:29:5, S. 295; 1:7:2, S. 61; 2:12:1, S. 155; 3:2:5, S. 16; vgl. 3:8:8, S. 64; 3:22:4, S. 150.
6 Inge a.a.O. S. 216; BT 26 vb, H 69; 28 rb, H 73; 124 rb, H 572; ThD Kap. 48, S. 92; NChr 3:10, S. 161 ff.
7 WChr 1:1:-, S. 1 ff.

Kräfte des Leibes und der Seele; im ganzen Menschen ist die Heilige Dreifaltigkeit "mit allen jhren Göttlichen Arten/ Tugenden/ Willen uñ Eigenschafften" abgebildet. [8] Das Ebenbild Gottes besteht in Güte, Verstand, Weisheit, d.h. in Tugenden, nicht nur inneren, sondern auch äusseren. [9] Das Abbild Gottes umfasst den ganzen Menschen und sein Leben. Wir sehen schon hier, wie Arndts ethisches Anliegen seine Darstellung geprägt hat. [10]

Durch das Bild Gottes hat der Mensch Kunde von seinem Ziel; es liegt darin eine Erkenntnis, die im Fall nicht völlig zugrunde gegangen ist: vom Dasein Gottes, vom natürlichen Gesetz, vom Jüngsten Gericht. [11] Wie ein Siegel in Wachs gedrückt wird, so hat Gott sein Bild in den Menschen geprägt, ein schönes Wort des Areopagiten. [12] In diesem Bild besteht die menschliche Würde, und in seinem Bild "in des Menschen erleuchte Seelen" wohnt Gott. [13] Die Lehre vom Abbild hat also für Arndt ihre Bedeutung für die Vereinigung mit Gott, das Hauptthema der Mystik.

Das Abbild Gottes wird für Arndt ein Ausdruck für die hervorragende Stellung des Menschen der irdischen Schöpfung gegenüber; in ihr sind nur die Spuren Gottes, der Mensch aber ist sein Abbild. [14] Es liegt aber in der Gottebenbildlichkeit auch eine Verpflichtung zur Liebe Gottes und des Nächsten, denn das Bild Gottes im Menschen "stehet in der vollkommenen Liebe" [15]. Wiederum bezeugt sich das ethische Anliegen Arndts.

Bisher haben wir beim Abbild Gottes als von Gott geschaffen verweilt. Nun aber ist das Bild durch Satans List zerstört worden, es ist verloren, verblichen, erstorben [16], in das Bild des Irdischen, Tierischen, ja, in das Bild Satans verwandelt. [17] Tierisch bedeutet für

8 WChr 1:1:1, S. 2; vgl. 1:2:8, S. 19.
9 WChr 1:41:5, S. 449; 1:41:7-8, S. 450 ff; 1:41:9, S. 453.
10 Arndt kann aber auch vom Bild Gottes in der Seele oder in ihren oberen Kräften reden. WChr 4:2:7:4, S. 228; 4:2:9:3, S. 236; 4:2:23:3, S. 276; 1:1:2, S. 3, Rand; vgl. 1:41:8, S. 451 (Seele als Abbild Gottes, Leib als Abbild der Seele).
11 WChr 1:1:10, S. 11, vgl. 1:13:15, S. 124 f; 1:7:1, S. 60.
12 WChr 1:18:11, S. 177, vgl. 2:11:3, S. 153; 4:2:23:2, S. 278; Göttliche Namen 2:5, S. 39.
13 WChr 1:23:4, S. 235; 3:Vorrede:4, vgl. 4:2:9:3, S. 236.
14 WChr 4:1:6:24, S. 201; 4:2:4:4, S. 220; 4:2:7:4, S. 228; 4:2:25:2, S. 285.
15 WChr 4:2:4:4, S. 220; vgl. 4:2:31:1, S. 301; 4:2:22:3, S. 276; 4:2:24:2 ff, S. 281 ff; 4:2:25:4, S. 286.
16 WChr 1:13:16, S. 125; 1:41:12, S. 456; 2:8:3, S. 95.
17 WChr 1:2:9, S. 19, vgl. 1:17:9, S. 165; 1:2:3, S. 14; 1:2:4, S. 15 f; 1:2:8, S. 19; 1:3:3, S. 22; 1:41:12, S. 456; 1:42:6, S. 484.

Arndt dem Irdischen zugekehrt. Arndt schreibt: "...dadurch er des heiligen Bildes Gottes beraubet/ nemlich der vollkommenen Erbgerechtigkeit unnd Heiligkeit: Im Verstande verblendet: im Willen ungehorsam und Gott widerspenstig/ in allen Kräfften des Hertzens verkehret und Gottes Feind worden." [18] Der Mensch ist nicht nur der herrliche, sondern auch der sündige, der verlorene, gefallene, geistlich tote; er ist teuflisch, irdisch, fleischlich, gottlos, lieblos geworden. [19] Arndt sagt "...und das wird uns allen durch Fleisch und Blut angeboren" [20]. Daher ist der freie Wille auf die äusseren Dinge begrenzt, er kann von Natur Gott nicht lieben. Der Mensch ist nach dem Fall zu wahrer Liebe nicht fähig, die Vernunft ist verfinstert, das Herz ist erfroren und "vereist" [21].

Aus Arndts Bewusstsein von der tiefen Entstellung des Gottesbildes im Menschen ergibt sich sein Hauptanliegen, die Erneuerung des Abbildes durch den Heiligen Geist, durch Christusmeditation, durch Christus, in Nachfolge [22], eine Erneuerung des ganzen Menschen mit Verstand, Wille, Begierden und allen Kräften. [23] Darauf zielt letztendlich alles, was Arndt vom wahren Christentum sagt.

Die Struktur des Menschen wird von Arndt ausführlich dargestellt. Der Mensch ist für ihn zweifach: ein innerer und ein äusserer. Der innere ist Christus in uns, der äussere Adam in uns; Geist und Fleisch. [24] Im Dritten Buch aber ist der innere Mensch das Innerste des menschlichen Wesens, der Grund des Herzens. [25] Damit steht der Begriff im Einklang mit der Mystik. Arndt übernimmt im Dritten Buch Taulers Anthropologie "...der unterscheidet (zwischen) der Seelen unnd jhrer Krefffte: Nemlich der vernünfftigen Krafft und des Willens/ und der sinlichen Kräffte: Unnd dann der lauteren blossen Substantz unnd Wesen der Seele." [26] Er kann auch von den untersten Kräften - Leib - Sinne und Vernunft, Wille, Gedächtnis reden oder von Leib und Seele. [27] Die Struktur des Menschen erhält dann

18 WChr 1:2:1, S. 12.
19 WChr 1:2:1, S. 12f; 1:4:2, S. 34.
20 WChr 1:31:8, S. 325.
21 WChr 1:17:2, S. 158; 4:2:12:6, S. 246; 4:2:17:5, S. 261 f; 4:2:18:4, S. 264 f; 4:1:1:23, S. 13; 2:29:9, S. 319, vgl. 4:2:17:5, S. 261f; 3:10:2, S. 75.
22 WChr 1:13:16, S. 125f; 1:22:2, S. 228; 1:41:32, S. 475; 1:37:9, S. 389; 1:13:13 ff, S. 123 ff, vgl. 2:33:9, S. 347; 1:15:10, S. 146, vgl. 3:23:6, S. 162.
23 WChr 2:33:10−12, S. 347 ff.
24 WChr 1:3:3, S. 23; 1:16:1 f, S. 149 f, vgl. 2:7:1, S. 84.
25 WChr 3:1:4, S. 4; vgl. 1:30:1, S. 308.
26 WChr 3:10:1, S. 74, vgl. 3:6:1, S. 48; 3:21:1, S. 141.
27 WChr 4:2:10:1-4, S. 237 ff; 4:2:33:3, S. 309.

folgende Gestalt:

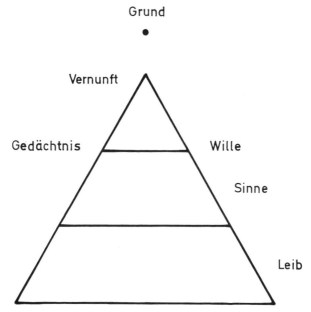

Grund

Vernunft

Gedächtnis   Wille

Sinne

Leib

Dieses Denken ist von grösstem Gewicht, da es die Voraussetzung der Introversionsmystik bildet. Wir werden später bei seinem Hauptbegriff, dem Grund [28], verweilen.

Ein Blick auf Tauler mag schon hier berechtigt sein. Wir werden nach Themen, die denen Arndts ähnlich sind, suchen, um auch hier die Antwort auf die Frage nach Kontinuität und Selbständigkeit in der Beziehung Arndts zur mittelalterlichen Mystik zu finden.

Wir sahen bei Arndt den Menschen als ein herrliches Geschöpf. Wie ist es bei Tauler? Der innere Mensch hat für Tauler eine natürliche Neigung zu Gott, aber der Adel des Menschen wird für Tauler vor allem "in seiner ungeschaffenheit" deutlich [29]. Die Beziehung der Schöpfung zum Menschen ist von Antagonismus geprägt; der gelassene Mensch steht der Schöpfung völlig frei gegenüber, ein Gedanke, den Arndt aufgegriffen hat. [30]

Tauler kennt zwar den Fall des Menschen, wie er voll pharisäischer Unart ist, zu Gebrechen geneigt, wie all sein Tun befleckt ist. [31] Wir erinnern uns hier daran, wieviel konkreter dagegen die Arndt-

28 Die anderen Begriffe der Taulerschen Seelenkunde - Geist, Fünklein, Gemüt - hat Arndt in ihrem ursprünglichen Sinne nicht übernommen.
29 BT 25 ra, H 63; BT 162 va, H 614; BT 120 vb, H 539; BT 140 rb, H 337. Vgl. Wrede a.a.O. S. 112.
30 BT 103 rb, H 392; BT 23 ra, H 57, vgl. WChr 3:5:2, S. 45.
31 BT 27 rb, H 71; BT 137 ra f, H 324 f; BT 133 rb f, H 528.

sche Darstellung vom gefallenen Menschen war: teuflisch, irdisch, geistlich tot, lieblos. Mit Augustin sagt Tauler: "Der mēsch ist vō einer faulē matery stinckēt uñ verdorbē/ ein klotz uñ ein fauls holtz uñ erdtrich/ dz end ist d' ewig tod." [32] Und doch hat er noch die Möglichkeit zu einer freien Wahl vor Gott [33], was Arndt verneinte.

Bei Arndt wird das Abbild Gottes als den ganzen Menschen umfassend dargestellt, für Tauler dagegen ist das Bild Gottes in den obersten Kräften - Vernunft, Wille, Gedächtnis - aber vor allem im Grund, im Innersten der Seele vorhanden. [34] Tauler sagt ausdrücklich von den niedersten Seelenkräften: "...uñ in dē wil got kein wyl wonen/ und sein edler statt ist da nicht..." [35]. Aber auch nicht das Bild in den oberen Kräften ist das wichtigste, obwohl sie den Menschen "gottes begriffig und empfengklich" [36] machen, sondern das Bild im Grund, es ist "unzalichen vil höher und ferrer" [37]. Dieses Bild steht über allen Begriffen, es ist logischer Analyse nicht erreichbar. Von diesem Bild im Grund sagt Tauler: "...es ist das selb bild das got selber ist..." [38]. Gott *wohnt* im Bild der oberen Kräfte, aber er *ist* das Bild im Seelengrund. [39] Die Einwohnung Gottes im Bild war Arndt wohl bewusst, dass Gott aber das Bild sei, war ihm völlig fremd.

Arndts pastorales Anliegen war die Erneuerung des zerstörten Abbildes. Bei Tauler dagegen ist das Abbild nicht zerstört, sondern durch Kreaturliebe verfinstert, von den Kreaturen gefärbt, sogar so grausam, dass das Bild des Teufels hervortritt. [40] Verdorben ist es aber nicht und daher ist sein Anliegen nicht die Erneuerung des Bildes, sondern sein Freilegen, sein Hervortreten; anders ausgedrückt: die Geburt Gottes in der Seele. Er will den Menschen dahin führen, "dz got den grund gewaltigklich besitzen mög/ da er sein götlichs billd yngelegt hat..." [41].

Die Bedeutung des Gottesbildes für die Vereinigung mit Gott ist also bei Tauler und Arndt verschieden. Bei Arndt wohnt Gott durch

32 BT 31 vb, H 87.
33 Wrede a.a.O. S. 101.
34 BT 59 vb, H 200; BT 1 vb, H 15; Wrede a.a.O. S. 162, 179; Preger a.a.O. S. 149.
35 BT 30 ra, H 80.
36 BT 1 vb, H 15.
37 BT 59 vb f, H 201.
38 BT 59 rb f, H 201; BT 79 vb, H 277.
39 BT 30 ra, H 80.
40 BT 160 va, H 551; BT 80 ra, H 277. Das Thema Abbild des Teufels ist bei Arndt von grösserer Bedeutung als bei Tauler; z.B. WChr 1:2:3, S. 14; 1:3:3, S. 22; 1:2:8, S. 19; 1:41:12, S. 456.
41 BT 31 va, H 86.

den Glauben im Bild, bei Tauler *ist* Gott das Bild im Seelengrund. Taulers Anliegen ist das Hervortreten des Bildes, die Geburt Gottes in der Seele, Arndts dagegen die Erneuerung des zerstörten Bildes im ganzen Menschen, nicht nur im inneren. Äusserer und innerer Mensch bezeichnete bei Arndt teils alter und neuer Mensch, teils die psycho-physische Struktur des Menschen. Wohl kennt auch Tauler den Menschen als alt und neu [42], aber innerer und äusserer Mensch bezeichnet für ihn vor allem die Struktur. Der innere Mensch bedeutet für ihn die obersten Seelenkräfte und den Grund, der äussere aber die untersten Kräfte. [43] Arndt hat hier den biblischen Sinn in der ihm mit Tauler gemeinsamen Sprache hervorgehoben.

Tauler kann die Struktur des Menschen auch anders darstellen; der Mensch ist nicht nur zweigeteilt - innerer und äusserer - er ist dreigeteilt:"…vihelich…nach dem sinnen…vernünftig…gotformig… gotgebildet…oberst" oder : auswendig, vernünftig, Grund [44]:

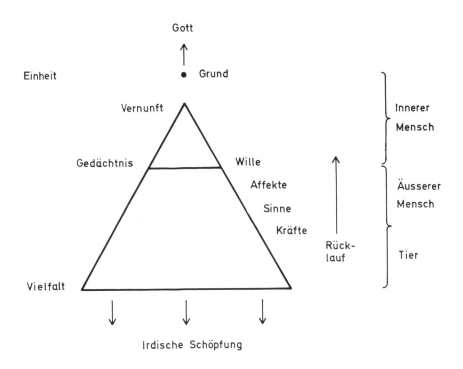

42 BT 122 rb, H 564 f.
43 Wrede a.a.O. S. 121, vgl. BT 102 rb, H 388.
44 BT 153 ra, H 457; BT 158 va, H 522, vgl. BT 9 rb, H 28; BT 104 vb, H 409.

Das Thema Mensch-Tier bedeutet an sich nicht eine qualitative Wertschätzung der Tiere. Das Tierische im Menschen ist das Leben an sich (Bewegung), die Affekte (Zorn, Begierde), die Sinne (Hören, Sehen, u.s.w.). Daher wird das Tierische mit dem äusseren Menschen gleichgestellt; nur wenn Affekte und Sinne den Menschen an das Irdische binden, werden sie sündig. [45]

Tauler hat sich die antike Gedankenwelt und ihre Seelenkunde angeeignet. In ihr sind Weltbild und Anthropologie am engsten verknüpft, denn der Mensch ist als Mikrokosmos eine Spiegelung des Makrokosmos. Wie nun Taulers Gotteslehre vorzüglich bei der Einheit Gottes verweilt, so hält sich auch seine Anthropologie vor allem bei dem Seelengrund auf, bei der Einheit des menschlichen Wesens. Der oberste Mensch sieht also in seiner Gottebenbildlichkeit so aus:

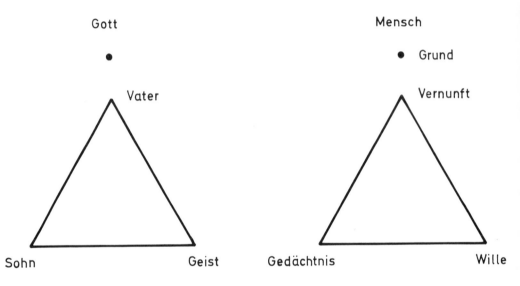

Es ist hier ein Unterschied zwischen Tauler und Plato zu erkennen. Denn für die antike Tradition seit Plato ist die Vernunft das Höchste im Menschen - nicht der Grund - wie auch Gott die höchste Vernunft und damit prinzipiell vernunftgemäss erkennbar ist.

In der Überlieferung, in der Tauler stand, ist die Schöpfung, einst aus Gott geflossen, zum Rücklauf gerufen, zum Weg von Vielfalt zu Einheit, und diesen Weg betritt der Mensch durch die Sammlung seiner Kräfte im Mittelpunkt seines Wesens [46], und wenn der Mensch vereinheitlicht, gesammelt ist, kann er das Eine schauen, Gott erfahren. Dies ist der Weg der Introversionsmystik Augustins, die auch

45 BT 90 vb, H 319; BT 102 rb, H 388; BT 111 vb, H 479; BT 132 ra, H 524.
46 Rolt a.a.O. S. 25.

bei einem so wenig spekulativen Mystiker wie Thomas à Kempis vorhanden ist. [47]

Der Weg der Introversionsmystik ist der Weg zur Ruhe der Seele, der Weg der Einkehr, der Gelassenheit, der Entblössung. Tauler hat Arndt diesen Weg gebahnt durch seine Anthropologie, die, wie wir gesehen haben, Arndt sich angeeignet hat. Wir haben hier tatsächlich einen Schlüssel zum Verständnis Taulers ebenso wie Arndts gefunden. Das Hauptinteresse Taulers ist auf den Seelengrund gerichtet, der als Gottesbild der Einheit Gottes entspricht, während das Bild in den oberen Seelenkräften die Dreiheit in Gottes Wesen darstellt. Wir werden uns später gründlicher mit diesem Seelengrund beschäftigen.

Inwieweit ist nun Arndt von der Anthropologie, die Tauler an ihn vermittelt hat, geprägt? Wir sahen früher, dass Arndt das Weltbild des Stufenkosmos mit der Mystik gemeinsam hat, und dass die Gotteslehre mit Begriffen wie das Gute, die Liebe, das Wirken, die Schönheit mit der der Mystiker übereinstimmte. Jedoch unterscheiden sich Arndt und Tauler darin voneinander, das Tauler im Gegensatz zu Arndt seine Frömmigkeit auf die unerkennbare Einheit Gottes, den Abgrund, gerichtet hat. Da der Mensch Mikrokosmos ist, entspricht die Stufenanthropologie dem Stufenkosmos. Arndt hat, in dem er den Grund als das Innerste und Höchste im Menschen darstellt, das Einheitsdenken in der Anthropologie übernommen, da der Grund die letzte Einheit im Menschen bildet, über der Vielfalt der Seelenkräfte und der Sinne. Der Einheitsmetaphysik der Taulerschen Gotteslehre steht er dagegen fremd gegenüber.

Den wichtigsten Unterschied haben wir aber in der Lehre vom Abbild Gottes gefunden, bei Tauler in den oberen Seelenkräften und vor allem im Grund, bei Arndt dagegen im ganzen Menschen. Wir haben darin ein Zeugnis für die verschiedenartigen Anliegen Arndts und der Mystik gesehen: Arndts zielt auf die Erneuerung des christlichen Lebens durch Vereinigung mit Gott, während die Mystiker das Schwergewicht auf eben diese Vereinigung gelegt haben. Das pastorale, ethische Bestreben Arndts war nie mehr als ein Nebenan-

47 Rolt a.a.O. S. 35; NChr 3:26, S. 207.

liegen der Mystiker. Daraus ist die Verschiebung in der Lehre von
der Gottebenbildlichkeit zu verstehen:

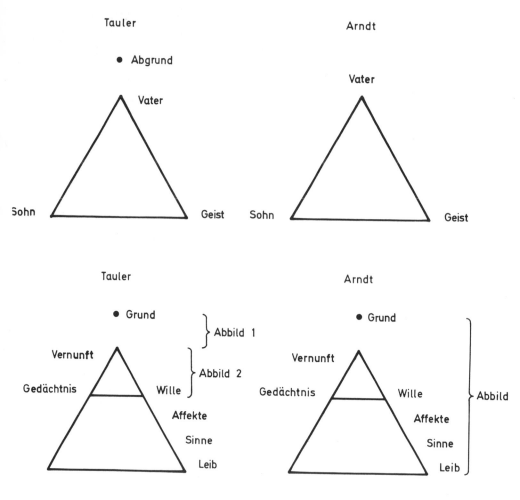

Die Bedeutung des biblischen Begriffes "Herz" bei Arndt kann
hier erhellend sein. Herz ist für Arndt nicht nur das Innerste, sondern der ganze Mensch, mit Leib, Seele und allen Kräften, "Ver-
stand/Willen/Affekten und Begierden" [48].

Um einen Zugang zu Arndts Lehre vom Grund zu finden, werden
wir mit dem Begriff Seele bei Arndt anfangen. Seele bezeichnet für

48 WChr 1:41:8, S. 453. Affekten und Begierden entsprechen bei
Tauler "die begirlich krafft/ und die zürnende krafft" (BT 139 va,
H 335), Gemeingut der mittelalterlichen Seelenkunde.

86

Arndt den Menschen als geistliches Wesen, den inneren Menschen. [49] Die Seele ist anfänglich gut und heilig gewesen, dort hat Gott seinen Sitz, dort wirkt der Heilige Geist, ja, Gottes Geist und seine Gnade sind das Leben der Seele. [50] Die Seele ist unsterblich geschaffen mit einem Gewissen, sie ist edler denn die ganze Welt, sie ist bloss aus Gott gekommmen und soll bloss - d.h. frei vom Irdischen - zu Gott zurückkehren. [51] Die erleuchtete, d.h. die gläubige Seele dürstet nach Gott und kann mit nichts anderem gesättigt werden; eben dasselbe sagt Tauler, nicht von der gläubigen Seele, sondern vom Seelenfunken, dem Innersten der Seele. [52] Mit Augustins Worten beschreibt Arndt die Seele als Gottes fähig (capax Dei) [53]; sie ist die Braut des Sohnes, des Geistes Werkzeug. [54]

Von Plato hat Arndt gelernt, die Schönheit der Seele in der Tugend und der Gottseligkeit zu sehen, aber es gibt darüber hinaus eine höhere Schönheit: ''...wenn wir aber bedencken die Vereinigung unser Seelen mit GOtt unnd Christo unnd die Gerechtigkeit Christi damit unsere Seele als mit einem Kleidt dess Heils unnd mit dem Rock der Gerechtigkeit bekleidet ist/ so verstehen wir die rechte jnnerliche schönheit unser Seelen...'' [55]. Der platonische Gedanke von der Schönheit der Seele wird so mit einem evangelischen Inhalt gefüllt.

Die Hoheit der Seele kann auch als ihr Adel beschrieben werden, der in Gottes Bild besteht. Sie ist der Thron Gottes, n.b. die gläubige Seele: ''Also ist die Gleubige Seele dess Menschen Gottes Bilde un Wohnunge höher kann keine Creatur gewürdiget werden.'' [56]

Wie bewegen sich nun die Mystiker in diesen Gedankenkreisen? Für die Mystiker ist die Seele an sich herrlich, für Arndt dagegen besteht die Herrlichkeit der Seele in der Vereinigung mit Christus und der Rechtfertigung. Tauler sieht den Adel der Seele im verborgenen Grund; Angela wird in einer Vision von der Seelen Adel und Hoheit überzeugt. [57] Arndts Verarbeitung eines Taulertextes

---

49 Bengt Hägglund: De Homine S. 65.
50 WChr 3:19:1, S. 127; 2:9:11, S. 119. Hier hat Arndt von Tauler und Augustin gelernt (BT 52 rb, H 172; BT 108 vb, H 467 f).
51 WChr 1:7:5, S. 65; 1:40:4, S. 431; 2:37:24, S. 443; 2:50:13, S. 604.
52 WChr 3:20:4, S. 138; BT 76 vb, H 264.
53 WChr 2:28:2, S. 304; Adam a.a.O. S. 281.
54 WChr 3:7:2, S. 54 (vgl. BT 123 rb, H 568); 2:43:4, S. 511.
55 WChr 4:1:6:26, S. 203 f, vgl. 3:6:2, S. 50; 3:7:1, S. 53; BT 189 ra, rb, H - (Eckehart, Weber a.a.O. S. 81).
56 WChr 4:2:9:3, S. 236 f; 4:2:7:4, S. 228. Die Seele als Thron Gottes kommt bei Makarius vor (Inge a.a.O. S. 166).
57 BT 104 rb, H 407; Vis. Kap. 27, S. 107, Lz S. 108.

beleuchtet diesen Unterschied zwischen Arndt und der Mystik:

BT 59 vb f, H 200 f Von dem adel dises bildes/ kan niemant eygentlich gereden/ waṅ got ist in disem bild selber unbildlichē... So sprechēt all lerer/ das es eygentlichen in den öbersten krefften/ gedechtnyss/ verstentnyss/ unnd willen... Aber nun sprechen and' meister... das es lige im allerinnersten/ in dem aller verborgensten tieffen grundt der sele...

WChr 3:6:3, S. 50 f Von diesem Adel der Seelen wissen nicht viel Leute/ auch die Weisen und klugen dieser Welt nicht. Die/ so von der Seelen und jhren Kräfften geschrieben haben/ sind nie auff den rechten grund kommen: Christus ist der Seelen rechte Krafft,/ jhr Verstandt/ jhr Wille/ jr Gedechtniss/ das ist jhr Liecht im Verstandt/ jhr Lust im Willen/ jre Frewde im Gedechtnis...

Wo Tauler vom Bild Gottes in der Seele redet, spricht Arndt von der Seele; aber das wichtigste ist, dass Arndt den Adel der Seele nicht - wie Tauler - im Grund gesehen hat, sondern in dem durch den Glauben einwohnenden Christus, der in den Kräften der Seele wirkt.

Warum unterscheiden sich hier Arndt und die Mystiker? Die Frage nach der Sünde könnte hier die Richtung einer Antwort andeuten. Denn die Seele ist für Arndt eine gefallene, von Sünde besessene Seele. Wohl kann Tauler davon reden, wie die Sünde den Grund überdeckt, alle Winkel des Menschen mit Selbstsucht gefüllt, die menschliche Natur infolge der Erbsünde als eine Vergiftung durchdrungen hat, sogar den Grund. Hier ist Tauler gewiss nicht Neuplatoniker, denn für den Neuplatonismus war der Geist des Menschen von der Sünde unbeschädigt. [58] Aber die Sünde der Seele ist bei Arndt tiefer, nicht nur eine Vergiftung, eine Überdeckung, sondern etwas Aktives; Herz und Seele sind ein Brunnen alles Bösen. [59] Er sagt: "Das Hertz/ die Seele/ ist der Mörder/ Lügener/ Unnd nicht die Hände oder das Maul." [60] Vor diesem Hintergrund ist es zu verstehen, dass Arndt den Adel der Seele nicht, wie die Mystiker, in ihr selbst oder in dem Seelengrund gesehen hat, sondern in Christus.

Was ist nun dieser Seelengrund, in dem Tauler den Adel der Seele gesehen hat? Dieser Begriff ist eine Neuschöpfung der deutschen

58 BT 102 va, H 388; BT 111 ra, H 477; Vgl. Inge a.a.O. S. 185: "Tauler has, perhaps, a deeper sense of sin than any of his predecessors."
59 WChr 1:41:25, S. 469, vgl. 3:8:8, S. 64.
60 WChr 1:41:22, S. 466, vgl. 1:41:27, S. 470.

Mystik, ihr tiefsinnigster Beitrag zur Theologiegeschichte. [61] Der Grund besitzt für Tauler keine Eigengöttlichkeit; er ist nur in dem Sinne göttlich, dass er für Gott empfänglich und Gottes Wohnung ist; wie Wyser bemerkt hat: der Grund *ist* nicht Gott, sondern *hat* Gott. [62]

Um die Beziehung zwischen Gott und Grund zu erhellen, werden wir uns der mittelalterlichen Vorstellungen von Form und Materie erinnern. Jedes Ding hat sein Sein von Gott und in Gott. [63] Die Allgegenwart Gottes als das Sein aller Dinge ist ihr wahres Wesen; daher sagt Eckehart, dass Gott den Dingen näher ist, als sie sich selber. [64] Die Form der Dinge ist das, was dem Sein der Dinge ihr Sosein gibt. Der Grund ist für Tauler die Form des menschlichen Leibes, und Christus ist, als ewiges Wort des Vaters, die Form aller Formen, oder, wie Augustin sagt, die Form ist die Idee des Dinges, und alle Ideen sind im ewigen Wort gesammelt. [65] Das Dasein des Menschen ist für Tauler zum Rücklauf zu dieser Form , Christus, bestimmt. Im Mutterleibe hat der Mensch eine tierische Form, danach eine vernünftige und nun ist er zur Überformung mit Gottes Form, zu Gottförmigkeit gerufen; als geformt - tierisch und vernünftig - ist der Mensch in Christus als Form aller Formen eingeschlossen und zu seiner endgültigen Form gerufen. [66]

Ist nun Gott für Tauler seinshaft in der Seele, oder kommt er zu ihr? Er ist seinshaft da; ohne Gott hat nichts Dasein. Tauler sagt: "…es lige im aller innersten/ in dem aller verborgensten tieffen grundt der sele/ da sie in dem grūd hat gott wesentlichen/ uñ wyrcklichen/ und istecklichen/ in dem wyrckt unnd weset gott/ unnd gebraucht seyn selbs in dem. Unnd man möcht gott als wenig dannen abgescheidenn/ als von im selber… Und in dem grund hat diser grundt alles das von gnaden/ das got vō natur hatt/ als ferr als sich der mensch in den grundt lasst und keret/ da würt die genad geboren…" [67]. Hier liegt der grosse Unterschied zwischen der Allgegenwart Gottes in allen Dingen und seiner Gegenwart im Seelengrund:

61 Wrede a.a.O. S. 66. Der Begriff kommt bei dem Areopagiten nicht vor; bei Augustin entspricht er "abditum mentis" (Wyser a.a.O. S. 226 f).

62 Wyser a.a.O. S. 254; vgl. Hägglund: Luther und die Mystik S. 91, Denifle a.a.O. S. 214.

63 Mandel: Theologia Deutsch S. 89, Fussnote 3.

64 BT 9 va, H - ; vgl. BT 13 va, H - (Eckehart). Vgl. BT 85 va, H 299; BT 130 ra, H 554; BT 148 rb, H 445; BT 164 ra, H 622.

65 BT 15 va, H - ; BT 76 vb, H 263 f; Butler a.a.O. S. 37, vgl. Rahner: Gottesgeburt S. 367, 381.

66 BT 156 va, H 500; vgl. Rahner a.a.O. S. 381.

67 BT 60 ra, H 201, vgl. BT 9 va, H - .

er wird nur im Seelengrund geboren, d.h. nur da tritt er erkennbar hervor. Anderseits sagt Tauler von den sinnlichen Menschen, die nach Lust und Begierde leben, dass Gott nie in ihnen gewesen ist. [68] Wir können diese Aussage vielleicht so deuten, dass Gott in dem von Sinnen und Affekten beherrschten Menschen nicht aus der Verborgenheit des Grundes hervorgetreten ist, da es kaum Taulers Absicht gewesen sein kann, die Allgegenwart Gottes, auch im sinnlichen Menschen, zu leugnen.

Arndt hat den Seelengrund als das Innerste im Menschen durch Tauler kennengelernt. Er beschreibt sein Anliegen: ”…wie die Kinder GOttes vom eussern Menschen abzuführen/ zu dem Innern/ das ist/ in den grund des Hertzens/ denselben zuerforschen/ zu erkennen/ zu reinigen/ zu endern/ unnd in demselben jhrem Hertzen grunde/ Gottes unnd des Himmelreichs wahr zunehmen...” [69]. Das biblische Fundament des Arndtschen Gedankens ist also das Christuswort vom inwendigen Gottesreich, wie Arndt selber in Repetitio Apologetica unterstreicht [70], und sein Anliegen ist es, zu einer lebendigen Erfahrung desselben hinzuführen (erforschen, erkennen, wahrnehmen). Das ist für Arndt der Weg zur Erneuerung (reinigen, ändern), sein ethisches Ziel.

Bei Tauler ist Gott als seinshaft im Grund verstanden. Hat Arndt diese Seite der Taulerschen Seelengrundlehre ebenfalls übernommen? Geht die Arndtsche Darstellung von der Vereinigung mit Gott von der Allgegenwart Gottes oder von seinem Einwohnen durch den Glauben aus? Bei Tauler fällt der Akzent auf die Allgegenwart, das seinshafte Dasein Gottes in der Seele. Hier bestätigen sich die Worte Dean Inge's: ”The unity of all existence is a fundamental doctrine of Mysticism. God is in all, and all is in God.” [71]

Wie ist es nun bei Arndt? Arndt hat die Allgegenwart Gottes ausführlich behandelt, jedoch nicht in Beziehung auf ein seinshaftes Dasein Gottes im Seelengrund. [72] Es gibt im Vorwort zum Dritten

---

68 BT 96 rb, H 355; vgl. BT 133 va, H 528.
69 WChr 3:1:4, S. 4.
70 WChr 1706, S. 1211.
71 Inge a.a.O. S. 28.
72 WChr 1:28:8, S. 292; 2:26:7, S. 289 f; 2:34:10:4, S. 388; 2:34:11, Gebet, S. 395; 2:42:18, S. 504; 4:Vorrede:7; 4:1:2:8, S. 25; 4:1:3:49, S. 66; 4:1:6:7, S. 183; 4:1:6:9, S. 185; 4:1:6:10, S. 186; 4:1:6:11, S. 187; 4:1:6:12, S. 188; 4:1:6:14, S. 191; 4:2:21:1, S. 271 f.

Buch einige von Eckehart beeinflusste Worte, die seine Stellung gut beleuchten:

BT 9va, H - Got ist in allen dingen/ wesentlich/ würcklich/ unnd gewaltigklich/ aber er ist allein geberen in der sele.	WChr 3:Vorrede:4 Denn ob wohl GOtt durch seine Allgemeine gegenwart/ in allen dingen ist/ nit eingeschlossē/ sondern unbegreifflicher weise dadurch er Himmel und Erde erfüllet/ so ist er doch sonderlich und eigentlich in des Menschen erleuchte Seele/ darin er wohnet.

Taulers "wesentlich/würcklich/ und gewaltigklich" wird von Arndt zu "nit eingeschlossē/ sondern unbegreiflicher weise" verarbeitet. Damit hat Arndt eine allzu enge Definition der Allgegenwart vermieden. Noch wichtiger aber ist, dass Arndt die Geburt Gottes in der Seele durch die Einwohnung Gottes ersetzt hat, und zwar in der erleuchteten, d.h. der gläubigen Seele. Wir sahen dieselbe Verarbeitung, wo Arndt und die Mystiker vom Durst der Seele nach Gott sprachen, Arndt aber hat auch dort nur von der erleuchteten Seele reden wollen.[73] Schon die ersten Worte des Dritten Buches bezeugen, dass die Arndtsche Mystik nicht vom seinshaften Dasein Gottes im Seelengrund, sondern von seinem Einwohnen im Grund durch den Glauben ausgeht. Es ist hierin nicht, wie Schwager behauptet, ein Missverständnis der Arndtschen Taulerinterpretation zu sehen[74], sondern ein Beispiel für das bewusste Bestreben Arndts, der Tauler immer mit dem rechtfertigenden Glauben als Voraussetzung gelesen hat.

Arndt hat sein Werk nicht den Ungläubigen gewidmet. Er redet nicht zu allen vom Suchen Gottes im Innern, sondern davon "wie eine Gleubige Seele/ Gott/ inwendig in jhr selbst suchen soll..."[75]. Arndt hat wie gezeigt wurde, die Taulersche Seelenkunde mit ihrer Lehre vom Seelengrund übernommen, aber er hat sie auf einen anderen Gegenstand gerichtet, nicht den im Grund seinshaft daseienden Gott, sondern den durch den Glauben einwohnenden.

In der Kontinuität Arndts mit der Mystik haben wir in diesem Abschnitt einige wichtige Akzentverschiebungen gefunden. Die Gottebenbildlichkeit des Menschen umfasst für Arndt nicht nur wie für die Mystik den inneren Menschen, sondern den ganzen Men-

---

73 WChr 3:20:4, S. 138, vgl. 3:7:1, S. 52 f; BT 189 ra f, H - (Weber a.a.O. S. 81).
74 Schwager a.a.O. S. 33.
75 WChr 3:4:Überschrift, S. 38.

schen. Hier bestätigt sich Arndts ethisches Anliegen. Das Bewusstsein Arndts von der Sündenverderbnis ist zweifellos tiefer als das der
Mystiker. Von daher haben wir Arndts Verarbeitung der Seelenkunde Taulers verstanden. Ebenso wie Arndts Anliegen die Erneuerung der zerstörten Gottebenbildlichkeit ist, so zielt er auch auf die
Reinigung des Grundes. Er kann nicht wie Tauler vom im Grund
seinshaften, sondern nur vom durch den Glauben einwohnenden
Gott reden. Die Seelenkunde Taulers hat aber Arndt den Weg zur
geistlichen Erfahrung gezeigt, die für Arndt der Weg zur Erneuerung, zur Verwandlung der Lehre in Leben geworden ist.

DIE TUGEND

Die ethische Tendenz im WChr bestätigt sich in Arndts Betonung der Tugendlehre, die gewiss nicht zu den Hauptstücken der evangelischen Überlieferung gehört. Durch Melanchthon hat sie aber ein neues Gewicht bekommen. Dieser beschreibt die Tugenden als zu Gottes Wesen gehörend, ja, Gottes Weisheit, Wahrheit, Gerechtigkeit und Güte sind sein Wesen, "sunt ipsa essentia" [1]. Durch die Tugenden, die Gott dem Menschen eingepflanzt hat, ist Gotteserkenntnis ermöglicht. [2]

Die Tugendlehre gehört zu der Überlieferung, die den christlichen Glauben mit der antiken Welt und besonders mit dem Stoizismus verbindet. Bei Augustin erhält sie aber einen neuen Akzent, durch den alle Tugenden als Erscheinungen der Gottesliebe hervortreten. Die Liebe ist Quelle aller Tugenden. Gregor der Grosse verbindet die vier Kardinaltugenden [3] mit den drei theologischen Tugenden [4] und der Lehre von den sieben Gaben des heiligen Geistes. Thomas hat diese Überlieferung weiterverarbeitet. Er beschreibt die Kardinaltugenden als erwerbbar, die theologischen Tugenden aber - darunter den Glauben - als von dem Heiligen Geist gewirkt. [5] Vor diesem Hintergrund entfaltet sich die Tugendlehre der Mystiker. Sie beschreiben alle die Liebe als die grösste Tugend, die die anderen Tugenden lebendig macht und mit Gott vereinigt. [6] Bei Tauler, wo die ethische Tendenz besonders deutlich ist, wird beschrieben, wie Gott die Tugenden Liebe und Demut in unsere Natur hineingelegt hat. [7] Seinen äusseren Menschen soll der Christ mit natürlichen Tugenden üben, seine niedersten Kräfte mit sittlichen, und die obersten ziert der Heilige Geist mit den göttlichen. [8] Nun ist die Tugendlehre bei Tauler vor allem von Gewicht, weil die Tugendübung für ihn einen Weg zu Gott darstellt. Mit dem Licht der "Bescheiden-

---

1 Loci Communes 1543, S. 8, zit. n. Leipziger Druck 1546.
2 Hermann Sasse: Sacra Scriptura, S. 128.
3 Klugheit, Masshalten, Tapferkeit und Gerechtigkeit.
4 Glaube, Hoffnung, Liebe.
5 Sasse a.a.O. S.138; vgl. J. Gründel: Tugend, LTK Bd 10, Sp. 395 ff; Martin Kähler: Tugend, Realenz. Bd 20, S. 159 ff.
6 Angela Instr. Kap. 63, S. 304 f, Lz 313; Kap. 65, S. 337, Lz 347; ThD Kap. 39, S. 76 f; BT 83 vb, H 293.
7 BT 72 rb, H 252; 72 va, H 253.
8 BT 47 vb, H 161; vgl. 155 va, H 498: "In den niederstē das ist demütikeit uñ sennftmütikeit uñ gedult. Die andern drey tragē sich über die krefft alle/ das ist glaub/ hoffnung uñ lieb."

heit", d.h. mit der Vernunft, soll der Mensch die Übung der natürlichen und sittlichen Tugenden prüfen und ordnen "das alles dass in got und durch got lauterlichen gethon werd", und dann, wenn "d'heilig geist findet/ das der mensch das sein gethon hat/ so kompt er deñ mit syñe liecht/ und überleuchtet das natürlich liecht/ uñ geusst darein übernatürliche tugent" [9]. Wir erkennen hier das aus den Auseinandersetzungen der Reformationszeit wohlbekannte "facere quod in se est". Noch deutlicher sagt Tauler: "Also sol man sich lernen üben an den tugenden/ waň du mûst dich üben/ soltu anders kômen zû got." [10] *Durch* die Tugend *über* die Tugend will Tauler seine Zuhörer zur geistlichen Erfahrung führen [11], durch die Tugend die Natur durchbrechen. [12] Die Tugendübung wird hier mit der Nachfolge Christi gleichgestellt.

Die Tugendlehre bei Arndt hat bestimmte Züge mit der Überlieferung der Mystik gemeinsam. Auch hier finden wir die mit Augustin gemeinsame Betonung der Liebe [13], die auch für Luther selbstverständlich war. [14] Die natürliche, angeborene Liebe führt zur Gotteserkenntnis; in dem verlorenen Abbild Gottes waren alle Tugenden Gottes eingeschlossen, anders ausgedrückt: die Tugenden sind Abbilder von Gottes Eigenschaften. Gott ist alle Tugend. [15] Der Unterschied zwischen Tugend und Sünde ist der zwischen guter und böser, d.h. fehlgerichteter Liebe. [16] Das Schwergewicht der Arndtschen Tugendlehre liegt aber anderswo als bei Tauler. Bei Tauler steht die Tugendübung als Weg zu Gott im Blickpunkt, bei Arndt dagegen sind es die Tugenden als Früchte des Glaubens. Er schreibt: "Unsere Gerechtigkeit und Seligkeit ist auff Jesum Christum gegründet/ und auff seinen Verdienst/ welchen wir uns zueignen durch den Glauben. Aus derselben Gerechtigkeit quillet nun die Liebe gegen dem Nechsten mit allen andern Tugenden...". [17] Hier ist das Hauptstück der Arndtschen Tugendlehre, wo er völlig von der reformatorischen Botschaft geprägt ist.

9 BT 50 rb, H 155 f; vgl. 72 vb, H 253: "Unnd als vil mer demütig/ als vil mer götlicher gnad."
10 BT 95 va, H 363; vgl. 86 va, H 303; 95 vb, H 364.
11 BT 115 ra, H - ; 122 rb, H 565; vgl. 138 ra, rb, va, H 328 ff.
12 BT 156 vb, H 501; 107 vb, H 401.
13 WChr 1:18:11, S. 178; 1:31:1, S. 320; 2:24:1, S. 265; 3:Vorrede:8.
14 WA 40, 2, 72.
15 WChr 1:7:2, S. 62; 1:2:8, S. 19; 1:1:4, S. 5; 2:10:8, S. 142.
16 WChr 1:31:2, S. 320; 2:24:2 f, S. 265; 2:24:8 f, S. 268; 4:2:27:2, S. 292; 4:2:27:4, S. 293.
17 WChr 1:26:4, S. 267; vgl 1: Vorrede: 4; 1:5:9, S. 50; 1:21:11, S. 214; 1:22:1, S. 228; 1:24:5, S. 244; 1:37:15, S. 394; 1:40:16, S. 445; 2:47:2, S. 555; 3:2:3, S. 14; 3:3:9, S. 35 f; 3:9:4, S. 69 f.

Es gibt aber gewisse wichtige Berührungspunkte mit der Tugend-
lehre der Mystiker. Für Tauler war, wie wir gesehen haben, die
Nachfolge Christi eine Zusammenfassung des tugendhaften Lebens.
Für Arndt ist Christus ebenso ein vollkommenes Exempel aller
Tugenden [18], und durch die Nachfolge Christi gelangt der Mensch
zur geistlichen Erfahrung. [19] Hier redet Arndt zwar nicht von
Übung der Tugend, aber sachlich ist doch eine Übereinstimmung
vorhanden.

Ein anderer Aspekt ist gleichfalls zu nennen; dass alle Tugend aus
den Christen "on ir zů thůn" fliesst, wie neue Kraft zum tugendhaften Leben durch Einkehr gewonnen ist. [20] Hier steht Arndt mit
Tauler auf gleichem Boden. Auch das Hauptstück der Taulerschen
Tugendlehre hat Arndt aufgegriffen, wie die folgende Verarbeitung
bezeugt:

BT 79 ra, H 273	WChr 3:4:1, S. 39
Die auswendig sůchung/ da der mensch got mit sůcht/ das ist in auswendigen übungenn gůter werck in mancherley weyss/ als er von gott ermanet und getriben/ und von gottes freünden angeweisst würt/ und allermeist mit übung der tugend/ als demütigkeit/ senfftmütigkeitt/ stillheit/ gelassenheit/ unnd mitt allen andern tugenden die man übet oder geüben mag. Aber die ander...	Die auswendige sůchung geschicht durch mancherley ubung der Christlichen Werck/ mit Fasten Beten/ Stilligkeit, Sanfftmuth wie deñ ein Christen Mensch vō GOtt angetrieben oder durch Gottfürchtige Leute/ geführet wird. Die ander geschicht...

Arndt hat jedoch den Begriff Tugend ausgelassen und sich auf die
geistlichen Übungen ausgerichtet. Demut, Gelassenheit sind ausge-
schlossen. Nun ist wohl zu bemerken, dass Arndt geistliche Übungen wie Gebet unter die Tugenden rechnet [21], aber der grosse
Gedanke Taulers, dass der Mensch durch Übung der natürlichen und
sittlichen Tugenden - durch das "facere quod in se est" - zu den
Gnadengaben der geistlichen Erfahrung und göttlichen Tugenden
gelangen könnte, war Arndt ganz offenbar fremd. Die Tugenden

18 WChr 1:37:12, S. 392; 2:11:3, S. 153; 2:21:1, S. 244 (vgl. Angela,
   Instr. Kap. 63, S. 300, Lz S. 308); 3:8:6, S. 62 (vgl. BT 118 va, H
   512).
19 WChr 3:14:1, S. 100; 3:8:2, S. 59.
20 BT 4 rb, H - ; 32 va, H 90; vgl. WChr 3:11:3, s. 84.
21 WChr 2:20:1, S. 232, vgl. 2:20:13, S. 240 ; 4:2:39:3, S. 333.

sind für ihn vor allem Früchte des rechtfertigenden Glaubens, das hat ihn geprägt, auch wo er mit Taulers Worten von dem Menschen redet, der durch sein Werk Gott sucht.

DIE FEHLGERICHTETE LIEBE

Wir haben schon eine Akzentverschiebung gespürt, die der Lehre von der Sünde bei Arndt ein Schwergewicht verleiht. Sie hat auch die Anthropologie beeinflusst. Es fällt Arndt, der so viel von der Sünde in der Seele gesehen hat, schwer, von der Seele als dem Adel des Menschen zu reden.

In seiner Lehre von der Sünde geht Arndt vom Fall des Teufels und Adams, der in Ungehorsam wider Gott und in einem Abwenden von Gott bestand, aus; der Teufel hat seine Liebe von Gott zu sich selbst gewandt. [1] Die Ursünde ist also als die fehlgerichtete Liebe zu verstehen: "Und das ist die eigene Liebe/ die uns bethöret/ es ist Lucifers und Adams Fall." [2] Im Fall versucht der Teufel, was Gottes ist sich anzueignen; ja, die Hauptsünde ist, Gott selbst sein zu wollen, und das ist auch Adams Fall gewesen. [3] Die Folge dieses Sündenfalls beschreibt Arndt mit einem augustinisch klingenden Wort: "Ex vero aeterno summo Ente ruit in nihilum, ab immutabili bono in vanitatem, à veritate in mendacium."[4]

Die Darstellung Arndts vom Fall des Teufels gehört zum christlichen Gemeingut, das Arndt gemeinsam mit den Mystikern hat. [5] Tauler beschreibt den Fall Adams als "ungehorsamkeit/ dz alles mēschlich geschlecht was verfallen in den ewigen todt/ und was d'heilig geist (der ein tröster ist) zūmal verloren mit allen seinen gabenn und trost..."[6] Unter den Mystikern ist Tauler derjenige, der am tiefsten über die Sünde nachgedacht hat, jedoch hat die Erkenntnis des Falls und seiner Folgen Arndt noch tiefer geprägt, was deutlich wird, wo er die Erbsünde beschreibt.

Laut Preger bekennt sich Tauler in der Lehre von der Sünde zum strengsten Augustinismus. [7] Es gibt, sagt er, einen bösen Engel im Menschen; er kennt "die bresthaffte natur", die lebenslang wie eine Last am Hals des Menschen hängt, "einen gantzen pfullwen voll

---

1 WChr 1:2:1, S. 12; 1:11:6, S. 93; 1:31:7, S. 324.
2 WChr 2:17:9, S. 199.
3 WChr 2:23:4, S. 262 f; 1:1:8, S. 9 f.
4 WChr 2:23:2, S. 260.
5 BT 58 vb, H 196; BT 76 rb, H 262; BT 87 va, H 306; ThD Kap. 2, S. 10 f. Angela Instr. Kap. 55, S. 203, Lz 207; Kap. 64, S. 315 f, Lz 324.
6 BT 51 va, H 169.
7 Preger a.a.O. S. 177.

Sünde" [8]. Er schreibt: "So nun d'mensch gott will liebenn/ sicht er in sich selber so sicht er dz er lieblos und gnadloss ist..." [9]. Dieses Zeugnis ist von grossem Gewicht, da es zeigt, dass Tauler nicht meint, Gott sei nur durch Introversion schlechthin zu finden.

Wenn wir uns Arndt zuwenden, wird es aber klar, wieviel tiefer er als Tauler über die Erbsünde reflektiert hat. Für Arndt ist die Erbsünde der Hauptpunkt in der Lehre von der Sünde, dieser "Grewel" der "auff alle Menschen durch fleischliche Geburt fortgepflanzet" ist. [10] Sie bedeutet geistlichen Tod. Der alte Mensch, der wir sind, kann nichts als sündigen. [11] Der Mensch kann sich selbst nicht retten, sondern Gott musste selbst "den Anfang zu unser Wiederbringung machen/ ja das Mittel und Ende." [12] In der Lehre von der Sünde zeigt also Arndt, dass Synergismus im Sinne der Bekenntnisschriften ihm fremd ist, denn Synergismus ist eben das Mitwirken des Menschen am Anfang der Wiederbringung, d.h. bei der Entzündung des Glaubens.

Arndt versteht selbst die Erkenntnis der Erbsünde als das Hauptstück des Ersten Buches; das ganze christliche Leben ist für ihn ein Kampf gegen die Erbsünde. [13] Er ist tief davon überzeugt, dass "ohne erkanntnüss der Sünde kan das Hertz nicht getröstet werden" [14]. In der Lehre von der Erbsünde bestätigt sich nicht nur Arndts Selbständigkeit der Mystik gegenüber, sie ist auch ein Schlüssel zum Verständnis der Vier Bücher des Wahren Christentums.

Wie beschreibt nun Arndt die Sünde im Leben des Menschen? Sie ist, sagt Arndt, eine Vergiftung durch Satans Bosheit [15], d.h. der Mensch ist durch sie nicht nur im Guten gelähmt, sondern auch vom Bösen tief geprägt. Wohl beschreibt auch Tauler die Sünde als eine Vergiftung, aber eben wo Arndt solche Taulertexte seinem Werk einverleibt hat, zeigt es sich, wie er die Sündenlehre vertieft und verschärft hat. [16] Arndts Bussverkündigung zielt darauf, diese "verborgene bossheit" der Erbsünde [17] dem Menschen zu enthüllen.

8 BT 56 rb, H 188; BT 57 ra, H 190.
9 BT 128 va, H 585.
10 WChr 1:2:1, S. 12.
11 WChr 1:14:4, S. 130; 1:34:7, S. 345.
12 WChr 1:31:10, S. 326, vgl. 1:41:28, S. 472.
13 WChr 2: Vorrede: 2; 1:41:17, S. 460.
14 WChr 2:48:10, S. 575.
15 WChr 1:1:5, S. 5.
16 BT 50 vb, H 157; WChr 3:21:4, S. 144.
17 WChr 3:21:4, S. 144. Die Behauptung Ritschls (a.a.O. Bd 2, S. 45), dass Arndt die Erbsünde als Schuld gegenüber Gott nicht kenne, scheint schwer zu bestätigen, da er sie als Bosheit beschrieben hat.

Der Mensch ist von Gott geschaffen und zum Rücklauf zu ihm berufen. Daher soll sich seine Liebe nach oben (a) wenden, nicht nach unten (b).

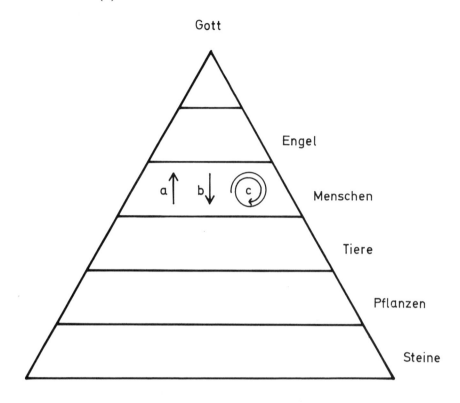

Die Sünde ist eben diese nach unten (b) oder in sich selbst gekehrte Liebe (c). Arndt kann daher die Sünde als die böse, d.h. die fehlgerichtete Liebe, darstellen. [18] Arndt ist hier tief von dem Augustinismus geprägt, den Raimund von Sabunde und andere ihm vermittelt haben. [19] Da nun die Liebe den Liebenden in das Geliebte verwandelt [20], wird der Mensch durch diese fehlgerichtete Liebe tierisch, irdisch, vergänglich.

Die Sünde besteht also darin dass der Mensch sich von Gott zu

18 WChr 4:2:27:4, S. 293, vgl. 4:2:31:1, S. 301 f; 4:2:34:3, S. 312; 4:2:35:2, S. 313.
19 Stöckl a.a.O. Bd 2, S. 1070; zu Angela: Instr. Kap. 54, S. 198 f, Lz 203; Kap. 64, S. 313, Lz 321 f. Augustin: Przywara a.a.O. S. 401, 456.
20 WChr 4:2:32:3, S. 305. Bei Raimund, Stöckl a.a.O. Bd 2, S. 1070; bei Angela, Instr. Kap. 57, S. 221, Lz 228; bei Augustin, Gilson a.a.O. S. 8.

sich selbst und den irdischen Geschöpfen wendet. [21] Die Folge dieser Abwendung ist Ungehorsam, Eigenwille. Es hat den Anschein, dass der Ungehorsam als Hauptsünde Arndt stärker kennzeichnet als Tauler. [22] Die böse, fehlgerichtete Liebe bildet die Grundlage der Laster: Geiz, Zorn, Hass, Neid, Falschheit, Ungerechtigkeit, eigene Ehre, eigene Liebe, Wollust. [23]

Anders ausgedrückt: Die Sünde ist die Unordnung der Liebe. Die geordnete Liebe richtet sich auf alles Seiende gemäss seiner Gutheit, d.h. seiner Teilhaftigkeit an Gottes Sein, der das höchste Gut ist. Die geordnete Liebe liebt Gott am höchsten, danach Engel und Menschen, weiter Tiere, Pflanzen und Steine. Die ungeordnete Liebe, die Sünde ist, liebt sich selbst oder die Geschöpfe mehr als Gott. [24]

Arndt bewegt sich hier völlig innerhalb der augustinischen Gedankenwelt, die eine selbstverständliche Voraussetzung für ihn, wie für die Mystiker, war. [25] Der selbständige Beitrag Arndts zur Überlieferung der Mystiker ist die vertiefte Sündenerkenntnis, die Erkenntnis der Bedeutung der Erbsünde. Es kann sein, dass wir hier eine Antwort auf die Frage, wie die Mystik im evangelischen Raum verarbeitet wurde, gefunden haben: die von Arndt geprägte evangelische Mystik war von einer tieferen Sündenerkenntnis gekennzeichnet als die Überlieferung der mittelalterlichen abendländischen Mystiker. Diese Erkenntnis hat, wie oben schon gezeigt wurde, ihre Bedeutung für die Anthropologie gehabt, und man hat auch das ethische Anliegen Arndts vor diesem Hintergrund zu sehen. Ferner ist zu erwar-

21 WChr 1:11:5, S. 93; 2:22:1, S. 252 f; 2:23:2, S. 261; 2:33:11, S. 348; 3:18:6, S. 125.

22 WChr 2:6:7, S. 80; 2:23:2, S. 261; 2:33:11, S. 348. Vgl. Arndts Verarbeitung von BT 36 va, H - in WChr 3:17:1, S. 119.

23 WChr 1:8:13, S. 77; 1:17:13, S. 168; 1:39:8, S. 424; 2:3:4, S. 35; 2:28:3, S. 305; 3:11:1, S. 83.

24 WChr 1:14:2, S. 128; 1:14:4, S. 130; 1:15:11, S. 147; 1:28:1, S. 286; 1:28:3, S. 287; 1:35:3, S. 356; 2:32:1, S. 333; 3:4:4, S.41; 3:5:1, S. 44; 3:9:4, S. 69; 4:2:37:2, S. 324. Bei Angela: Leclève a.a.O. S. 167.

25 Sünde als Abkehr von Gott: ThD Kap. 2, S. 10 f; Kap. 4, S. 12 f; Sünde als Selbstliebe, Eigenliebe: BT 27 vb, H 72; BT 32 vb, H 92; BT 40 rb, H 125; BT 163 va, H 618; ThD Kap. 1, S. 9; Kap. 14, S. 32 f; Kap. 38, S. 73 f; Kap. 45, S. 89; NChr 1:14, S. 35; 3:10, S. 161; 3:12, S. 167; 3:31, S. 214; 3:37, S. 230 f; Sünde als Unordnung der Liebe: BT 53 rb, H 176; BT 73 ra, H 255; (ThD Kap. 53, S. 98); NChr 1:6, S. 16 f; 3:5, S. 142; 3:18, S. 182; 3:33, S. 218 f; Angela Instr. Kap. 64, S. 317, Lz 325 f; Augustin: Przywara a.a.O. S. 247; der Areopagit: Göttliche Namen 4:28, S. 93 f; 4:32, S. 96; 8:7, S. 126 f.

ten, dass diese Akzentverschiebung bei Arndt für die Soteriologie von Gewicht ist, d.h. dass die Erlösungstat Christi bei Arndt und in seinem Wirkungskreis stärker hervorgehoben wird als bei den mittelalterlichen Mystikern im Abendland und in ihrer Überlieferung.

STRAFE UND ZÜCHTIGUNG

Es liegt im Denken des Stufenkosmos, dass alles, was ist, gut ist, und das Böse wird daher als Nichtsein aufgefasst. Wäre dies Denken von Pantheismus geprägt, dann würde auch das Böse ebenso wie die Engel als göttlich aufgefasst. Solche Tendenzen meinte man bei Eckehart zu spüren. [1]

Für Augustin war das Böse eben Nichtsein [2], ein Sich-Wenden des Seienden zu einer niederen Stufe des Seins als ihrer eigenen. [3] Der Mensch, der sich dem Irdischen zuwendet, wird tierisch, d.h. von Sinnen und Affekten beherrscht. Der Areopagit sagt: "Das Übel in der Natur besteht im Gegensatz zur Natur, in der Privation der zur Natur gehörenden Eigenschaften." [4]

Dieses spekulative Nachdenken über das Wesen des Bösen hat bei Arndt und den Mystikern keinen Raum. Sie sind nicht mit dem Wesen des Bösen beschäftigt sondern mit Seelenführung für Menschen, die vom Bösen betroffen sind.

Das Böse tritt im WChr in der konkretesten Gestalt hervor: Hunger, Krieg, Pestilenz, Blutvergiessen, Verwüstung. Von diesem allen sagt Arndt: Es ist Gottes Strafe, Gottes Zorn über die Sünden der Menschen. [5] Der Mensch soll alles von Gott hinnehmen, wie Arndt es mit biblischem Zeugnis zeigt. [6] Von besonderem Interesse ist Jes. 28, 21, das für die Reformatoren und ihre Nachfolger so bedeutungsvoll war: "...das er sein Werk vollbringe auf eine fremde Weise", das "opus alienum" [7]. Gott wirkt zuerst sein fremdes Werk durch Kreuz und Trübsal, um dann sein eigenes Werk durch Trost und Gnade zu vollbringen. Das Böse, das den Menschen trifft, hat eine Botschaft, sie ist eine Bussverkündigung: "Darumb hohe Zeit ist Busse zuthun/ ein ander Leben anzufahen/ sich von der Welt zu

1 Inge a.a.O. S. 155.
2 Adam S. 260.
3 Przywara a.a.O. S. 249.
4 Göttliche Namen 4:26, S. 92; vgl. Rolt a.a.O. S. 21.
5 WChr 1:18:7, S. 174; 1:21:3, S. 207; 1:39:4, S. 417; 2:33:6, S. 344 f; 2:46:1 f, S. 541 f.
6 Sir. 11,14: WChr 2:55:3, S. 676 ff; 4:1:5:39, S. 169. 1 Sam. 2,6: WChr 2:9:27, S. 134;2:46:1 f, S. 541 f. Jes. 45,7:2:33:6, S. 344 f; 2:46:1, S. 541.
7 WChr 2:9:27, S. 134, vgl. 2:49:11, S. 591; BEK S. 792, 955.

Christo zu bekehren... [8]. Arndts Anliegen bestätigt sich auch hier. Das Böse, das den Menschen trifft, ist also nicht nur Strafe, Gott will dadurch den Menschen zurechtweisen, züchtigen. Es ist nicht nur an den Zorn Gottes zu denken, sondern an seine Barmherzigkeit: "Wann trübsal da ist/ so gedencket Er der Barmhertzigkeit...Dann obwohl die Schrifft saget/ das Gott zürne/ so redet sie doch erstlich von GOtt nach Menshlicher weise umb unsers wenigen verstandts willen. Fürs andern so zürnet Gott nicht mit den gleubigen/ ob er sie wol züchtiget sondern er straffet sie aus Liebe. Mit den unbussfertigen aber zürnet er/ und straffet sie im zorn." [9] Diesem Wort ist die Bussverkündigung und die Trostpraxis Arndts zu entnehmen. Für Unbussfertige bedeutet das Böse Gottes Zorn und Strafe, der man nur durch ernsthafte Busse entgehen kann, für gläubige Christen ist das Böse, das sie trifft, eine Züchtigung, hinter der Gottes Liebe zu sehen ist. So reden auch die Mystiker: Nimm es von Gott, Gott hat es zugelassen, um seine Güte zu offenbaren, es führt zur Seligkeit. Der Mensch soll sich nur in Gelassenheit unterordnen. [10] Arndts Selbständigkeit zeigt sich hier vor allem in seiner Bussverkündigung: das Böse, unter dem du leidest, soll dich zu Busse treiben, zu einem neuen Leben, zu Abkehr von der Welt und Hinwendung zu Christus. Wie die ganze Schöpfung eine Botschaft an den Menschen hat, so hat es auch das Böse, das "fremde Werk Gottes".

8 WChr 1:Vorrede:3; vgl. 2:36:6, S. 413; 2:55:3, S. 676.
9 WChr 2:42:13, S. 498 f.
10 Angela Vis. Kap. 24, S. 83, Lz 81; Kap. 25, S. 90, Lz 89; Instr. Kap. 61,S. 271, Lz 278 f; Kap. 65, S. 340, Lz 349; BT 7 vb, H - ; BT 8 ra, H - ; BT 27 vb, H 72; BT 39 rb f, H 121 ; BT 77 vb, H 267 f; BT 145 ra, H 604; BT 155 rb, (H 466); BT 159 vb, H 548; NChr 3:21, S. 190; 3:51, S. 266; 3:55, S. 284 f.

JESUS CHRISTUS –
ERLÖSER UND VORBILD

Wie wahres Christentum für Arndt Lehre *und* Leben ist, so wird auch Christus als Erlöser *und* Vorbild dargestellt. Christus als Erlöser wird vom Glauben ergriffen, Christus als Vorbild wird in Liebe und heiligem Leben nachgefolgt. So wird Lehre in Leben verwandelt.

Arndt bewegt sich hier in einem augustinischen Gedankenkreis, den er mit Luther und der Mystik gemeinsam hat. [1] Aber während für Luther Christus als Erlöser immer "das beste Teil" ist, wird von Arndt ein Gleichgewicht zwischen den beiden angestrebt. Hierin tritt die neue pastorale Fragestellung Arndts zutage, die nicht die Frage nach dem gnädigen Gott, sondern die nach dem in Leben verwandelten Glauben ist. [2]

Arndt selber hat hier durch seine Betonung der Kraft, der Lebendigkeit, der Tat des Glaubens [3] eine Wiederbelebung des lutherischen Glaubensbegriffes erstrebt. Die Behauptung Koepps, dass "das lutherische Gut bei Arndt doch nicht tief lebendig gewesen sein" könne [4], übersieht die ethische Kraft des lutherischen Glaubensbegriffes, sie übergeht auch das Wesen des Arndtschen wahren Christentums, wo Glaube immer die Voraussetzung des heiligen Lebens ist. Man kann nicht Christus als Vorbild nachfolgen, ohne ihn im Glauben als Erlöser angenommen zu haben. Koepp hat zudem Arndts neue pastorale Fragestellung wenig berücksichtigt.

Arndt erklärt sich selber hierzu in einem durch die Kritik eines Gegners veranlassten Brief: "Er irret aber hierin, dass er meint, dass wahre Erkenntnis Christi schaffet nicht auch sofort eine Nachfolge Christi. Es ist ja das Erkenntnis Christi, als...(ein) Baum; die Nachfolge aber dessen Frucht...darnach ist es ein grosser Irrthum, wenn man vermeint, dieses könne ohne vorhergehenden seligmachenden Glauben von den Christen geleistet werden." [5] Es ist unverkennbar, dass in Arndts WChr eine Akzentverschiebung in Richtung auf das Ethische, von Christus als Erlöser zu Christus als Vorbild vorliegt,

1 WChr 2:12:2, S. 155; 2:14:3, S. 172. Iserloh a.a.O. S. 81. Luther:
   WA 1, 309, 18-21; 40, 2, 42-43. Vgl. Lund a.a.O. S. 181 f.
2 WChr 1:9:3, S. 83; vgl. Fr. Arndt a.a.O. S. 287.
3 Fr. Arndt a.a.O. S. 288, vgl. BEK S. 941; Vorrede zu ThD,
   WChr 1706, S. 1256.
4 Koepp a.a.O. S. 216 f.
5 Fr. Arndt a.a.O. S. 177.

die seinem Werk ein andersartiges Gepräge verleiht, als es die reformatorische Botschaft zum Ausdruck bringt. Inwieweit das lutherische Gut bei Arndt selber lebendig gewesen ist, kann aber nur durch
eine Prüfung seines ganzen Schrifttums geklärt werden.

Die Akzentverschiebung wird in Arndts eigenen Worten spürbar:
"...so stellet uns Gott seinen lieben Sohn für unsere Augen/ nicht
allein als einen Heiland/ sondern auch als einen Spiegel der Gottseligkeit mit seinem heiligen Leben..." [6]. Luther hätte "vor allem
Heiland, aber auch Exempel" gesagt, bei Arndt aber heisst es "nicht
allein als einen Heiland/ sondern auch als einen Spiegel der Gottseligkeit". Der neue Akzent erklärt sich aus der neuen pastoralen
Fragestellung; in der Wirkungsgeschichte des WChr aber wäre es
nicht überraschend, wenn man eine andere Spiritualität als die reformatorische durch das Einwirken dieses Werkes gespürt hätte. In
diesem Sinn war Ritschls Urteil nicht völlig unrichtig. [7] Um diese
Fragestellung recht zu behandeln, müsste die Rolle "des Selbstverständlichen in der Geschichte" (Nygren) beachtet werden, da für
Arndt die evangelische Gnadenverkündigung immer die Voraussetzung für sein Werk war. In einer Zeit, der diese Voraussetzung
fehlte, wird dem WChr ein anderer Sinn unterlegt, als der von Arndt
beabsichtigte.

Wir werden bei der Untersuchung dieses Gebietes der Struktur
der Arndtschen Christologie folgen, indem wir uns zuerst den
Gedanken Arndts über das Erlösungswerk Christi und danach seiner
Darstellung von Christus als Vorbild zuwenden.

Jesus Christus als Erlöser

A. Die Inkarnation

Die Lehre Arndts von der Menschwerdung ist durchaus auf die
Erlösung des Menschen bezogen; der grosse Gedanke ist der irenäi-
sche: "Er wurde das, was wir sind, damit wir würden, was er ist." [8]
In der Überlieferung der christlichen Theologie, auch bei Gregorius
und Athanasius, hat dieser Gedanke eine Form, die wir bei den
Mystikern wiederfinden: "Wañ darumb ward er mensch/ das der

---

6 WChr 1:11:4, S. 92; vgl. 1:11:1, S. 90; 1:11:2, S. 91; 1:11:15, S.
   102; 1:14:7, S. 133; 1:24:16, S. 251; Fr. Arndt a.a.O. S. 177.
7 Ritschl a.a.O. S. 60.
8 Zit. n. Sasse: In statu confessionis Bd 2, S. 45, vgl. S. 73.

mensch gott wurd."[9] Eben diese Form vermeidet Arndt Sorgfältig [10], wie es sich in seinen Verarbeitungen der Texte der Mystiker zeigt:

Angela Visiones Kap 68[11], S. 361, KA S. 310 f	WChr 2:25:7, S. 280 f
O quam ineffabilis haec charitas! supra istam vere non est maior, quam quod Deus meus omnium creator fiat caro, ut me faceret Deum.	Ach welche eine unausssprechliche Liebe ist/ dz Gott Mensch worden/ unnd dem Menschen gleich/ auff dass er die Menschen Gott gleich machet.

Das prägnante Wort "ut me faceret Deum" wird bei Arndt zu "auf dass er die Menschen Gott gleich machet". Arndt war sich der Gefahr einer Fehldeutung von Angelas Wort bewusst, aber es könnte auch ein anderes Anliegen hinter seiner Formulierung stehen. Die Mystiker zielen insgemein auf die Vereinigung, das Einswerden mit Gott. Diese Vereinigung ist bei Arndt durch seinen ethischen Akzent der Erneuerung untergeordnet. Die Menschwerdung ist für Arndt eine Offenbarung der Liebe Gottes, aber sie stellt uns auch Christus als Vorbild vor Augen. [12] Sie zeugt von der unauflöslichen Vereinigung der gläubigen Seele mit Gott, und sie zielt auf die Besserung der verderbten menschlichen Natur. [13] Die Besserung der menschlichen Natur durch die Inkarnation hat Arndt von ThD gelernt. In seiner Ausgabe der ThD zeigt sich wieder seine Vorsicht:

ThD Kap. 3, S. 11 (1518)	ThD Kap. 3, S. 8 (1621)
Darumb nam got menschlich natur oder menscheyt an sich und ward wermenscht, und der mensch wart vergottet. Alda geschach die pesserung.	darumb nam GOtt Menschlich Natur/ oder Menschheit an sich/ und ward vermenschet/ das ist/ mit Menschlicher Natur vereiniget/ und der Mensch ward vergottet/ das ist/ mit Göttlicher Natur vereiniget/ allda geschach die besserung.

9 BT 61 va, H 208; vgl. Angela: Instructiones Kap. 68, S. 361, Lz 372. Congar a.a.O. S. 234.

10 WChr 2:25:7, S. 280 f; 2:26:2, S. 284; 2:30:3, S. 325; 2:36:2, S. 408; 2:42:19, S. 505.

11 "O wie unaussprechlich ist diese Liebe; eine grössere gibt es nicht, als die, dass mein Gott, der Schöpfer aller Dinge Mensch wird, um mich zur Gottheit erheben." Lz 372.

12 WChr 1:29:6, S. 296; vgl. 1:11:2, S. 91; vgl. 3:3:3, S. 27 f.

13 WChr 1:11:9, S. 95; 2:6:1, S. 75; 2:10:15, S. 149 f; 2:6:1, S. 75.

Wieder kann man sehen, wie Arndt sich vor einer Fehlinterpretation des Begriffs der Vergottung hüten will: "...vergottet/ das ist/ mit Göttlicher Natur vereiniget". Mit ThD hat er aber gemeinsam, dass Menschwerdung und Erneuerung zusammengesehen werden. Er betet: "...deine Menschliche Geburt sey meine Göttliche Geburt..." [14].

Was bedeutet es für Arndt, dass Christus nach seiner Menschwerdung Gott und Mensch ist? Mit Angela beschreibt er den Schmerz, den er dadurch auf sich nahm. [15] Die Meditation der deutschen Mystik über die Zweinaturenlehre [16] hat sonst aber wenig auf Arndt gewirkt.

B. Die Versöhnung

Die Erlösungstat Christi und der rechtfertigende Glaube werden von Arndt im WChr vorausgesetzt. Doch erhielt die Versöhnung eine breite Darstellung. Da sie im Zentrum der Arndt-Kritik gestanden hat, mag hier eine grössere Ausführlichkeit berechtigt sein.

Durch den Glauben wird der Mensch des Verdienstes Christi teilhaftig. Die Vergebung der Sünden liegt in dem Gehorsam, in dem Verdienst und Blut Christi. [17] Im Glauben sieht er Christus an, und er muss zuerst durch den Glauben in Christus sein, ehe er gute Werke tun kann. [18] Christus hat die Seele teuer erkauft; dem Bussfertigen wird das Verdienst Christi zugerechnet. [19] Im Glauben und in der Kraft des Blutes Christi werden die Israeliten gewaschen und gereinigt; Christus ist für die Seele gestorben. [20] Auf Busse und Glaube an Christus folgt Vergebung, die allein das Verdienst Christi ist; Christus erkauft alles mit seinem im Tode vergossenen Blut. [21] Der Glaube in der Kraft des Blutes Christi macht den Menschen für Gott so heilig, als ob er nie gesündigt hätte, denn Christi Blut reinigt durch den Glauben. [22] Christus hat mit seinem Tod am Kreuz alle Sünde vollkommen gesühnt und die Seligkeit erworben; das Leiden

14 WChr 2:25:7, S. 281, vgl. 1:3:9, S. 29. Die neue Geburt ist bei Arndt Rechtfertigung *und* Erneuerung (WChr 1:3:1, S. 21).
15 WChr 2:18:1, S. 218; Angela Instr. Kap. 61, S. 259, Lz 266; WChr 2:18:7, S. 223; Instr. Kap. 61, S. 265 f, Lz 272 f.
16 BT 78 ra, rb, H 269; BT 78 va, vb, H 272; BT 51 ra, H 158.
17 WChr 1:4:2, S. 36; 1:5:1, S. 43.
18 WChr 1:8:16, S. 80; 1:5:6, S. 47.
19 WChr 1:13:17, S. 126; 1:16:12, S. 156.
20 WChr 1:19:16, S. 190; 1:20:22, S. 203.
21 WChr 1:21:14, S. 217; 1:21:15, S. 218.
22 WChr 1:21:19, S. 222; 1:22:3, S. 229, vgl. 1:25:4, S. 260.

Christi ist ein Versöhnungsopfer für die Sünden der Welt. [23] Wer seinen Bruder verachtet, wird aber die Vergebung verlieren [24], ein Thema, das Arndts pastoraler Fragestellung entspricht: Der Glaube, dem keine Erneuerung folgt.

Das Leiden Christi ist ein Versöhnungsopfer für die Sünden der ganzen Welt; unsere Gerechtigkeit und Seligkeit ist auf Christus und sein Verdienst gegründet. [25] Der Glaube sucht Erquickung allein in dem Blut, Tod und Verdienst Christi, ohne alles Menschenwerk; der Gläubige soll lernen, durch den Glauben alles bei Christus zu suchen. [26] Das göttliche Blut Christi ist uns zur Arznei und zur Reinigung unserer Sünde gemacht [27], ein wichtiges Thema Arndts: die Terminologie der Medizin innerhalb der Erlösungslehre.

Gott ist versöhnt, ausgesöhnt, durchsöhnt durch das Opfer Christi; Christi Verdienst ist eine unendliche, ewige Bezahlung, die keine Zahl, kein Mass, kein Ende hat. [28] Wo Arndt Angelas Zeugnis von der Versöhnung verarbeitet, hebt er die Erfüllung der Gerechtigkeit Gottes und des göttlichen Urteils, die Vaterschaft Gottes und die Erwerbung des ewigen Lebens hervor. [29]

Der Tod und das Leiden Christi sind eine Offenbarung von Gottes Liebe; die Gerechtigkeit Christi deckt die Ungerechtigkeit des Menschen zu, sie ist ein Kleid und Rock des Heils. [30] Arndt schreibt: "Was ist sein Bund? Die vergebung der Sünde mit Christi Todt bestetiget mit dem heiligen Geist versiegelt." [31]

Christus hat dem Christen das ewige Leben erkauft; er hat alle unsere Sünde durch sein bitteres Leiden und Sterben bezahlt. [32] Christus ist der ewige Hohepriester, der sich für uns am Kreuz opfert; Christi Gerechtigkeit ist grösser als tausend Welten voll Sünde, der Glaube bedarf nicht mehr zur Seligkeit als Christus allein. [33] Arndt schreibt: "...der glaube ergreifft Christum den Sohn Gottes/ mit allen seinen Himlischen gnaden Schätzen/ sonderlich die Versöhnung mit GOtt/ Vergebung der Sünden..." [34]. Wie die Ägypter im Roten Meer, "Also sollen alle/ unsere Sünde in dem Blutroten Meer

23 WChr 1:25:5, S. 262; 1:26:2, S. 265.
24 WChr 1:25:7, S. 263; vgl. 1:37:21, S. 399.
25 WChr 1:26:2, S. 265; 1:26:4, S. 267.
26 WChr 1:34:12, S. 349; 1:41:33, S. 477.
27 WChr 2:1:1, S. 2.
28 WChr 2:2:3, S. 19; 2:2:11, S. 27.
29 WChr 2:25:9, S. 282. Angela: Instr. Kap. 68, S. 363, Lz 372.
30 WChr 2:26:3, S. 287; 2:35:6, S. 405; 2:35:7, S. 406.
31 WChr 2:37:21, S. 441.
32 WChr 2:46:7, S. 545; 2:46:13, S. 548.
33 WChr 2:51:13, S. 619; 3:1:7, S. 8; 3:3:2, S. 27.
34 WChr 3:3:2, S. 26.

dess Bluts Christi ersauffen/ und sol keine uberbleiben".[35] Besonders bezeichnend ist Arndts Verarbeitung einer Eckehart-Predigt aus dem BT, wo der ursprüngliche Hinweis auf die Beichte von Arndt durch einen auf den wahren Glauben an Christus ersetzt ist.[36]

Wie ist nun die Beziehung der Versöhnungslehre Arndts zu der der Mystiker? Wer bei Thomas à Kempis und in der ThD nach der Versöhnungslehre sucht, wird wenig finden. Anders verhält es sich mit Staupitz. Er beschreibt, wie Christus um unsertwillen Mensch geworden ist, gelitten hat, gekreuzigt, gestorben, begraben ist; er hat uns so heiss geliebt, dass er uns mit dem Vater versöhnt hat.[37] Das Verdienst Christi offenbart Gottes Liebe, er ist die Schlange am Holz in der Wüste, er vertreibt alle Sünde; wir gehören Gott durch Christus zu, den Erlöser der Welt.[38] Staupitz betet: "In dir heiligster Gott sind wir/ in dir leben wir/ in dir werden wir seliglich bewegt/ und das alles von dem verdienst unsers HErren Jesu Christi/ dess einigen Erlösers der Welt."[39] In Christus findet man alles, was zur Seligkeit gehört.[40]

Ebenso deutlich ist das Zeugnis der Erlösung bei Angela, so klar, dass Koepp Abschnitte des WChr, die aus Angela-Schriften stammen, zu den lutherischen Frömmigkeitselementen rechnet.[41] Christus, der sich Angela offenbart, sagt: "Ich bin es, der für dich gekreuzigt worden..."[42]. Durch seinen Tod am Kreuz hat er die Sünde versöhnt.[43] Er nahm die Strafe auf sich, das Leiden Christi schenkt Erlösung von den Sünden, denn der Vater liess seinen Sohn die Sünde tragen.[44] Auf dem Totenbett sagt sie: "Meine Seele ist

35 WChr 4:1:5:44, S. 172.
36 WChr 3:7:5, S. 56 - BT 190 ra, rb (Weber a.a.O. S. 82); vgl. WChr 3:8:2, S. 59. BT 117 va, H 508 (Weber a.a.O. S. 83); WChr 3:17:3, S. 120 - BT 36 vb, H 110 (Weber a.a.O. S. 91).
37 Staupitz a.a.O. S. 12, 19.
38 Staupitz a.a.O. S. 22 f (vgl. S. 58), 39 f, 41 ff.
39 Staupitz a.a.O. S. 53.
40 Staupitz a.a.O. S. 55, vgl. S. 64, 66.
41 Koepp a.a.O. S. 198, 201 - WChr 2:19, S. 225 ff - Angela Instr. Kap. 61, S. 282-287, Lz 289-294.
42 Angela Vis. Kap. 20, S. 67, KA S. 55, Lz 65; vgl. Vis. Kap. 36, S. 145 f, Lz 148; Vis. Kap. 44, S. 159 f, Lz 163; Instr. Kap. 57, S. 212, Lz 217; Kap. 57, S. 224, Lz 230; Kap. 61, S. 285, Lz 292; Instr. Kap. 61, S. 258 f, Lz 266; Kap. 68, S. 363, Lz 374.
43 Angela Vis. Kap. 24, S. 82, Lz 80; Kap. 35, S. 133 f, Lz 135; Kap. 47, S. 167, Lz 170; Instr. Kap. 61, S. 256, Lz 263 f; Kap. 61, S. 267, Lz 274.
44 Angela Vis. Kap. 31, S. 122, Lz 123; Instr. Kap. 57, S. 209, Lz 214; Kap. 61, S. 284 f, Lz 291.

gewaschen und gereinigt im Blute Christi..." [45]

Ebenso ist die Reinigung von den Sünden durch das Blut Christi für Tauler eine lebendige Wirklichkeit. [46] Er sagt vom Kreuz: "Jesus christus... starb an dem krütz da machet er einen gantzen fryd und son/ zwyschen dem menschen/ unnd dem hymelschen vatter." [47] Der Mensch verdankt seine Würdigkeit nicht menschlichen Werken oder Verdiensten, sondern der Gnade und dem Verdienst Jesu Christi, der alle Menschen von ihren Sünden erlöst und durch seinen unschuldigen, bitteren Tod für alle Sünden genug getan hat. [48] Tauler ermahnt seine Zuhörer: "...opffer mit andacht dem hymlischen vatter sein gleich für deyn ungleich sein schuld/ gedancken/ wort und werck/ tugēt unnd wandel/ sein unschuldig bitter leidē/ für dein schuld/ uñ für aller menschē schuld/ lebendig und todt." [49] Taulers Darstellung der Erlösungstat Christi ist so eindeutig, das es leicht fällt, mit Preger zu behaupten, sie bilde, auch wo sie nicht erwähnt wird, eine selbstverständliche Voraussetzung. [50] Gerade so hat, wie gezeigt wurde, Arndt seinen Tauler gelesen.

Die Ausführlichkeit und der Reichtum der Arndtschen Versöhnungslehre lassen uns schwerlich annehmnen, dass wir es hier mit etwas für Arndt Nebensächlichem zu tun haben. Diese Lehre gehört zu dem, was Arndt vor allem mit Angela und Staupitz verbindet, aber auch mit Tauler; zuweilen redet er darüber mit Worten der Mystiker. Jedoch ist unverkennbar, dass der Versöhnung bei Arndt ein Gewicht zukommt, das über das Zeugnis der Mystiker hinausgeht. Arndt hat hier tief aus der reformatorischen Frömmigkeit geschöpft. Davon zeugen auch seine Ausführungen über die Imputation. [51]

Welche Folgen hat nun diese Akzentverschiebung? Wir wollen diese Frage in einem Exkurs überprüfen, indem wir an die Texte einige konkrete Fragen stellen, um die Bedeutung der Christologie für die persönliche Frömmigkeit zu beleuchten. Wie werden Angefochtene getröstet? Wo findet die Seele Ruhe? Worauf richtet sich der Glaube? Was bedeutet Christus für die Vereinigung mit Gott?

45 Angela Instr. Kap. 70, S. 375, Lz 386; vgl. Vis. Kap. 25, S. 91, Lz 90; Instr. Kap. 67, S. 354, Lz 364.
46 BT 22 rb, H 53; BT 22 va, H 54.
47 BT 51 va, H 169 f.
48 BT 67 vb, H 232; BT 71 ra, H 247; BT 73 vb, H 256; vgl. 98 rb, H 369.
49 BT 109 rb, H 469 f, vgl. WChr 3:22:3, S. 148.
50 Preger a.a.O. S. 184 f, vgl. S. 233. Hägglund: Luther und die Mystik S. 93.
51 WChr 1:4:7, S. 39; 1:8:7, S. 80 f; 1:34:15, S. 353.

Exkurs

1. Trost der Angefochtenen

Tauler kann die Angefochtenen mit der Fürbitte Jesu trösten, er weiss wie Anfechtung durch Passionsmeditation zu überwinden ist, er kennt die Kraft der Gnadenmittel. [52] Die Erlösungstat Christi aber tritt bei Tauler und den Mystikern weniger als Trost der Angefochtenen hervor.

Vielmehr ermahnt Tauler zu einem Eindringen in Gottes Abgrund. [53] Aus seinen pastoralen Erfahrungen erzählt er von einer angefochtenen Frau, die vergebens durch die Fürbitte Marias und durch die Passionsbetrachtung Hilfe gesucht hatte. Dann liess sie sich in Gottes Abgrund fallen, da fand sie Trost. [54]

Der Abgrund Gottes ist für Tauler die göttliche Einheit hinter Vater, Sohn und Geist, das Unsagbare bei Gott. Hier liegt der Schwerpunkt seiner Spiritualität, darin ist er ein Schüler Eckeharts. [55] In den Abgrund, in die Wüste der Gottheit soll der Mensch gehen. [56] Hier begegnet Tauler der Gnade Gottes. Eine Verarbeitung Arndts zeigt seine Selbständigkeit Tauler gegenüber in dieser Hinsicht:

BT 34 ra, H 97 (Weber a.a.O. S. 95)	WChr 3:22:2, S. 147
Sunder senck dich in die tieffe grundtlosse barmhertzigkeit gottes/ mit einem demütigē gelassen willen under got uñ alle creatur...	...sondern sencke dich durch den Glauben in die tieffeste grundtloseste Barmhertzigkeit Gottes in Christo/ mit einem Demütigen gelassenen willen unter Gott/ und alle Creaturen...

Für Arndt wird die Barmherzigkeit Gottes nicht in dem Abgrund, sondern in Christus gefunden und dort durch den Glauben ergriffen. Arndt selber hat seine Verarbeitung nicht notwendigerweise als Selbständigkeit aufgefasst; sie hebt nur das hervor, was seiner Ansicht nach von Tauler vorausgesetzt wird.

Angela tröstet mit dem "facere quod in se est", indem sie den Angefochtenen zum Gebet ermahnt: '...thue du, mein Sohn, was deine Sache ist, und Gotte wird seinerseits es nicht fehlen lassen." [57]

52 BT 71 va f, H 249 f; BT 74 ra, H 256 f; BT 153 va f, H 460 f.
53 BT 25 va, H 65.
54 BT 26 ra - vb, H 66 f.
55 Inge a.a.O. S. 159, vgl. S. 170.
56 BT 164 rb - va, H 623.
57 Angela Instr. Kap. 62, S. 298, Lz 305, KA S. 255.

Der tief gedemütigten Seele wird Erhöhung versprochen; die Anfechtung wird als ein Liebesbeweis Gottes dargestellt; Gott ist in der Anfechtung sehr nahe. Ähnlich zeugt ThD. [58] Bei Staupitz dagegen heisst es: "Derhalben entzeucht uns offt Gott gnediglich auch die liebe der zunemer/ und jagt uns... damit... wir zu ihm als dem einen Erlöser fliehen..."[59]

Wie Tauler tröstet Arndt mit der Fürbitte Christi und mit den Gnadenmitteln. [60] Da Arndt zur Erkenntnis der Erbsünde führen will, bleibt für ihn im Grunde nur ein Trost: Vergebung der Sünden durch den Glauben um Christi Willen. Er schreibt: "Ja wanns von nöten/ unnd seine einmal geschehene Erlösung nicht eine ewige Erlösung were/ so ist seine Liebe so gross/ dass er noch einmal für uns sterben wolte." [61] Christus ist für Arndt Grund und Ursprung all unseres Trostes. [62]

Wohl kann Arndt mit der väterlichen Güte Gottes trösten und mit Gottes Regierung und Allmacht [63], aber die Liebe Gottes, sein Vaterherz ist für Arndt immer in Christus geoffenbart. [64] Wie Angela kann Arndt mit der Gegenwart Gottes in der Anfechtung trösten: "In einem jeden Christen wohnet Christus durch den Glauben. Dieser herrliche Gast ist gleichwol bey dir/ unnd wohnet in deiner Seele/ wann dich gleich der Sathan noch so hefftig anficht." [65] Wo Arndt den Angefochtenen zum Abgrund führen will, da ist es der Abgrund der Barmherzigkeit Gottes, der in seiner Gnade und Christi Verdienst liegt. [66] Der Abgrund Gottes ist für Arndt seine Barmherzigkeit, nicht seine Unbekanntheit; sein Vaterherz, nicht eine Wüste; sein lieber Sohn, nicht die Einheit seines dreifaltigen Wesens.

Wir spüren hier die verschieden geartete Frömmigkeit Arndts und Taulers. Arndt ist christozentrisch, Tauler theozentrisch. Wir werden diese Behauptung nun weiter prüfen.

58 Angela Vis. Kap. 19, S. 57 f, Lz 56; Kap. 50, S. 178, Lz 182. Instr. Kap. 70, S. 374 f, Lz 385. ThD Kap. 11, S. 25-28.
59 Staupitz a.a.O. S. 39.
60 WChr 2:54:5, S. 667; 2:51:16, S. 621; 3:20:3, S. 137.
61 WChr 2:45:5, S. 535; vgl. 1:5:10, S. 51; 1:41:15, S. 459 f; 2:48:7, S. 573 ; 4:1:5:44, S. 172.
62 WChr 1:5:1, S. 42; 2:48:7, S. 573.
63 WChr 2:45:3, S. 531 f; 2:51:14, S. 620; 4:1:6:7, S. 182 ; 4:1:6:15, S. 192.
64 WChr 2:48:11, S. 576.
65 WChr 2:54:6, S. 668; vgl. 2:45:8, S. 539; 2:48:6, S. 572 f; 2:53:12, S. 655; 4:1:5:45, S. 172 f.
66 WChr 2:3:2, S. 33; 2:42:12, S. 497.

2. Die Ruhe der Seele

Wo findet die Seele ihre Ruhe? Taulers Antwort ist eindeutig: in dem Abgrund Gottes. Er sagt: "In disen unbekantē gott setze dein rûw..." [67] Die Ruhe der Seele findet er in der verborgenen Stille Gottes, in dem unbekannten Gott, in dem, was in Gott namenlos ist, das ist, in der Einheit des göttlichen Wesens.

Thomas à Kempis bittet Christus um die Ruhe der Seele in ihm, und Staupitz beschreibt die Ruhe der Seele in Gottes Liebe. [68] Der Heilige Geist spricht zu Angela: "...so kehre auch du ein und ruhe in mir." [69] Christi Schmerz und Verachtung war ihr Ruhebett, ihre Seele hat in Gottes Gegenwart geruht, in dem Gottmenschen Christus. [70]

Der christologische Akzent wird bei Arndt noch deutlicher. Die Ruhe der Seele ist für ihn eine Ruhe im Glauben an Christus. [71] In dem Glauben findet die Seele Ruhe wider ein böses Gewissen; hier ist die Frömmigkeit der Bekenntnisschriften zu hören. [72] Christus ist die ewige Ruhe, in ihm ruht die Seele durch den Glauben. [73] Arndt betet: "ACH du ewiger und einiger Fridefürst/ HERR Jesu Christe/ du aller seligste unnd höchste Ruhe/ aller gleubigen Seelen..." [74]. In einem Brief an Gerhard schreibt er: "...in solo Christi amore acquiesce..." [75].

Unsere früheren Ergebnisse bestätigen sich hier. Die Frömmigkeit Arndts ist christozentrish, während die Taulersche theozentrish, auf die Einheit Gottes gerichtet, ist. Den christozentrischen Akzent spüren wir auch bei Thomas à Kempis, aber vor allem bei Angela. Dadurch wird die Behauptung begründet, dass wir in der Christolo-

---

67 BT 142 va, H 419; vgl. BT 88 vb, H 312; BT 129 va, H 588; BT 142 ra, H 417.

68 NChr 3:17, S. 180 f; 3:23, S. 195. Staupitz a.a.O. S. 6.

69 Angela Vis. Kap. 20, S. 62 f, Lz 61.

70 Angela Vis. Kap. 26, S. 97, Lz 97; Instr. Kap. 56, S. 206, Lz 211; Kap. 63, S. 304, Lz 312; Kap. 64, S. 326, Lz 335.

71 WChr 1:11:12, S. 99; 1:5:2, S. 43.

72 WChr 1:34:12, S. 349; 2:Vorrede:6; BEK Augustana Art. 20, S. 78; Apologie Art. 12, S. 253, 270.

73 WChr 2:50:9, S. 601; 3:3:8, S. 34; 3:3:2, S. 25.

74 WChr 3:Gebete:1, S. 175, vgl. 179.

75 Fr. Arndt a.a.O. S. 84. Wenn Ritschl behauptet, dass die Rechtfertigung durch den Glauben von der unio mystica und "der weltflüchtigen Ruhe in Gott" überboten sei (Koepp a.a.O. 1912, S. 172), übersieht er, dass die Ruhe der Seele eine Ruhe in Christus durch den Glauben ist.

gie bei Arndt eine Kontinuität eher mit Angela als mit Tauler fest-
stellen können.

3. Der Glaube

Worauf richtet sich der Glaube der Mystiker? Tauler sagt: "Und
darumb solt der mēsch den glaūben zu einem schilt allwegē für sich
nemen... und vestiglich für sich halten und dariñ warlich bekennen
dz nit mer dañ ein warer eyniger gott ist..." [76] Der Mensch ohne
Todsünden und mit einem guten Willen wird im Glauben erhalten;
Einkehr und Gotteserfahrung ist nur dem Glauben möglich. [77] Der
Mensch soll nur auf die Gnade Gottes bauen, er soll sich am Stamm
des Glaubens festhalten. [78] Tauler zielt auf den lebendigen, wirksamen Glauben; mit Augustin sagt er: "Das ist nit ein warer glaub/
d'nit mitt lebendiger lieb/ unnd mit den wercken ingeet mit gott/ so
man allein glaubet mit dem mund." [79] Der Glaube macht die Vernunft blind; ein Mensch, der Gott im Innern erlebt hat, besitzt den
Glauben in einer viel höheren Weise. [80]

Dieser wirksame Glaube, der die Voraussetzung der Gotteserfahrung ist, ist also ein Glaube an den wahren einigen Gott, er ist ein
"lebendiger gunst" zu Gott dem Herrn und allem, was in dem
Glaubensbekenntnis einbegriffen ist, ein Springen in Gott. [81] Tauler
schreibt: "Bauwent nit uff eüwer tūn noch lassen/ dañ bloss uff
eüwer eygen/nicht unnd thūnd damit einen demütigen gelassen
underfall/ in den abgrund des freyen götlichen willens..." [82]. Wir
erkennen hier die Taulersche Frömmigkeit wieder, die sich vornehmlich auf die verborgene Einheit des göttlichen Wesens richtet.

ThD, Thomas à Kempis und Angela von Foligno haben wenig
über den Glauben zu sagen [83], Johann Staupitz dagegen mehr. Glau-
benserkenntnis ist für ihn eine Gnade Gottes; im Glauben sieht er
Gottes Güte. "Pucht also allein auff Christum", ermahnt Staupitz. [84]
Der Mensch soll Gottes Wort glauben, durch den Glauben an Christus erhält er Zugang zu Gott. [85] Dem Glauben in Christus ist Segen

76 BT 127 va, H 580.
77 BT 31 vb, H 86 f; BT 32 vb, H 92; vgl. BT 94 va, H 353; BT 159
   ra f, H 545.
78 BT 33 va, H 94 f; BT 87 rb, H 305.
79 BT 40 ra, H 124; vgl. BT 67 va, H 231.
80 BT (156 ra f) H 498; vgl. 105 ra, H 410; BT 113 vb, H 486.
81 BT 127 va, H 580; BT 134 va, H 530; BT 155 rb,H 466.
82 BT 91 vb, H 321.
83 ThD Kap. 46, S. 90; Angela Vis. Kap. 26, S. 92, Lz 92.
84 Staupitz a.a.O. S. 17, 40.
85 Ibid. S. 62 ff.

verheissen. Im Glauben, in Christus wird Licht gefunden; wer an Christus glaubt, ist selig. [86] Der Glaube an Christus reinigt das Herz, rechtfertigt; im Glauben wird man ohne die Werke des Gesetzes selig. [87] Staupitz schreibt: "WIr wissen dass niemand umb Gott etwas verdienen mag/ noch etwas guts thun könne/ er sey dann vom Vater in Christum vorpflanzet/ dass dann nicht in anderer weise geschicht dann durch den Glauben in Christum." [88] Der Glaube, der eine Gabe der göttlichen Gnade ist, reinigt also den Menschen, vereinigt ihn mit Christus und gibt ihm dadurch Kraft zu guten Werken. Staupitz zeugt hier von seiner Verbundenheit mit reformatorischen Hauptgedanken.

Für Arndt ist der Glaube das Ergreifen Christi: "Nun stehet Gottes Erkentnis im Glauben/ welcher Christum ergreiffet/ und in jhme und durch jhn Gott erkennet." [89] Es kommt nicht darauf an, wie stark oder schwach der Glaube ist, sondern darauf, dass er Christus ergreift. [90] Auch im Dritten Buch, das zu Unrecht "ein Kompendium Taulers" genannt wird, redet Arndt mit den gleichen Worten: "...der glaube ergreifft Christum den Sohn Gottes, mit allen seinen Himlischen gnaden Schätzen sonderlich die Versöhnung mit GOtt..." [91]. Solche Worte stammen gewiss nicht von Tauler. Durch den Glauben wird der Christ an Christi Verdienst teilhaftig. [92] Der Glaube an Christus und die Glaubensgerechtigkeit bilden das Fundament des christlichen Lebens. [93] Glaube ist für Arndt eine herzliche Zuversicht auf Gottes Gnade in Christus, ein Vertrauen. [94] Wohl finden sich im WChr Spuren der Taulerschen Spiritualität, so wenn Arndt den Glauben als ein Hangen an dem Unsichtbaren beschreibt[95], aber das christologische Gepräge seiner Darstellung verbindet ihn eher mit Staupitz und den Reformatoren. Indessen ist zu bemerken, dass Arndt und Tauler die Betonung des lebendigen, wirksamen Glaubens gemeinsam haben.

86 Ibid. S. 65 f, 68 f.
87 Ibid. S. 71, vgl. S. 74.
88 Ibid. S. 74, vgl. S. 75.
89 WChr 1:21:5, S. 209; vgl. Luther WA 40, 1, 164, 228, 233, 241.
90 WChr 2:51:9, S. 614; vgl. 1:19:16, S. 189; 2:4:1, S. 45; 2:12:1 f, S. 155; 2:48:11, S. 576.
91 WChr 3:3:2, S. 26.
92 WChr 1:4:2, S. 36; 1:26:4, S. 267.
93 WChr 4:Beschluss:1, S. 337; 1:3:4, S. 24; 1:5:2, S. 44; 1:21:19, S. 222; 1:30:1, S. 307; 1:41:1, S. 446; 2:6:3, S. 76 f.
94 WChr 1:21:19, S. 222; 2:50:1, S. 596.
95 WChr 3:9:1, S. 66.

4. Vereinigung mit Gott

Die Bedeutung der Christologie für die Lehre Taulers von der Vereinigung mit Gott ist gering. Die Gottesvereinigung ist für ihn ein Eingehen in das ewige Gut, ein Einschmelzen in "das lauter göttlich einfeltig güt", ein Verschmelzen mit dem göttlichen, wahren Grund. [96] Sie ist ein Hinabsinken in die göttliche Finsternis; die Seele wird mit dem überwesentlichen Abgrund vereinigt, sie fliesst über in die göttliche Einheit, ertrinkt und versinkt in dem göttlichen Abgrund. [97] Nur selten ist die Rede von einer Vereinigung mit Gottes Sohn. [98] Taulers Denken ist stark von seiner Einheitsmetaphysik geprägt. [99] Tauler führt selbst in diesem Zusammenhang ein Proklos-Wort an: "...werde eins mit dem Einen" [100].

ThD steht hier Tauler nahe, aber bei Thomas à Kempis erhält die Christologie eine grössere Bedeutung. Er sagt in seiner Auslegung des Christuswortes vom inwendigen Gottesreich: "Christus wird zu dir kommen/ unnd dir seinen trost zeigen/ so du jm eine wirdige wonung zubereiten wirst." [101] Christus will als König auf dem Thron des Herzens sitzen, die Vereinigung mit ihm ist ein Geniessen seines "freudenreichē umbfahens"; er bittet Christus: "Füge mich zu dir mit dem unabschiedentlichen band der liebe..." [102].

Bei Angela ist hier der christologische Akzent weniger spürbar, bei Staupitz tritt er, wie zu erwarten ist, deutlicher hervor. Christus hat uns mit dem Vater vereinigt, der Glaubende ist zu Gleichförmigkeit mit Christus vorbestimmt, er ist ein Leib mit ihm. [103]

Nun gibt es bei Arndt etliche Ausdrucksweisen, die ihn hier mit Tauler verbinden: Gott, das Gute, giesst sich in die Seele aus, der Mensch wird in Gott versenkt, Gott erfüllt die Seele mit sich selber. [104] Mit Taulers Worten sagt er: "...unnd wie der Leib in die Erde begraben wird/ also die Seele in die grundlose Gottheit." [105] Vor allem ist jedoch Arndts Darstellung der Gottesvereinigung christologisch geprägt. Sein biblisches Fundament ist Eph. 3,17: "Dass Chri-

---

96 BT 25 vb, H 65 f; BT 43 ra, H 137; BT 58 vb, H 196 f.
97 BT 59 ra, H 197; BT 66 vb, H 228; BT 67 ra, H 228; BT 107 vb, H 402. Vgl. BT 89 ra, H 313 f; BT 103 vb, H 394; BT 112 va, H 481 f; BT 119 ra, H 513 f.
98 BT 90 rb, H 317 f.
99 Vgl. Paul Wyser: Der Seelengrund in Taulers Predigten, S. 251.
100 Wrede a.a.O. S. 172. BT 60 ra, H 201.
101 NChr 2:1, S. 86; vgl. S. 87.
102 NChr 2:7, S. 104; 3:23, S. 197; 3:27, S. 207.
103 Staupitz a.a.O. S. 64, 69, 77 f.
104 WChr 1:5:3, S. 45; 2:43:6, S. 510; 2:28:4, S. 306.
105 WChr 3:8:8, S. 64; BT 131 va, H 561.

stus wohne durch den Glauben in euren Herzen." Durch den Glauben wohnt Christus in jedem Christen, er lebt in uns, der Christ wird in Gott versetzt. [106] Der Gläubige ist mit Christus im Glauben vereinigt, in ihm eingewurzelt. [107] Der Glaube ergreift Christus, vereinigt mit Christus. [108] Diese Vereinigung ist mit der Rechtfertigung verbunden: "...wenn wir aber bedencken die Vereinigung unser Seelen mit GOtt unnd Christo unnd die Gerechtigkeit Christi damit unsere Seele als mit einem Kleidt dess Heils unnd mit dem Rock der Gerechtigkeit bekleidet ist..." [109].

In diesem Punkt finden wir also bei Arndt eine Akzentverschiebung, die seine Frömmigkeit weit von der Taulerschen abrückt. Die Gottesvereinigung, die für Tauler ein Versinken in die göttliche Finsternis ist, wird von Arndt als das Einwohnen Christi durch den Glauben beschrieben. Unter den Mystikern steht Arndt Johann Staupitz und Thomas à Kempis näher. Bei ihnen haben wir denselben christologischen Akzent gefunden.

Nun gibt es noch einen anderen Gedankenkreis, der in diesem Zusammenhang von Gewicht ist: die Brautmystik. Hier ist Christus der Bräutigam, die Seele bzw. die Kirche ist die Braut. Die Brautmystik ist bei Tauler zwar vorhanden [110], sie ist jedoch von untergeordneter Bedeutung. In ThD und bei Staupitz ist wenig davon zu finden, Thomas à Kempis redet aber innig die Spreache der Brautmystik [111], und Angela hört die Stimme des Heiligen Geistes zu sich reden: "Du meine Tochter und Braut... Ich liebe dich mehr als irgend eine andere im Thale von Spoleto."[112]

Bei Arndt wird die Brautmystik breiter dargestellt. Die Seele soll die liebste Gemahlin Christi sein, eine reine, unbefleckte Jungfrau, so wird sie Christum geistlich empfangen. [113] Sie wird von dem Schöpfer mit seines Mundes Kuss, das ist, in Christo aufs lieblichste geküsst; der Glaube vereinigt die Seele mit Christus wie eine Braut mit ihrem Bräutigam; die Seele ist vom Vater ewiglich mit Christum

106 WChr 1:3:9, S. 29; 1:6:9, S. 59; 1:30:2, S. 308 f; 1:31:12, S. 328; 1:39:10, S. 426 f; 2:54:6, S. 668.
107 WChr 2:14:3, S. 172; 2:37:19, S. 439; 2:48:6, S. 572; 2:54:6, S. 667 f.
108 WChr 3:1:7, S. 9; 3:3:2, S. 26; 3:3:3, S. 27.
109 WChr 4:1:6:26, S. 204.
110 BT 98 vb, H 371 f; BT 122 ra, H 564; BT 125 ra, H 574; BT 160 vb, H 552; BT 143 rb f, H 423.
111 NChr 3:23, S. 195 ff.
112 Vis. 20, S. 62 f: "...filia (et sponsa) dulcis mihi!... Ego diligo te plus quam aliquam quae sit in valle Spoletana." KA S. 52, Lz 60 f.
113 WChr 1:12:15, S. 113; 3:2:8, S. 20.

vermählet, Christus ist der himmlische Isaak, der Bräutigam der Seele. [114] Arndt schreibt: "Selig ist der Mensch/ der von Sünden ablesset/ und seinen Willen Gott ergibt/ wie eine Braut verwilliget den Breutigam zu nemen. Christus unser Breutigam befleissiget sich auch den Willen zu machen/ in dem er uns so freundlich zuspricht im Wort und in unserm Hertzen..." [115]

Die Breite und Ausführlichkeit der Arndtschen Darstellung der Brautmystik lassen sich nicht voll und ganz auf den Einfluss Taulers, Thomas à Kempis und Angelas zurückführen. Arndt hat die Brautmystik selbständig entwickelt. Sie stellt eine persönliche Beziehung zum Heiland dar, die seiner Frömmigkeit gut entspricht, wie auch das Paradiesgärtlein und die Postille bezeugen. Sie drückt die Erfahrung der Gemeinschaft mit Christus aus. Und eben in dieser Sprache der Brautmystik können wir sehen, wie die reformatorische Frömmigkeit sich mit Worten wie Glaube und Wort bezeugt. Indessen ist aber daran zu erinnern, dass die Brautmystik im WChr nur ein Nebenthema ist. Die Behauptung Ritschls [116], dass das Streben nach einer geistlichen Ehe nach dem Hohen Liede bei Arndt die Hauptaufgabe des lebendigen Glaubens sei, geht an Arndts Hauptanliegen vorbei, der Erneuerung des Lebens durch den wirksamen, erlebten Glauben.

In der Lehre der Gottesvereinigung finden wir bei Arndt dieselbe Akzentverschiebung in Richtung auf die Christologie wie bei dem Trost der Angefochtenen, der Ruhe der Seele und dem Glauben.

*

Damit sind wir zum Ende des Exkurses gekommen. Sein Ausgangspunkt war unsere Untersuchung der Versöhnungslehre bei Tauler, Angela und Staupitz ebensowie bei Arndt. In dem Exkurs bemühten wir uns aufzuzeigen, welchen Raum Christus in dem Bewusstsein der Verfasser einnimmt. Bedeutet das gemeinsame Bekennen der Erlösungstat, dass wir bei Arndt und den Mystikern von einer identischen Spiritualität reden können? Es wurde uns klar, dass Arndt und Tauler sich hier deutlich voneinander unterscheiden: Tauler ist theozentrisch, auf die Einheit Gottes ausgerichtet, Arndt dagegen christozentrisch. Unter den Mystikern steht Staupitz in dieser Hinsicht Arndt am nächsten. Bei ihm wird der Einfluss der Reformation, die Arndt so tief geprägt hat, bereits spürbar.

---

114 WChr 1:14:9, S. 135; 1:41:9, S. 453 ff; 3:3:3, S. 27; 3:7:2, S. 54; 3:Gebete:2, S. 180.
115 WChr 1:34:16, S. 353 f.
116 Koepp 1912 a.a.O. S. 172.

C. Das Leiden Jesu

Es besteht kein Zweifel daran, dass die mittelalterliche Passionsfrömmigkeit, die die Mystiker an Arndt überliefert haben, ihn tief beeindruckt hat. Gesetz und Passionsbetrachtung wirken bei Arndt zusammen in der Bussverkündigung, als "der aller schrecklichste Spiegel des Zorns Gottes" - zugleich aber ist das Leiden Christi eine Gnadenpredigt. [117]

Wo Arndt Texte Angelas übernimmt, zeigt es sich indessen, dass seiner Passionsfrömmigkeit ein neuer Akzent zukommt. Er zielt nicht wie Angela so stark auf das Erwecken von Mitleid als auf die ethische Erneuerung: "...betrachtung seines Lebens und seines Todes/ in welchem wir als in einem Buch des Heiligen Lebens wir so lang Studieren und Meditirn müssen biss in unserm Hertzen Tage zu Tage diese Würzel wachsen, unnd in demselben als in einem guten bereiteten Grunde und Acker alle Tugende." [118] Die Laster sollen durch Passionsbetrachtung getötet und das Gebet erweckt werden. [119]

Das Leiden Christi ist auch ein Sühneleiden. Arndt hat einen Angelatext darüber verarbeitet, in welchem Passionsmeditation und Versöhnungsglauben eng miteinander verbunden sind. [120] Wo Angelas Aufmerksamkeit bei den äusseren Sünden stehen bleibt, sieht Arndt aber auch, dass Christus für "die heimliche verborgene Sünde unsers Hertzens" gelitten hat. Diese Tatsache bestätigt unsere frühere Behauptung, dass bei Arndt eine vertiefte Sündenerkenntnis vorliegt.

Zur Passionsfrömmigkeit gehört schon seit Bernhard die Meditation über die Wunden Jesu. [121] Hier zeigt sich bei Arndt die Kontinuität mit der mittelalterlichen Mystik bei Tauler, Thomas à Kempis und Angela von Foligno.

Schon im Ersten Buch schreibt Arndt: "wenn aber ein Mensch ...sihet im Glauben an den gecreutzigten Jesum/ unnd seine blutige Wunden... Jetzo ist alles vergeben" [122]. Hier verkündigen die Wunden Jesu die Gnade Gottes, nicht seinen Zorn.

Christi heilige Wunden sind uns zur Wundarznei geworden; Christus hat durch sein Leiden all unser Leiden geheilt und "in die beste

---

117 WChr 1:8:7, S. 72 f.
118 WChr 2:21:11, S. 251. Vis. Kap. 63, S. 310, Lz 318.
119 WChr 2:12:4, S. 157; 2:20:15, S. 241.
120 WChr 2:19:2, S. 226. Instr. 58, S. 283, Lz 281.
121 Rayez: Humanité du Christ, Sp. 1071 f. Dictionnaire de Spiritualité Bd 7:1.
122 WChr 1:8:16, S. 80.

köstlichste Artzney verwandelt" [123]. Arndt tröstet den Leidenden mit der Leidensgemeinschaft mit Christus.

Wo Arndt Tauler-Texte über das Leiden Christi verarbeitete wird deutlich, wie Arndts Passionsmystik die Liebe Gottes in dem Leiden Christi hervorgehoben hat. [124] In einem Gebet spricht er zu Christus: "...deine Wundenmahl/ das sind unsere Heilbrunnen/ unsere Friedebrunnen/ unsere Liebebrunnen..."[125]. Und: "Darumb ruffe meine Seele unnd sprich zu jhr/ kōm meine Taube/ meine Taube in den Steinritzen/ unnd Felsslöchern/ das sind deine Wunden HERR Jesu/ O du Felss des Heyls/ in welchen meine Seele ruhet." [126] Das bernhardinische Gepräge des Gebetes ist unverkennbar. [127]

Wie verhält sich Arndts Wundenmystik zu der der mittelalterlichen Mystiker? Die Wundenmystik Angelas hat ein Mitleidensgepräge [128], das bei Arndt kaum zu finden ist. Die Wundenbetrachtung dient bei ihm vielmehr der Erneuerung des Lebens und dem Glauben. Die ausführliche Darstellung der Wundenfrömmigkeit im Dritten Buch deutet darauf hin, dass Arndt in dieser Hinsicht vor allem von Tauler gelernt hat, dasselbe zeigen die Arndtschen Verarbeitungen von Taulerschen Wundentexten.

Die Wundenbetrachtung gehört zu den geistlichen Übungen, die Tauler vor allem empfiehlt. [129] Sie führt zur Vereinigung mit Gott und ist eng mit der Nachfolge Christi verbunden. [130] Wir haben bisher gesehen, wie die Frömmigkeit Taulers sich auf das Unpersönliche bei Gott richtet, auf die verborgene Einheit seines Wesens. Die Wundenfrömmigkeit könnte diesem Befund widersprechen, denn die Anbetung der Wunden Christi vereinigt den Christen mit dem Allermenschlichsten an Christus. Die Anbetung der Wunden ist indessen bei Tauler nur ein Mittel, um die Vereinigung mit dem Einen zu erlangen, laut der augustinischen Regel: durch Christus als Mensch zu Gott. [131] Die Wundenfrömmigkeit Taulers hebt das theozentrische Gepräge seiner Spiritualität nicht auf, indem sie vor

123 WChr 2:1:1, S. 2; 2:46:13, S. 548, vgl. 3:9:7, S. 73.
124 WChr 3:13:3, S. 96. - BT 39 va, vb, H 122; Weber a.a.O. S. 88; vgl. WChr 3:19:4, S. 129; BT 119 va, H 514 f. Fast völlig unverarbeitet 3:23:4, S. 159 f; BT 143 rb, H 422 f; Weber a.a.O. S. 97.
125 WChr 3:Gebete:1, S. 177. Vgl. NChr 2:1, S. 88f.
126 Ibid.
127 Vgl. Cantica 45:4.
128 Vis. 10, S. 27 f, Lz 27 f; Vis. 14, S. 32 f, Lz 31.
129 BT 83 va, H 291 f; BT 119 ra, H 513; BT 161 vb, H 612.
130 BT 109 vb, H 471 f; BT 143 rb, H 422.
131 Przywara a.a.O.S. 325; BT 51 ra, H 158; BT 78 ra, rb, H 269; BT 78 va, vb, H 271 f.

allem ein Weg zu dem Ziel, dem Versinken in der überwesentlichen Gottheit, ist. Durch das Einleben, das Sich-Versenken in die Wunden Christi wird der Christ mit allen seinen Seelenkräften zu Gleichheit mit Christus verwandelt und zur Gottesvereinigung geführt. [132]

Mit Arndt gemeinsam hat Tauler die Wundenfrömmigkeit als Ausdruck des Versöhnungsglaubens und die Gemeinschaft mit dem leidenden Christus als Trost der Leidenden. [133] Es ist überhaupt deutlich, wieviel Arndt mit Taulers Wundenfrömmigkeit gemeinsam hat, obwohl wir eine Akzentverschiebung beobachtet haben, die die Wunden Christi als Offenbarung von Gottes Liebe und Gnade stärker hervorhebt. Die Mitleidensfrömmigkeit der Mystiker, besonders wie sie bei Angela begegnet, lag ihm weniger am Herzen als die Passionsmeditation als Mittel der ethischen Erneuerung, wie er sie mit Tauler gemeinsam hat. [134]

D. "Der himlische Medicus"

Mit Vorliebe spricht Arndt von Christus als Arzt, ein Thema, das in der jungen Kirche, bei Augustin und bei den Mystikern beliebt war. [135] Es ist also hierin nicht nur sein anderwärts oft bezeugtes [136] medizinisches Interesse zu sehen. Unter den Mystikern ist das Thema eher bei Angela als bei Tauler, ThD, Thomas à Kempis und Johann Staupitz zu finden. [137] Die Vorstellung, dass wir uns behandeln lassen sollen wie ein Patient von seinem Arzt behandelt wird, wurde früh von den Arndt-Kritikern angegriffen und als Synergismus dargestellt. [138]

Auf dem Grund des biblischen Zeugnisses [139] beschreibt Arndt Christus als den getreuen heilsamen Arzt, er ist "der Himlische Medicus", sagt er mit Angelas Worten. [140] Wie ein Kranker die Vorschriften des Arztes befolgen muss, so muss sich auch der Christ die Worte des himmlischen Arztes zu Herzen nehmen: "Sihe liebes

132 BT 163 ra, H 615 f.
133 BT 163 vb, H 620; BT 88 va, H 311.
134 WChr 3:23:4, S. 159 f. BT 143 rb, H 422.
135 Ign. ad. Ef. VII, 2. Augustin: Przywara a.a.O. S. 336. Martin Schmidt: Augustin, TRE Bd 4, S. 681.
136 WChr 4:1:3:14, S. 41 f; 4:1:3:15, S. 42 f; 4:1:3:32, S. 55; 4:2:7:6, S. 229.
137 BT 15 va, H - ; BT 99 rb, H 373.
138 Koepp 1912 a.a.O. S. 59.
139 Matt. 9,12 - WChr 1:8:1, S. 69; 1:42:2, S. 480. Ps. 147, 3 - WChr 2:35:5, S. 404. 1 Sam. 2,6 - WChr 2:52:13, S. 637 f.
140 WChr 2:1:2, S. 2 f; 2:35:6, S. 404 - Instr. Kap. 61, S. 272, Lz 279.

Kind/ du must Busse thun/ und von Sünden ablassen/ von deiner Hoffart/ Geitz/ Fleisches Lust/ Zorn/ Rachgier uñ dergleichē/ oder du wirst sterben/ und die köstliche Artzney meines Blutes und verdienstes kan dir nicht helffen..." [141]. Hier redet Arndt schon im Ersten Buch mit Worten, die denen Angelas sehr nahe stehen.

Dieser Gedankenkreis setzt voraus, dass die Sünde als eine Krankheit oder Vergiftung zu beurteilen ist, wie es Arndt mit Angela bezeugt: 'WEil unsere Kranckheit uberaus gross/ tödtlich/ verdamlich/ und allen Creaturē zu heilen unmüglich..." [142]. Die Krankheit der Sünde ist also nicht ohne Verantwortung und Schuld, vielmehr ist sie "verdamlich". Die Krankheit der Sünde wird indessen von Angela und Arndt verschieden aufgefasst; Angela denkt an äussere Sünden, wie Haarflechten, Arndt dagegen an die Grundsünde: "... ich bin Elend und Arm: Arm von Gerechtigkeit..." [143]

Die angeborene Sünde ist für Arndt ein greuliches Gift, der Mensch ist in den innersten Kräften der Seele abgrundtief vergiftet durch Satan. [144] Diese Vorstellung verbindet Arndt mit Tauler, der hier von Thomas von Aquin beeinflusst ist. [145]

Gegen die Krankheit und Vergiftung durch die Sünde gibt Christus der Arzt seine Arznei, ja, er ist selber die Arznei. [146] Sein Blut, sein lebendigmachendes Fleisch, seine Wunden, sein Wort, auch sein Exempel sind Sündenarznei. [147] So tritt auch hier die Grundstruktur der Arndtschen Gedankenwelt an den Tag. Das wahre Christentum, das wahrer Glaube und reine Liebe ist, entspricht seiner Christologie: Christus als Heiland und Exempel, so wie in diesem Zusammenhang Christi Blut und sein Exempel als Arznei der Seele dargestellt werden.

Wer ist nun fähig, die Arznei des himmlischen Arztes entgegenzunehmen? Nur wer von der Sünde ablässt, ganz wie der Patient das lassen muss, was ihm schädlich ist; es muss ein gläubiges, reuiges, bussfertiges Herz sein, der Mensch muss sein Leben ganz nach Gottes Wort richten. [148] Mit Worten, die Angelas sehr nahe stehen, wird beschrieben, wie der Christ sich zu Christus wie ein Kranker

---

141 WChr 1:34:9, S. 348 – vgl. Angela Vis. Kap. 35, S. 135, Lz 137.
142 WChr 2:1:1, S. 1, vgl. 2:1:2, S. 2 f.
143 WChr 2:35:6, S. 404 - Angela Vis. Kap. 35, S. 136, Lz 138.
144 WChr 2:Vorrede:2; 2:3:3, S. 34; 2:48:10, S. 575; 3:18:6, S. 125; 3:20:2, S. 136.
145 WChr 3:21:4, S. 144 - BT 50 vb, H 157 (Weber a.a.O. S. 94 f).
146 WChr 2:1:6, 7, S. 5 ff. Vgl. Angela Vis. Kap. 35, S. 138, Lz 140.
147 WChr 1:8:3, S. 70; 2:1:1, S. 2; 2:45:1, S. 530.
148 WChr 1:8:4, S. 71; 1:8:11, S. 76; 1:8:15, S. 79; 2:5:6, S. 65; 2:35:5, S. 404.

zum Arzt verhalten soll. [149] Die Seelenarznei wird bei Angela "per devotionem" erlangt [150], bei Arndt dagegen durch Busse und Glauben [151]; die Devotionen Angelas sind aber vor allem von der Passions-und Mitleidensfrömmigkeit geprägt. [152] So zeigt es sich, dass obwohl Arndt wie Angela Christus als Arzt dargestellt hat, seine Beziehung zum Heiland im Grunde andersartig ist, nicht von Mitleiden, sondern von Busse und Glauben gekennzeichnet.

Die Tatsache, dass wir eine Darstellung von Christus als Arzt, die Angelas nahesteht, schon im Ersten Buch gefunden haben, deutet darauf hin, dass der Einfluss Angelas nicht auf das Zweite Buch des WChr zu begrenzen ist. Die Behauptung Webers, dass "der gesamte Umfang der literarischen Abhängigkeit Arndts von der Theologie des Kreuzes" [153] seit Tersteegen bekannt sei, muss also überprüft werden.

Arndt hat Angelas Gedankenwelt nicht unselbständig übernommen. Wir haben gesehen, wie sich sein tieferes Sündenbewusstsein auch hier bestätigt; sein Hervorheben von Gottes Wort und von Busse und Glauben als Voraussetzung für die Kur des himmlischen Arztes bezeugt sein Geprägtsein von der reformatorischen Frömmigkeit.

149 Vgl. Fussnote 141.
150 Vis. Kap. 35, S. 137, Lz 139, KA S. 117.
151 WChr 1:8:4f, S. 71 f; 2:Vorrede:2.
152 Vis. Kap. 35, S. 143, Lz 145.
153 Weber a.a.O. S. 67.

Jesus Christus als Vorbild

Was bisher von Christus als Heiland gesagt wurde, bildet die Voraussetzung für Arndts Lehre von Christus als Vorbild, und umgekehrt ist seine Darstellung von Christus als Erlöser nicht ohne Christus als Vorbild zu denken, wie ohne Liebe und Nachfolge Christi für Arndt der wahre Glaube nicht zu denken ist. Seine Lehre von Christus als Vorbild gibt seinem ethischen Anliegen einen prägnanten Ausdruck.

Schon die Inkarnation hat zum Ziel, ein Exempel eines heiligen Lebens zu geben, und Christi Leben war eitel Liebe, Sanftmut und Geduld; sein Exempel gehört zu seinem Lehramt, das er nicht nur mit Worten ausgeübt hat. [1] Das biblische Fundament ist Joh. 14,6: "Ich bin der Weg und die Wahrheit und das Leben." Christus ist Weg, Wahrheit und Leben "beyde in seinem Verdienst/ unnd mit seinem Exempel", und die Liebe zu Christus richtet sich auf beides. [2] Christus als Exempel ist mehr als das Vorbild der Heiligen, er ist ein lebendiges, wirksames Vorbild, das durch den Glauben in uns lebt. [3] Die Ethik Arndts ist also eng mit der Lehre von der Einwohnung Christi verbunden.

Im Zweiten Buch beschreibt Arndt, teilweise mit Angelas Worten, wie Christus zu uns gekommen ist, um uns durch sein Exempel zu lehren, wie das höchste Gut zu erlangen ist. [4] Christus ist ein lebendiges Exempel für die Liebe des Vaters, ein Vorbild des vollkommenen Gehorsams, und dadurch ist er auch für den Christen eine Hilfe bei dem Versuch, sein Herz zu erforschen. [5]

Nicht nur Angela, sondern auch Tauler hat Arndts Lehre von Christus als Vorbild beeinflusst; in seine Verarbeitung des Taulertextes fügt er aber einige Worte ein, die bei Tauler fehlen: "Er hat uns aber beruffen an seinen Lieben Sohn zu gleuben..."[6]. Arndt stellt den Glauben an Christus an die erste Stelle, dann kommt die Nachfolge in Sanftmut und Geduld. Arndt ist gewiss nicht Plagiator, noch ist das Dritte Buch ein "Kompendium Taulers". Vielmehr zeigt sich in

---

1 WChr 1:11:2, S. 91; 1:11:15, S. 102; 1:11:1, S. 90.
2 WChr 1:14:7, S. 133; 1:24:16, S. 251.
3 WChr 1:31:12,S. 328.
4 WChr 2:13:1, S. 162 - Angela Instr. Kap. 58, S. 227, Lz 233 f;
   WChr 2:25:5, S. 279.
5 WChr 2:26:2, S. 285; 2:33:11, S. 348; 2:4:6, S. 54 f.
6 WChr 3:8:2, S. 59; BT 117 va, H 508; Weber a.a.O. S. 83.

dieser Verarbeitung, wie Arndt immer Tauler gelesen hat: er hat den rechtfertigenden Glauben als Taulers unausgesprochene Voraussetzung gesehen.

Christus als Exempel ist bei Tauler ein Busspiegel, ein Vorbild der Nachfolge und der Liebe, in seinem Leiden und Kreuz. [7] Er sagt: "Unnd setz für dich zů einem exempel das edel bild unsers lieben herren Jesu Christi/ und sihe jn begyrlich an/ wie er in diser zeyt gewädelt hat/ so gar in peinlichē leidē..."[8]. Das Passionsgepräge ist bei Tauler, wie zu seiner Zeit üblich war, auffallend.

Die Zweigliedrigkeit der Christologie, die wir bei Arndt gefunden haben, kommt bei Angela deutlicher zum Ausdruck als bei Tauler, ThD, Thomas à Kempis und Staupitz. Sie beschreibt, wie Christus gelitten hat, "allein in der Absicht, um uns zu erlösen, und ein Beispiel, aus Liebe zu ihm Hartes zu leiden, vor Augen zu stellen"[9]. Christi Leben ist ein Beispiel der Geduld in Trübsal, sein Weg, der ein Vorbild des Schmerzes ist, ist der einzige Weg zum ewigen Leben. [10] Christus ist für Angela immer "der leidende Gottmensch"[11], und daher wird das Bild Christi bei ihr stets von der Passionsfrömmigkeit geprägt.

Aber Christus ist auch ein Exempel der Liebe und Demut, sein Gebet erweckt des Christen Gebet. [12]

Das Passionsgepräge, das wir in Angelas Darstellung von Christus als Vorbild finden, wird indessen von Arndt weithin getilgt. [13] Die mittelalterliche Mitleidensfrömmigkeit, die Christus als Vorbild vorwiegend als den Leidenden darstellt, diente kaum Arndts Anliegen, der Erneuerung des christlichen Lebens. Für das, worauf Arndt zielt, ziemt es sich eher, Christus als Vorbild in seiner Liebe, Demut, Sanftmut, Geduld und im Gebet zu beschreiben. Es ist in der Lehre Arndts eine Akzentverschiebung in dieser Richtung zu beobachten, in der sich sein Anliegen wieder bestätigt.

A. Das Leben Christi

Es gibt in der Frömmigkeit, die Arndt mit den Mystikern vereint, ein intensives Interesse für die menschliche Natur Christi, für sein

7 BT 34 va, H 99; 116 vb, H 504; 109 rb, H 469.
8 BT 112 vb, H 482.
9 Angela, Instr. Kap. 61, S. 279, Lz 286, KA S. 239; vgl. Kap. 64, S. 331, Lz 340.
10 Angela, Instr. Kap. 61, S. 267 f, Lz 274; S. 273 f, Lz 281; S. 269, Lz 276.
11 Ibid. S. 282 f, Lz 289.
12 Ibid. S. 279, Lz 286; Instr. Kap. 63, S. 301, Lz 308.
13 Vgl. Angela Instr. Kap. 68, S. 363, Lz 374. WChr 2:25:8, S. 281.

Leben auf Erden als Mensch, denn Christus als Vorbild ist für sie der menschliche Christus. Wir haben dies Gepräge schon in der Passionsmystik gefunden.

Diese Leben-Jesu-Frömmigkeit ist den Mystikern ein Weg zum Ziel, der Gottesvereinigung. Sie muss bei den Mystikern als Weg oder Mittel verstanden werden nach dem augustinischen Wort: "Der Sohn Gottes, der immer im Vater Wahrheit und Leben ist, ward, indem er Menschen-Natur annahm, der Weg... Durch Ihn schreitest du, zu Ihm schreitest du." [14] Diese Spiritualität ist aus der Meditation über Joh. 14,6 hervorgewachsen. Sie klingt auch bei Luther durch. [15]

Diese Frömmigkeit begnügt sich aber nicht mit geistlichen Übungen, auch nicht mit dem Verstehen des Lebens Jesu als Lebensdeutung und Vorbild, vielmehr geht er sei den Mystikern um eine Inkarnation des Lebens Christi in dem Christen, wie es Erwin Iserloh gesagt hat: "Das Christusereignis will in uns Gestalt gewinnen, es drängt sozusagen zur Realisierung im Gläubigen." [16]

Durch Ihn... zu Ihm - diesen Gedanken drückt Arndt so aus: "An dieser Niedrigkeit und Demut unsers HERRN Jesu Christi/ steigen wir auff/ als an der rechten Himmels Leiter/ in das Hertz GOttes unser lieben Vaters/ und ruhen in seiner Liebe/ deñ an Christi Menschheit müssen wir anfahen/ uñ auffsteigen in seine Gottheit." [17] Wie das Christus-Ereignis im Leben des Christen Gestalt gewinnt, beschreibt Arndt folgenderweise: "Christi Geburt/ Creutz/ Todt/ Leyden/ Aufferstehung/ Himmelfahrt/ muss alles in dir sein/ oder es ist nichts mit deinem glauben." [18] Insoweit zeigt Arndt Kontinuität mit den Mystikern, tatsächlich auch mit Luther.

Wie wird nun das Leben Christi im WChr gezeichnet? Christus, die rechte Regula vitae, ist demütig, sanftmütig, gehorsam und geduldig, und wo Christi Leben nicht ist, da ist Christus auch nicht. [19] Sein Leben ist ein Exempel "eines göttlichen/ unschüldige̅/ vollkommenen heiligen Lebens", ein Spiegel der Gottseligkeit [20]. Nur durch das Absterben des eigenen Ich kann sich das Leben Christi in dem Christen verwirklichen, ein Thema, das Arndt mit Tauler

14 Serm. 141:1, 1 ff, zit. n. Przywara a.a.O. S. 301.
15 Rayez a.a.O. Sp. 1066; WA 40, 1, 78 f.
16 Iserloh a.a.O. S. 78, vgl. Inge a.a.O. S. 56, vgl. Stoltz a.a.O. S. 212 f.
17 WChr 2:Vorrede:5.
18 WChr 2:4:7, S. 59, vgl. 1:3:10, S. 30; 1:6:3, S. 56, vgl. Iserloh a.a.O. S. 81.
19 WChr 1:3:10, S. 30; 1:11:15, S. 101; 1:9:2, S. 82, vgl. 1:38:8, S. 409.
20 WChr 1:11:1, S. 91; 1:11:4, S. 92.

Collegij S.J. Monachij 1603 *Az -- Ml?*

B. ANGELA
DE FVLGINIO,

OSTENDENS NOBIS VERAM VIAM
QVA POSSVMVS SEQVI VESTI-
gia noſtri Redemptoris.

Ab ipſa ſanctiſßima Fœmina(Spiritu ſancto dictante) Liber hic
conſcriptus, & ad veram conſolationem animarum piarum,
omniumq; vtilitatem, nunc primùm in Germania editus.

Summus dolor

Summa paupertas.

Summus deſpectus

Faſciculus myrrhæ dilectus meus mihi inter ubera mea
Commorabitur, Cant. 1

COLONIAE AGRIPPINAE,
Apud Ioannem Gymnicum, ſub Monocerote,
M. D. C I.

Cum priuileg. S.Cæſ.Maieſt.

Das Titelblatt von Angelas Werk bringt das Mitleidensgepräge ihrer
Frömmigkeit deutlich zum Ausdruck

gemeinsam hat. [21] Mit Worten der ThD beschreibt er, wie das Leben Christi, das dem alten Menschen - ThD: selbheit - bitter ist, doch für den neuen Menschen eine liebliche Ruhe wird [22]. Dieses Leben wird als "heilige Armut/ eusserste Verachtung/ und höchste Schmertzen" beschrieben (ibid.), eine Darstellung, in der die mittelalterliche Passionsfrömmigkeit deutlich zu spüren ist.

Christi Leben ist dem Leben dieser Welt ungleich, es ist Liebe, Sanftmut, Geduld und Demut[23], Tugenden, die Arndt wenig in seiner Zeit gefunden hat. Auf eben diese und ähnliche Tugenden zielt sein ethisches Anliegen. Hier ist der Schwerpunkt in seiner Darstellung des Lebens Jesu zu sehen, die also von dem Hauptanliegen, der Erneuerung des christlichen Lebens her, zu verstehen ist.

Die Versöhnungstat Christi, durch die er sein Erbarmen gezeigt hat, soll bei den Christen ein neues Erbarmen wirken, denn sein Leben ist in dem Christen [24]. Das Leben Christi ist also mehr als Vorbild zur Nachfolge, es ist eine wirkende Kraft, die den Gläubigen von innen her verwandeln will und soll.

Im Zweiten Buch tritt aber die Passionsfrömmigkeit unter Angelas Einfluss deutlicher hervor; Christi Leben wird hier als "Armut/ Schmach/ Verachtung/ Traurigkeit/ Creutz/ Leyden/ Todt" [25] beschrieben. Diese Spiritualität will durch "beständiges, eifriges, andächtiges und feuriges Gebet und Lesen" [26] in dem Buch, das Christi Leben ist, den Christen zur Erfahrung von Gott und seiner Liebe und zur Verwandlung in diese führen. Gedächtnis, Vernunft, Affekte werden in Bewegung gesetzt durch das Einleben in das Leiden Christi. Bei Arndt ist die Akzentverschiebung in Richtung auf die Ethik auch hier zu spüren, denn für ihn ist das schmerzhafte Leben Jesu erst "unsers Fleisches Creutzigung" (ibid.), wenn es durch Gebet, Liebe und Demut angeeignet worden ist. Von Angela hat er gelernt,die Meditation über Christi Armut, Verachtung, Schmerz und Pein zu der Kreuzigung des Fleisches zu führen: "Ach unserer grossen Thorheit/ die wir nach Ehren unnd Herrligkeit trachten/ nichts leiden wollen/ niemand unterthan noch gehorsam seyn wollen/ eitel Freyheit suchen/ und nach unserm eigen willen

21 WChr 1:11:11, S. 98; BT 52 ra, H 171 f; vgl. Preger a.a.O. S. 204, 209. Über nahestehende Themata bei Luther: Söderblom: Till mystikens belysning, S. 212.

22 WChr 1:11:12, S. 98 ff - ThD Kap. 16, S. 38 (Weber a.a.O. S. 60).

23 WChr 1:14:9, S. 135; 1:17:12, S. 167; 1:24:16, S. 251; 2:4:7, S. 57; 2:11:3, S. 152.

24 WChr 1:35:1, S. 355.

25 WChr 2:Vorrede:4.

26 Angela Instr. Kap. 65, S. 332, Lz 341, KA S. 283. Vgl. BT 119 va, H 515.

leben wollē/ da doch unser HERR Christus nicht also gelebet hat...”[27]. Arndts Verarbeitungen von Angelas Texten zeigen aber auch, dass er in dem Leben Christi mehr gesehen hat als sie, nicht nur Schmerz und Verachtung, sondern auch Liebe, Weisheit und Wahrheit; Christus, der für Angela in erster Linie der leidende Gottmensch ist, wird von Arndt als vollkommener Spiegel aller Tugenden dargestellt, und zwar eben dort, wo er im Übrigen mit Angelas Worten redet. [28] Aber Christi Armut, Elend und Verschmähung ist für Arndt auch, wie für die Mystiker, der Weg zur Seligkeit.[29]

Die beachtenswerte Bedeutung, die dem Leben Jesu in der Arndtschen Frömmigkeit zukommt, hat er in der Vorrede zum Ersten Buch mit folgenden Worten angegeben: ”Omnia nos Christi vita docere potest.” [30] Derselbe Gedanke wird von Tauler so ausgedrückt: ”Wañ ob das wer das all meyster todt weren/ unnd alle bücher verbrennet/ so fünden wir doch an seim heiligen leben/ leer/ und lebens genüg...”[31]. Die Worte Taulers richten eine polemische Spitze gegen die Schultheologie, die ”meyster” und ihre Bücher, wie wir sie bei Arndt schon früher gefunden haben. Die Leben-Jesu-Frömmigkeit ist bei Arndt wie bei den Mystikern eine praktisch ausgeübte, schlichte Spiritualität, die bewusst bestrebt ist, die Gefahren der theoretischen Theologie, die ”blosse Wissenshafft und Wortkunst” durch ”lebendige Erfahrung uñ Ubung” [32] des Lebens Jesu zu überwinden, wie es von ”unserm einigen Doctore JEsu Christo” (ibid.) zu lernen ist.

Wir werden uns jetzt den Mystikern zuwenden, um grössere Klarheit darüber zu gewinnen, wie die Akzentverschiebung, die wir in der Arndtschen Leben-Jesu-Frömmigkeit gespürt haben, zu beurteilen ist.

27 WChr 2:13:11, S. 169 — Angela Instr. Kap. 58, S. 239 f, Lz 247, vgl. 2:14:3, S. 172. — Instr. Kap. 60, S. 247 f, Lz 255 f; WChr 1:15:13, S. 148.
28 Angela Instr. 63, S. 300, Lz 308. WChr 2:21:1, S. 244. Vgl. 2:11:3, S. 153; 2:12:4, S. 156. - Die von Arndt am meisten gebrauchten Begriffe für das Leben Jesu sind: 1.Sanftmut, Demut, Liebe, Armut, Tugend (5-10 Mal). 2. Schmerz, Weltverachtung, Schmach, Traurigkeit, Kreuz (2-3 Mal). Koepps Behauptung, dass die fromme Sittlichkeit in erster Linie als Fleischestötung, Selbstverleugnung und Weltverschmähung zu beschreiben sei (a.a.O. 1912, S. 183) lässt sich daher schwer bestätigen.
29 WChr 3:23:16, S. 169 - BT 43 va, H 139 (Weber a.a.O. S. 98).
30 WChr 1:Vorrede:2.
31 BT 43 va, H 139.
32 WChr 1:Vorrede:2.

Die Passionsfrömmigkeit hat deutlich die ThD geprägt, "das creutz ist anders nit denn Christus leben", sein Leben ist ein bitter Leben und doch das allerliebste [33]. Sein Leben ist Demut und Armut, aber auch der neue Mensch, wahres Licht und wahre Liebe. Hier hat Arndt viel gelernt. [34] Christi Leben in dem Christen ist ein Zeichen für die Gegenwart Christi: "Wan wa Christus leben ist, da ist Christus, und da sein leben nyt ist, da ist Christus auch nit." [35] Auch hier hat Arndt geschöpft. Ebenso wirkte auf ihn der augustinische Gedanke "durch Ihn zu Ihm", die Grundstruktur der Leben-Jesu-Frömmigkeit, der von ThD in folgender Weise überliefert wird: "Und wer dis leben hett, der gieng und kem durch Christum. Wan er wer Christus nachvolger; so kem er auch mit Christo zu dem vater..." [36].

Es gibt hier einen grundsätzlichen Einklang zwischen Arndt und ThD. In seiner Betonung des Ethischen - Christi Leben als Tugendübung, Erneuerung des Lebens des Christen durch Christi Leben als Tugendübung, Erneuerung des Lebens des Christen durch Christi Versöhnung und Erbarmen [37] - gibt sich aber sein Anliegen wieder zu erkennen.

Die Leben-Jesu-Meditation gehört zu den von Tauler empfohlenen geistlichen Übungen, durch die der Christ verwandelt, von Liebe durchdrungen wird, indem er sich darin "verbildet" [38]. Die Meditation wird eine Tugendübung, in der unsere Laster sterben, wie Arndt gesagt hat: "In der Demut Christi stirbet unsere Hoffart" [39]. Wie die Passionsbetrachtung bei den Wunden Christi verweilt, so betrachtet die Leben-Jesu-Meditation die Tugenden Christi. [40]

Nun ist Christi Leben Elend, Armut, Verschmähung, ein stetes Leiden bis in den Tod, und doch ist es ein "süss heilig", "ein wundsam heilig" Leben [41]. Wie bei der Passionsmystik, so ist auch hier die Meditation ein Mittel, ein Weg, zum Ziel, zum "Durchbruch" der Natur. Zu diesem Weg gehört nicht nur Meditation, sondern auch Tugendübung. [42]

Die Kontinuität zwischen Arndt und der Mystik ist hier vor allem in der Leben-Jesu-Meditation als Tugendübung zu sehen. Tauler

33 ThD Kap. 52, S. 97; Kap. 16, S. 38; WChr 1:9:2, S. 82 f.
34 ThD Kap. 43, S. 87 - WChr 1:11:4, S. 92.
35 ThD Kap. 43, S. 87 - WChr 1:9:2, S. 82.
36 ThD Kap. 53, S. 98; vgl. Kap. 54, S. 99 f.
37 WChr 1:17:12, S. 167; 1:24:16, S. 251.
38 BT 118 vb, H 513; 161 vb, H 612; 88 ra, H 309.
39 WChr 1:15:13, S. 148.
40 BT 51 rb, H 159; 143 rb, H 422 f.
41 BT 28 ra f, H 73; 43 va, H 139; 137 ra, H 323 f; 21 ra,H 49.
42 BT 107 vb, H 401; 156 vb, H 501.

und Arndt sind hier von derselben Grundstruktur geprägt wie ThD: durch Ihn zu Ihm.

Dieselbe Struktur finden wir bei Thomas à Kempis. [43] Leben-Jesu-Meditation dient als Vorbereitung zur Nachfolge. [44] Das Bild des Lebens Jesu ist, wie bei Staupitz, von der Passionsfrömmigkeit geprägt: "Ist doch das gantze leben Christi creutz und marter gewesen."[45] Dies Gepräge zeichnet sich noch deutlicher bei Angela ab. Christi Leben war Verachtung, Schmach, Geringschätzung [46], weniger tritt Liebe, Demut und Milde hervor. [47] Dieses Leben Christi soll nun im Leben des Christen Gestalt gewinnen, es ist, wie Leclève sagt, die Aufgabe des Christen "connaître, aimer et reproduire la vie du Christ" [48], denn die ganze Heilige Schrift ist in dem Leben Christi als Vorbild zusammengefasst. [49]

Durch Ihn zu Ihm, diese Grundstruktur hat Arndt ebenso wie die Mystiker im Zusammenhang mit der Leben-Jesu-Frömmigkeit gesehen. Mit ThD erhielt sie bei Arndt eine besondere Konkretion. Christus ist nicht nur Vorbild, sein Leben muss in dir sein [50], und damit wird das Leben Christi ein Zeichen der Gegenwart Christi und des wahren Christentums.

Diese Frömmigkeit ist für die Mystiker vor allem ein Weg zum "Durchbruch", zur Erfahrung der Gottesvereinigung schon hier und desgleichen auch in der seligen Ewigkeit. Bei Arndt haben wir eine Akzentverschiebung gespürt, die ein Schwergewicht auf die Leben-Jesu-Frömmigkeit als Tugendübung legt. Daher wird das Leidensgepräge gemildert und die Tugenden des aktiven Lebens, Liebe, Demut, Sanftmut, werden stärker betont.

B. Christus Liber Vitae

Ein Ausdruck der Arndtschen Christologie von besonderem Interesse ist der vom Buch des Lebens. Das biblische Fundament des Gedankens ist in Luk. 10,20 und Off. 5,1 zu finden. [51] Dieses Bild

43 NChr 3:20, S. 187.
44 NChr 1:1, S. 3.
45 NChr 2:12, S. 126 f; Staupitz a.a.O. S. 58.
46 Angela Instr. Kap. 60, S. 247, Lz 255; S. 250, Lz 258; Kap. 61, S. 253, Lz 260; Kap. 64, S. 325 f, Lz 334; Kap. 65, S. 333, Lz 342; Kap. 66, S. 344, Lz 354. Leclève a.a.O. S. 219.
47 Instr. Kap. 65, S. 326, Lz 335.
48 Leclève: Sainte Angèle de Foligno S. 210.
49 Instr. 51, S. 184, Lz 189.
50 ThD Kap. 53, S. 98 -WChr 1:9:2, S.82.
51 WChr 1:32:4, S. 332 ; 2:13:1, S. 162.

hat in der christlichen Überlieferung einen weiten Weg zurückgelegt. Bei Augustin bezeichnet das Buch des Lebens die Prädestination und die göttliche Allwissenheit. [52] Bonaventura, der für uns durch seine Bedeutung für Angela von besonderem Interesse ist, nennt Christus liber vitae: "Dicitur Filius liber vitae; et scriptura istius libri est praedestinatio..." Und: "...sapientia scripta est in Christo Iesu tanquam in libro vitae, in quo omnes thesauros sapientiae et scientiae recondit Deus Pater."[53] In Christus als dem Buch des Lebens ist also die Vorausbestimmung und die Weisheit Gottes zu finden.

In der evangelischen Theologie wird Christus von Joh. Brenz und der Konkordienformel im Zusammenhang mit der Prädestinationslehre als Buch des Lebens dargestellt. [54]

Bei Angela von Foligno wird Christus als Vorbild mit dem Begriff "das Buch des Lebens" bezeichnet, und in eben diesem Sinn kommt er bei Arndt vor, nicht nur im Zweiten Buch, sondern auch im Ersten. Schon im "Zweiten Bedenken über die deutsche Theologie", d.h. in der Vorrede zu ThD 1605, sagt Arndt, dass sie "zu dem einigen Buch des Lebens unserm HErrn JEsu Christo führen möge/ dass rechte wahre Christliche leben und Gottseligkeit von ihme zulernen." In der ersten Vorrede 1597 fehlen diese Worte. Die Annahme liegt daher nahe, dass Arndt schon bei der Abfassung des Ersten Buches des WChr (Urausgabe 1605) mit Angelas Werk vertraut war. Hat nun Arndt die Schriften Angelas durch die Kölner Ausgabe von 1601 kennengelernt [55], dann ist zu vermuten, dass sich Arndt in den unruhigen Jahren 1601–1605 mit Angelas Werk beschäftigte, da er als Pastor an St. Martini in Braunschweig die Belagerungen des Herzogs und die Erhebung, die mit der berüchtigten Hinrichtung von Henning von Brabant endete, erlebte.

Der Ausdruck Buch des Lebens als Bezeichnung für Christus als Vorbild kommt nicht nur im Zweiten, sondern auch im Ersten Buch vor. Diese Tatsache veranlasst uns zu behaupten, dass sich der Einfluss Angelas nicht auf die seit Tersteegen bekannten Kapitel des Zweiten Buches beschränken lässt. [56]

Schon bei Bonaventura fanden wir einen Doppelsinn in dem Ausdruck Buch des Lebens: die Vorausbestimmung und die Weisheit Gottes. Wir können etwas Ähnliches bei Arndt spüren. Christus als Buch des Lebens bedeutet für ihn wie für die Konkordienformel die Prädestination in Christus, die Gnadenwahl, und es bedeutet eben-

---

52 De Civ. Dei lib. 20, cap. 14.

53 Zit. n. Rauch: Das Buch Gottes, S. 9 und 7.

54 Joh. Brenz: Opera, Bd VII, S. 675, vgl. S. 361 ; BEK S. 819, 1082 f, 1089. O. Ritschl a.a.O. S.111.

55 Weber a.a.O. S.66.

56 Koepp a.a.O. S. 49 f.

falls, wie für Angela, Christus als Vorbild.

Das Buch des Lebens in der Bedeutung Christus als Vorbild ist eng mit dem früher behandelten Thema, dem Leben Christi, verbunden. Arndt schreibt: "Also ist Ch(r)isti Leben die rechte Lehre/ und das rechte Buch des Lebens." [57] In diesem Sinn haben wir das Buch des Lebens bei Augustin, Bonaventura, Brenz oder in der Konkordienformel nicht gefunden. Wir sehen hier, wie Arndt Lehre und Leben verbindet: Christi Leben ist die rechte Lehre, die beiden lassen sich nicht voneinander scheiden. Dieses Buch des Lebens zu studieren, heisst Nachfolge Christi; wir müssen es unser lebelang studieren und wir bedürfen zur Seligkeit sonst keines Buches. [58] In diesem Buch ist Armut, Demut und die rechte Weisheit zu lernen. [59]

In dem augustinischen und reformatorischen Sinn des Begriffes beschreibt Arndt, wie die Halsstarrigen "tilgē jhre Nahmen aus/ aus dem Buch des Lebens/ das ist/ aus Christo" [60], wie "Der rechte Name der Christen so im Himmel geschrieben/ ist das wahre erkentnis Jesu Christi im Glauben/ durch welchen wir Christo eingepflantzet/ ja in Christum geschrieben sein/ als in das Buch des Lebens." [61] In ein und demselben Kapitel kann Arndt von Christus als Buch des Lebens in sowohl Angelas wie im reformatorischen Sinn reden. [62]

Im neunzehnten Kapitel des Zweiten Buches stossen wir auf das Buch des Lebens in Gestalt einer Textverarbeitung aus Angela. [63] Wir sehen da, dass Arndt das Buch des Lebens anders als Angela gelesen hat. In dem Gekreuzigten als Buch des Lebens lernt Angela in erster Linie Sündenerkenntnis und Reue, "animae cognitio peccatorum et cordis contritionem". Arndt dagegen sieht in demselben Buch die allerheiligste Weisheit Gottes in der Erfüllung des Gesetzes, d.h. die Erlösungstat. So bestätigt sich auch hier Arndts reformatorisches Bewusstsein, obwohl er auch wie Angela beschreiben kann, wie Sündenerkenntnis aus Passionsbetrachtung erwächst. [64] Aber wo Angela "infinitam voluntatem Dei et infinitam diligentiam" beschreibt, finden wir bei Arndt "den allergnedigsten willen Gottes/ und Väterliche Fürsorge"[65]. Das Unendliche bei Gott, das Angela erkannt hatte, ist für Arndt das Allergnädigste und Väterliche. So

57 WChr 1:11:1, S. 91.
58 WChr 1:17:13, S. 168 ; 1:39:7, S. 423.
59 WChr 2:13:Überschrift; 2:16:2, S. 185.
60 WChr 1:38:7, S. 409.
61 WChr 1:40:16, S. 445, vgl. 2:10:15, S. 150.
62 WChr 2:13:- , S. 162 ff.
63 WChr 2:19:1, S. 226 - Angela Instr. Kap. 61, S. 283, Lz 289, KA S. 241.
64 WChr 2:19:2, S. 227.
65 WChr 2:19:5, S. 228 - Instr. Kap. 61, S. 285, Lz 291, KA S. 243.

verschieden wird das Buch des Lebens von Angela und Arndt gelesen. Wir könnten uns hier an Söderbloms Unterscheidung zwischen Unendlichkeits-Mystik und Persönlichkeits-Mystik erinnern.

Zugleich steht Arndt Angela nahe. Wie sie hat er in dem Gekreuzigten als Buch des Lebens unsere Sünde und Gottes Gerechtigkeit gesehen. [66] Es lehrt des Vaters grosse Liebe und Barmherzigkeit, die höchste Weisheit Gottes, die höchste Geduld und Sanftmut. [67] Doch wo Angela "ereptio et redemptio de Inferno, paradisi acquisitio, et patris reconciliatio" beschreibt, da wird Arndt ausführlicher und redet nicht nur von der Erlösung aus der Hölle, der Öffnung des Paradieses und der höchsten Versöhnung mit Gott, sondern auch von der Überwindung des grimmigen Teufels, der vollkommenen Bezahlung der Sünden und der vollkommenen "Wiederbringung" der Gerechtigkeit. [68] Diese grössere Ausführlichkeit der Darstellung der Erlösungstat bezeugt wiederum, dass Arndt von der reformatorischen Theologie geprägt ist.

Wir haben schon früher die Grundstruktur der Arndtschen Christologie erkannt: Christus ist Erlöser und Vorbild. Diese Struktur hatte Arndt vornehmlich mit Angela gemeinsam, und sie bestätigt sich auch in der Darstellung von Christus als Buch des Lebens. Nachdem Angela im Buch des Lebens "patris reconciliatio" gesehen hat, fährt sie fort: "...similiter etiam fuit nostrum exemplum et eruditio ad virtutem", und Arndt schreibt: "Also siehet nun die Gleubige Seele/ das der Gecreutzigte Christus sey das rechte Buch dess Lebens und der ewigen unbetrieglichen Warheit Gottes: Darauss wir recht Gleuben/ und recht Christlich leben lehrnen..." [69]. Christus als Buch des Lebens enthält beides: Christus als Heiland und Gegenstand des Glaubens, und Christus als Vorbild der Nachfolge. Recht glauben und recht christlich leben, das ist Arndts Anliegen, und dazu will er seine Leser durch das Lesen im Buch des Lebens führen. In dieser Darstellung des Buches des Lebens ist er tief mit Angela verbunden.

Wir haben gesehen, wie Arndts Auffassung von Christus als Buch des Lebens einerseits auf die Gnadenwahl und die Erlösungstat, andererseits auf das Vorbild und die Nachfolge Christi ausgerichtet ist. Wie lassen sich nun Prädestination und Nachfolge in einem Begriff vereinigen? Tatsächlich vereinigen sie sich eben wie Christus Hei-

---

66 WChr 2:19:2, S. 227 - Instr. Kap. 61, S. 283, Lz 289; WChr 2:19:3, S. 227, Instr. Kap. 61, S. 284, Lz 290 f.
67 WChr 2:19:4, S. 227 f — Instr. Kap. 61, S. 285, Lz 292. WChr 2:19:6, S. 228 f; 2:19:7, S. 230 — Instr. Kap. 61, S. 286, Lz 293.
68 WChr 2:19:9, S. 230 — Instr. Kap. 61, S. 286, Lz 293, KA S. 245.
69 WChr 2:19:10, S. 231, vgl. 2:25:7, S. 280 — Instr. Kap. 68, S. 361, Lz 371 f.

land und Vorbild ist, wie auch wahres Christentum für Arndt rechte Lehre und rechtes christliches Leben ist. Die Prädestination, die mit dem Begriff Buch des Lebens ausgedrückt wird, ist eben eine Gnadenwahl, ebenso ein Ausdruck der Gnade wie die Erlösungstat. Die Doppelbedeutung des Buches des Lebens ist als ein Ausdruck für die Grundstruktur der Arndtschen Christologie zu sehen: Christus ist beides, Erlöser und Vorbild, wie Arndt selber schreibt: "Der Gekreutzigte Christus ist dz rechte Glaubens und Lebens Buch." [70]

Es besteht kein Zweifel, dass Arndts Gebrauch des Ausdrucks "Buch des Lebens " von Angela tiefgehend beeinflusst ist. Er fasst die Leben-Jesu-Meditation und die Nachfolge-Frömmigkeit zusammen. Vielleicht können wir in Arndts Rede von diesem allein notwendigen Buch eine leise Polemik gegen die Schultheologie finden, denn dieses Buch kann uns alles lehren: "Omnia nos Christi vita docere potest."[71]

Anderseits redet Arndt auch vom Buch des Lebens im Sinn der Konkordienformel, als Ausdruck der Heilsgewissheit, d.h. der Gnadenwahl, die in Christus erkannt wird. So erweist sich Arndts Kontinuität mit der Konkordienformel eben in seiner Verarbeitung eines Themas, das ihn mit der Mystik vereint.

Von Jesus Christus, dem Buch des Lebens als Vorbild der Nachfolge, spricht Arndt schon 1605. Damit wird es uns möglich, den Einfluss Angelas zu datieren. Diese Datierung bedeutet auch, dass Angelas Bedeutung für Arndt sich nicht auf das Zweite Buch begrenzen lässt.

C. Die Nachfolge Christi

Mit unserer Untersuchung, wie Arndt die Nachfolge Christi beschreibt, sind wir an das Ende unserer Darstellung von Christus als Vorbild gelangt. Darauf zielt, was über das Leben Christi gesagt wird: das Exempel Christi soll im Leben des Christen verwirklicht werden.

Das biblische Fundament Arndts ist hier vornehmlich Joh. 8,12: "Ich bin das Licht der Welt; wer mir nachfolget, der wird nicht wandeln in der Finsternis, sondern wird das Licht des Lebens

70 WChr 2:19:10, S. 231 (Rand).
71 WChr 1:17:13, S. 168.

haben." [72] Dieses Wort führt zu Arndts pastoraler Fragestellung: wie können gläubige Christen mit unangefochtenem Gewissen "in der Finsternis wandeln", in der Sünde leben? Schon in der Vorrede zu ThD 1597 wird dieses Wort angeführt und folgendermassen ausgelegt: "Diss Nachfolgen ist von Christi Leben zu verstehen/ und diss Licht des Lebens/ so die wahren Nachfolger Christi haben werden/ ist das Licht der Erkänntniss Gottes und der reinen Lehre..." [73]. Wir sehen hier, wie für Arndt rechte Lehre und christliches Leben miteinander verbunden sind, ja, wie die Nachfolge Christi der Weg zur Gotteserkenntnis ist.

Für die Mystiker ist Joh. 14,6 das Hauptwort der Nachfolge-Frömmigkeit: "Ich bin der Weg und die Wahrheit und das Leben; niemand kommt zum Vater denn durch mich." Ein Vergleich der Auslegungen dieses Wortes bei Arndt und Tauler zeigt das Profil der Arndtschen Spiritualität.

BT 116 vb, H 504	WChr 1:14:7, S. 133
Unnd darzů růfft er unss/ das wir seinen bilden nachuolgen/ wann er ist der weg/ durch den wir geen sollen/ und ist die warheit die uns richtē sol in den weg/ und ist das leben dz unser end sol sein/ uñ unser müglicheit/ nit allein mit gedancken sonder mit tugentlichē leben und gedultigem leyden.	Der Weg ist Christi heiliges und theures Verdienst: Die warheit ist Christi ewiges Wort: Das Leben ist die ewige Seligkeit. Wiltu nun im Himmel erhoben werden/ so gleube an Christum/ und demütige dich auff Erden/ nach seinem Exempel/ das ist der weg... Also ist Christus der weg/ die warheit/ unnd das Leben / beyde in seinem Verdienst unnd mit seinem Exempel.

Der Weg ist für Tauler Christus, "durch den wir geen sollen". Was für Tauler "durch Christus-gehen" heisst, wird bei Arndt Christi heiliges und teures Verdienst. Tauler sieht in Christus die Wahrheit, "die uns richtē sol in den weg", Arndt dagegen blickt auf Christus als Wahrheit als sein ewiges Wort. Christus als Leben ist für beide die Seligkeit, für Tauler zudem die Möglichkeit des tugendhaften Lebens und Leidens, d.h. der Nachfolge, wie Arndt sagt: "Wiltu nun

72 WChr 1:7:7, S. 67; 1:11:2, S. 91; 4:1:1:9, S. 7 ; 4:1:4:60, S. 132 f. Vgl. Joh. 12,35: 1:7:7, S. 67; 1:38:1, S. 403; 1:38:2, S. 404; 1:39:4, S. 418. 1 Joh. 2,6, Joh. 12,26:1: Vorrede: 2. Eph. 5, 1:1:14:8, S. 133. Alle diese Belegstellen bringen Arndts pastorales Anliegen zum Ausdruck. Nachfolge als Leiden: Matth. 10,38: 2:10:3, S. 138; 3:23: - , S. 158 ff.
73 WChr 1706, S. 1250.

im Himmel erhoben/ werden so gleube an Christum/ und demütige dich auff Erden." Wir sehen hier, wie nahe Arndt und Tauler einander stehen, und doch findet sich bei Arndt ein neuer Schwerpunkt: Christi Verdienst, das Wort Gottes, der Glaube, und wir sehen ebenfalls, wie Arndt die Grundstruktur seiner Christologie hervorhebt: "Also ist Christus der weg/ die warheit/ unnd das Leben/ beyde in seinem Verdienst unnd mit seinem Exempel."

Die Nachfolge Christi gehört zu den wichtigsten Gedankenkreisen Arndts. Allein das WChr enthält mehr als vierzig Belegstellen. Die Nachfolge Christi ist ferner auch ein Thema, das Arndt mit der frühen Kirche ebenso wie mit den mittelalterlichen Mystikern verbindet. [74] Mit Recht hat man unter so manches Bild von Arndt seine Worte geschrieben: "Jederman wolte gern Christi Diener sein/ aber Christi Nachfolger wil niemandt seyn." [75] In diesen Worten ist Arndts pastorale Fragestellung zusammengefasst.

Der Nachfolgegedanke hat nicht nur ein biblisches Fundament. Arndt ist sich dessen bewusst: "Und in summa, das ist das gantze Christenthumb / Christo unserm Herren nachfolgē. Summa religionis est imitari eum, quem colis, sagt Augustinus. Und Plato hats auss dem Liecht der Natur verstandē uñ gesagt: Perfectio hominis consistit in imitatione Dei."[76] In dieser Übereinstimmung der Zeugnisse Augustins und Platos ist für Arndt nichts Verdächtiges zu sehen, sondern nur ein Beispiel dafür, wie das Licht der Gnade und das Licht der Natur in dieselbe Richtung weisen. Dies hervorzuheben war ja auch ein Anliegen Arndts. Diese Übereinstimmung ist allerdings nicht als eine Identität zu verstehen; die Nachfolge des fleischgewordenen Sohnes Gottes unterscheidet sich von der Nachahmung des höchsten Guten.[77]

Die Darstellung der Nachfolge Christi bei Arndt lässt sich in drei Kreise strukturieren:

1. Die Nachfolge ist eine notwendige Folge des Glaubens. Wo keine Nachfolge ist, gibt es weder wahren Glauben noch reine Lehre. Dieser Kreis ist der vorherrschende, was auch gut mit Arndts pastoralem Anliegen übereinstimmt.

2. Die Nachfolge Christi ist der Weg zur Seligkeit.

3. Die Nachfolge Christi führt zur Gottesvereinigung.

Der erste Kreis tritt vornehmlich im Ersten Buch hervor. Arndt beschreibt Christus als "die Rechte Regula vitae", er beklagt, dass die Christen dem demütigen Christus nicht in ihrem Leben folgen

---

74 Vgl. R. Hofmann: Nachfolge Christi. LTK Bd 7, Sp. 759 ff.
75 WChr 1:Vorrede:2, vgl. 1:14:9, S. 134.
76 WChr 1:18:2, S. 171.
77 Vgl. R. Hofmann a.a.O. ibid.; Iserloh a.a.O. S. 81.

wollen. [78] Die Nachfolge ist eine notwendige Konsequenz des Glaubens: "Deñ wo der wahre Glaube ist/ da ist Christus und sein heiliges Leben. Und wo man Christo in seinem Leben nit nachfolget durch den Glauben/ da ist weder Glaube noch Christus."[79] Nachfolge heisst Glaube und heiliges Leben. [80] Wir erkennen also auch hier die Grundstruktur der Arndtschen Gedankenwelt: Nachfolge Christi ist Glaube *und* heiliges Leben, eben wie wahres Christentum reine Lehre *und* christliches Leben ist, denn Christus ist beides: Heiland *und* Vorbild. Nicht nur die Evangelien, sondern die ganze Schrift zeugt für Arndt von dem Christus, dem wir in heiligem Leben folgen sollen, ihm nicht gleich, aber gleichförmig.[81] Im Zweiten Buch wird der zweite Kreis deutlicher; die Nachfolge ist der Weg zur Seligkeit. Auch zeichnet sich das Passionsgepräge der Nachfolge stärker ab. Die Nachfolge ist ein Weg der Trübsal, so wie Christus durch Leiden in seines Vaters Reich einging. [82] Zur Nachfolge gehören Schmach und Verleumdung, die "böse Meuler" [83], die Arndt selber so schwer plagten. Und eben dieser Weg führt zur Seligkeit, ja, der ganzen Kirche ist als Leib Christi dieser Weg bestimmt. [84]

Der dritte Kreis, die Nachfolge Christi als Weg zur Gottesvereinigung, tritt im Dritten Buch hervor. Kreuz und Verachtung sind eine Bereitung "wieder in Gott einzukehren" [85]. Arndt schreibt: "Wer sein Hertz will recht bereiten das er mit Christo vereiniget bleibe/ der muss Christi Sinn und gemüte haben..."[86]. In einer Tauler-Verarbeitung ist zu sehen, wie Arndt auch im Dritten Buch die Nachfolge als Konsequenz des lebendigen Glaubens unterstreicht [87].

BT 107 vb, H 402	WChr 3:15:11, S. 111 f
Aber die menschen die ein recht uerlangē habē in diser weisen lieb/ die dürstet nach leidē uñ nach verkleinung ir selbs/ und nach der ler irs liebē herren Jesu Christi nach zū volgē...	Welche aber das rechte Göttlich Liecht empfinden/ dem dürstet immer nach Leiden unnd verkleinerung jhr selbst/ und nachzufolgen der Lehre unnd Exempel jhres HErrn Jesu Christi...

78 WChr 1:3:10, S. 30; 1:7:7, S. 67.
79 WChr 1:9:3, S. 84.
80 WChr 1:11:2, S. 91.
81 WChr 1:12:10, S. 110; vgl. Visiones Kap. 51, S. 184, Lz 189.
   WChr 1:17:10, S. 165; 1:17:12, S. 166 f; 1:17:13, S. 168.
82 WChr 2:10:3, S. 138; 2:15:5, S. 177; 2:18:9, S. 225.
83 WChr 2:17:2, S. 190.
84 WChr 2:43:3, S. 509; 2:52:16, S. 640; 2:53:8, S. 649; vgl. BT 43 rb, H 138; BT 45 va, H - .
85 WChr 3:8:2, S. 60 f.

Der Durst nach Leiden ist hier laut Tauler ein Zeichen des rechten Verlangens, nach Arndt dagegen des Empfindens des göttlichen Lichts, d.h. der Gotteserfahrung. Die Nachfolge auf dem Leidensweg Christi wird von den Christen erstrebt, die Gott erlebt haben. Wir sehen auch, dass Arndts christologische Struktur sich bestätigt, die "Lehre unnd Exempel jhres HErrn Jesu Christi".

Die Nachfolge Christi ist für Arndt wie für Tauler eng mit dem Gebet verbunden; das Gebet des Nachfolgers "durchdringet die Himmel" [88]. Arndt unterstreicht die Bedeutung der Liebe in der Nachfolge: "auss grosser Liebe", "auss Liebe alles thun"[89]. Diesen Akzent haben wir schon früher gespürt. Er ist in Zusammenhang mit Arndts ethischem Anliegen zu verstehen, das die Nachfolge nicht nur als einen passiven Leidenspfad sehen kann, sondern auch als einen aktiven Weg der Liebe.

Nachfolge Christi ist für Arndt wie schon für Tauler ein Sich-"verbilden" in den Gekreuzigten, und dadurch gelangt der Christ zur rechten Christus-Erkenntnis. [90] Christus recht sehen und erkennen durch das Sich-in-ihn-"verbilden" beschreibt gut Arndts Auffassung des theologischen Erkenntnisprinzips.

Für Arndt wie für Tauler war die Nachfolge des leidenden Herrn der Weg zum "Durchbruch": "...wollen wir den sichersten Weg gehen und durchbrechen/ so mag es nicht anders seyn/ wir müssen den wahren Bilde unsers HERREN Jesu Christi in etwas durch Leyden nachfolgen" [91]. Was bedeutet hier "durchbrechen"? Tauler beschreibt die Menschen, die "keinē durchbruch gethan" haben "durch dz hochwirdig lebē/ unsers liebē herre Jesu Christi" [92]. Wir erinnern uns hier der augustinischen Struktur des Taulerschen Denkens: "durch Christus als Mensch zu Christus als Gott", die wir bei Arndt im Vorwort zum Zweiten Buch bemerkt haben. Durch das Leben Christi durchbrechen kann daher als eine Beschreibung der Gotteserfahrung gedeutet werden. Der Christ ist Christus als Mensch in seinem Leben und Leiden nachgefolgt, und er ist nun zu Christus als Gott gelangt. Die Nachfolge wird ein Weg zur Gotteserfahrung, zur Vereinigung mit Gott. [93] Auch der zweite Kreis, die

86 WChr 3:14:1, S. 99 f. Vgl.BT 78 va, H 271 f.
87 Weber a.a.O. S. 89.
88 WChr 3:19:3, S. 128 - BT 109 rb, H 469. (Weber a.a.O. S. 93).
89 WChr 3:19:3, S. 128; 3:19:4, S. 129.
90 WChr 3:19:4, S. 129; 3:15:8, S. 109 f - BT 103 rb, H 392 f. Weber a.a.O. S. 89.
91 WChr 3:23:12, S. 165.
92 BT 107 va, vb, H 401.
93 Vgl. WChr 3:8:2, S. 59; 3:14:1, S. 99 f.

Nachfolge als Weg zur Seligkeit, ist im Dritten Buch vorhanden.[94]

Es wurden oben die drei Kreise der Arndtschen Darstellung der Nachfolge Christi untersucht. Es handelt sich hier um ein Thema, das ihn mit Tauler, Angela von Foligno, ThD, Thomas à Kempis und Staupitz verbindet. Auffallend ist, dass bei diesen der erste Kreis, die Nachfolge als notwendige Folge des Glaubens, kaum spürbar ist. Eben dieser Gedanke steht für Arndt im Vordergrund. Er redet allerdings von der Nachfolge im Sinn der Mystiker, als Weg zur Gotteserfahrung und als Weg zur Seligkeit, und eben diese Rede dient seinem Anliegen: der Erneuerung des christlichen Lebens. Denn der Christ, der in der Nachfolge "durchgebrochen" ist, der sehnt sich nach der Verwirklichung des Lebens Christi in seinem eigenen Leben, wie auch auf dem Weg zur Seligkeit das Leben Christi im Leben des Christen Gestalt gewinnen soll.

Koepp behauptet, dass Arndt die Sittlichkeit "vor allem nach der Seite der negativen Züge und der passiven Tugenden hin vereinseitigt und so erheblich verändert" [95] hat. In unserer Untersuchung der Arndtschen Darstellung des Lebens Jesu und der Nachfolge Christi ergibt sich eine neue Beleuchtung dieser Fragestellung, die deutlich macht, wie sehr Arndt die Liebe hervorhebt, sogar in seinen Verarbeitungen mystischer Texte, was für Koepp schwer zu sehen war, weil er wenig mit Arndts Quellen gearbeitet hat.

Für Koepp kam auch bei Arndt "eine ganze Ethik, die negativ-asketische und die Nachfolge-Ethik, prinzipiell vor das Gotteserlebnis als dessen Vorbereitung und nur im grossen Zusammenhang eines frommen Gesamtlebens auch hinterher als die Folge zu stehen." [96] Koepp bezieht sich hier auf das, was wir als den dritten Kreis der Nachfolge Christi dargestellt haben. Unsere Untersuchung hat die Koeppsche Behauptung nicht bestätigt, vielmehr wurde klargelegt, dass Arndts Hauptanliegen die Nachfolge als Folge des Glaubens war. Diese Folge kann aber nur der erlebte und erfahrene Glaube haben. Deshalb ist die Nachfolge Christi als Voraussetzung des Gotteserlebnisses, der Erfahrung der Einwohnung Christi, für ihn von Gewicht. Koepps Behauptung zufolge müsste man annehmen, dass sich Arndt von seinem reichlich bezeugten ethischen Anliegen abgewendet hat, da die Nachfolge in Koepps Darstellung kaum Quelle einer ethischen Erneuerung werden könnte. Hält man sich aber an die hier gewonnenen Ergebnisse, so sieht man, dass Arndts Übernahme mystischer Themata als Mittel zu dem vorzustossen, worauf sein Hauptanliegen zielt, nämlich die Erneuerung,

94 WChr 3:23:16, S. 169 - BT 43 va, H 139 (Weber a.a.O. S. 98) ;
    3:23:18, S. 171 - BT 45 ra, H - (Weber a.a.O. S.99).
95 Koepp a.a.O. 1912 S. 255.
96 Ibid.

verstanden werden kann.

Es gibt in der biblischen Botschaft eine seltsame Dialektik, die zum Verständnis unserer Fragestellung beitragen kann: schon jetzt und noch nicht. Das Volk Gottes hat sein Land erobert, jedoch bleibt noch mehr übrig; die Verheissungen Gottes sind jetzt erfüllt - und doch noch nicht. [97] Die Nachfolge Christi ist bei Arndt beides, Voraussetzung des Gotteserlebnisses und Folge davon. Augustin hat diese Dialektik so ausgedrückt: "Quaeramus inuentum." [98]

Koepp hat richtig gesehen, dass bei Arndt die Nachfolge als Leidensweg dargestellt wird, ein Leidensweg, der Tugenden wie Geduld und Demut erfordert. Ist denn hier nicht eine "negativ-asketische" Ethik vorhanden? Wir haben gesehen, wie sich Arndts ethisches Anliegen in seiner Betonung der Liebe bestätigt. Die Darstellung der Nachfolge als Kreuz und Leiden dient einer anderen Absicht: dem Trost der Angefochtenen. Sie antwortete nicht auf die Frage nach der ethischen Erneuerung, sondern auf die Frage nach dem Verständnis des Leidens. Sie bietet dem geplagten Christen eine Lebensdeutung, und deshalb hebt sie die "negativen Tugenden" hervor, die vonnöten sind um das Leiden tragen zu können. Wie wichtig der Trost der Angefochtenen für Arndt war, bezeugen die letzten Kapitel des Zweiten Buches.

Die Eigenart Arndts ist nicht da zu finden, wo Koepp sie gesucht hat, sondern sie liegt darin, dass die Nachfolge für ihn eine notwendige Folge des erlebten Glaubens war, und dass die Nachfolge eine Voraussetzung eben dieses Erlebnisses wird. Die Nachfolge erhält den Raum, der in der evangelischen Verkündigung gemeinhin den guten Werken zukommt. Die Nachfolge wird *das* gute Werk, ohne welches der Glaube nicht wahr ist, ja, nicht Dasein haben kann. Damit wird tatsächlich das gute Werk des Glaubens, die Nachfolge Christi, durch die mittelalterliche Imitatio-Frömmigkeit gefärbt, mit ihrer Betonung des Lebens Christi als Leidensweg, wo, wie immer im Leiden, die passiven, "leidenden" Tugenden den Vorrang erhalten, bei Arndt aber von der Liebe überboten werden, wodurch Arndts Darstellung etwas von Luthers Bild der Nachfolge, dem wirkenden Christus als Exempel nachzufolgen durch Liebe, gute Werke, Gebet und Geduld, erhält. [99]

✳

Unsere Untersuchung der Christologie Arndts ist nach deren eigener Struktur aufgebaut: Christus ist Heiland und Vorbild. Diese Struktur gehört zum Gemeingut des abendländischen christlichen Den-

---

97 Torsten Andersson: Gammaltestamentliga Texter, S. 43. G. von Rad: Die Theologie des Alten Testaments, Bd 2, S. 330 f.
98 Tract 63 in Ioann; zit.n. Lenfant a.a.O. Bd 1, CCcccij v.

kens. Augustin spricht von Christus als Sacramentum und Exemplum in seinem Leiden, für Angela ist Christus als Buch des Lebens redemptio, reconciliatio - und exemplum, bei Luther ist der Heiland donum et exemplum. [100] Wie für Luther Gottes Name durch reine Lehre und heiliges Leben geheiligt ist, so ist für Arndt wahres Christentum reiner Glaube und heiliges Leben. [101] Arndts Christologie entspricht in ihrer Struktur dem, was er als wahres Christentum versteht. Christus ist Heiland und Exempel [102], so wie Christus auch als Buch des Lebens die Gnadenwahl bezeichnet und das Vorbild der Nachfolge ist. [103]

An diese Zweigliedrigkeit der Christologie ist nun eine Frage zu stellen: Wo liegt der Schwerpunkt - auf Christus als Heiland oder auf Christus als Vorbild? Das Zeugnis von Tauler, Thomas à Kempis und ThD bestätigt Luthers Behauptung, dass der Schwerpunkt der mittelalterlichen Frömmigkeit oft auf Christus als Vorbild gelegt worden sei. [104] Bei Luther selbst dagegen war es entgegengesetzt: Christus ist immer erst als donum zu sehen, ehe ihm als exemplum nachzufolgen ist.

Die pastorale Fragestellung Arndts hat ihn dazu geführt, ein Gleichgewicht zu erlangen: Christus ist beides, Erlöser und Vorbild. Aber wie so oft bestätigt sich auch hier "die Rolle des Selbstverständlichen in der Geschichte"; da Arndt die evangelische Verkündigung von Christus als Heiland voraussetzen konnte, wurde es sein Anliegen, Christus als Vorbild hervorzuheben: "...so stellet uns Gott seinen lieben Sohn für unsere Augen/ nicht allein als einen Heiland/ sondern auch als einen Spiegel der Gottseligkeit mit seinem heiligen Leben..." [105]. Christus nicht allein als ein Heiland - haben wir uns damit nicht von dem reformatorischen Anliegen entfernt? Wird Arndt mit dem, was er als selbstverständliche Voraussetzung betrachtet hat, gesehen, dann ist sein wahres Christentum nicht mehr als eine Variante der reformatorischen Gläubigkeit, mit Akzentverschiebungen, die von neuen Fragestellungen her zu verstehen sind. Wird das Wahre Christentum nun für sich gesehen, dann werden die strengen Urteile Ritschls und Koepps verständlicher. Mögen auch diese Urteile nicht historisch unanfechtbar sein, da sie eben "die

99 WA 40, 1, 389.
100 Iserloh a.a.O. S. 81 f. Instr. Kap. 61, S. 286, Lz 283. WA 40, 2,42.
101 BEK S. 512. WChr 1:20:1, S. 191; 1:30:1, S. 307.
102 WChr 1:11:4, S. 92; 1:11:15, S. 102.
103 WChr 1:38:7, S. 409; 1:40:16, S. 445; 2:10:15, S. 150; 2:13:1, S. 162.
104 WA 40, 1, 389.
105 WChr 1:11:4, S. 92, vgl. 2:Beschluss:2.

Rolle des Selbstverständlichen in der Geschichte" nicht immer zu ihrem Recht kommen liessen, so können sie doch zu dem Verständnis der Wirkungsgeschichte des Arndtschen Werkes beitragen. Hatten sich, als Arndt in der Zeit des Pietismus und der Erweckung des 19. Jahrhunderts aufs neue gelesen wurde, die pastoralen Voraussetzungen geändert, dann ist anzunehmen, dass das Wahre Christentum eine andere Wirkung als die von Arndt beabsichtigte haben konnte, vielleicht in Richtung einer Ethisierung des christlichen Glaubens. Wirkungsgeschichtlich ist es verständlich, dass Ritschl und Koepp ihre Untersuchungen auf das Wahre Christentum begrenzt haben; Arndt selber werden sie dadurch aber nicht gerecht. Der Forschung bleibt die Aufgabe, Arndts Wahres Christentum im Zusammenhang mit dem zu sehen, was ihm selbstverständlich erschien. Er war selber davon überzeugt, dass er diese notwendigen Voraussetzungen in seinen anderen Schriften zum Ausdruck gebracht hätte: "Meine Postille, Psalter, Catechismus und Auslegung der Passion sind öffentliche Zeugnisse und Verantwortungen meiner Unschuld wider meine Lästerer."[106]

106 Brief an Frantz 29 März 1620; Fr. Arndt a.a.O. S. 162.

GEIST UND WORT

Die entscheidenden Vorstellungen in der Lehre vom Heiligen Geist hat Arndt mit den Mystikern gemeinsam, wie er auch das biblische Material Taulers grösstenteils aufgegriffen hat[1], jedoch zeigt sich eben in der Auslegung der gemeinsamen Bibelstellen Arndts Selbständigkeit.

Das Herrenwort von der Bestrafung der Welt durch den Heiligen Geist (Joh. 16,8), wird von Tauler vornehmlich im Hinblick auf die Unordnung des menschlichen Daseins ausgelegt, Arndt dagegen denkt an den "Ungehorsam wieder GOtt/ diese heimliche verborgene Sünde"[2]. Die heimliche verborgene Sünde ist bei Arndt die Sündenverderbnis, zu deren Erkenntnis er die Christen führen will. In Röm. 8,26 beschreibt der Apostel, wie der Heilige Geist uns in unserer Schwachheit durch sein unaussprechliches Seufzen hilft. Für Tauler ist das Seufzen der Angefochtenen ein Gebet, das der Geist vollbringen muss, für Arndt aber ist das Seufzen in der Not welches "du in deinem Hertzen empfindest" ein Zeichen der Gegenwart des Heiligen Geistes und somit ein Trost der Angefochtenen.

Paulus schreibt:"Nun aber spiegelt sich in uns allen des Herrn Klarheit mit aufgedecktem Angesicht, und wir werden verklärt in dasselbe Bild von einer Klarheit zu der anderen, als vom Herrn, der der Geist ist." (2 Kor. 3,18) Dieses Wort lenkt Taulers Gedanken auf die "Überformung". Unter "Überformung" versteht er die Überführung in eine andere Form als die eigene[3], in Gottes Form, d.h. die Gottesvereinigung. Arndt dagegen hat bei seiner Auslegung der Stelle die Erneuerung im Auge," aber es ist nur ein geringer anfang/ und ist Gantz unvolkommen"[4]. In diesen unterschiedlichen Auslegungen spiegelt sich tatsächlich die verschiedenartige Frömmigkeit Arndts und Taulers. Taulers Anliegen ist die Gottesvereinigung, die Erfahrung des Daseins Gottes im Menschen, ihr dienen die Tugendübungen; Arndt aber zielt auf die Erneuerung des Christenlebens ab, der die Erfahrung der Einwohnung Christi dient. [5]

---

1 Jes. 11,2: WChr 1:3:6, S. 26 f; 1:37:13, S. 393. Joh. 16,8: 3:17:1, S. 118; BT 36 ra, H 108. Röm. 8,14: 2:7:6, S. 89; BT 94 rb, H 352. Röm. 8:26: 2:35:2, S. 400; 2:37:20, S. 439; BT 25 rb, H 64; 97 rb, H 358.
2 WChr 3:17:1, S. 119 - BT 36 va, H 109 (Weber a.a.O. S.91).
3 Wrede a.a.O. S. 75. BT 65 vb, H 223.
4 WChr 4:1:1:28, S. 16.
5 Vgl. die Lehre von den sieben Gaben des Geistes. BT 60 rb, H 203 - WChr 1706, S. 1113.

Es gibt bei Arndt auch Gedankenkreise, die bei den Mystikern überhaupt nicht vorkommen. Sie zeugen von seinem reformatorischen Bewusstsein und seinem pastoralen Anliegen: die Neugeburt, die Busse, der Glaube, die Früchte des neuen Lebens, die Erneuerung als Werke des Geistes. [6] Aber auch in gemeinsamen Themen bestätigt sich Arndts Selbständigkeit, wie wir das in der Bibelauslegung gesehen haben. Das Gebet ist für Arndt wie für Tauler ein Werk des Geistes, bei Arndt aber wird diese Tatsache als Trost der Angefochtenen stärker hervorgehoben. [7]

Wie der Mensch den Heiligen Geist aus seinem Leben vertreiben kann, ist ein wichtiges Thema Arndts und Taulers. Es geschieht, sagt Arndt, durch Mangel an Busse und heiligem Leben, durch ein gottloses Leben und dann, wenn der Mensch sich die Ehre Gottes zulegt, in der Meinung, dass Gottes Werke seine eigenen seien. [8] Wir sehen, wie Arndts ethisches Anliegen seine Darstellung geprägt hat. Für Tauler sehen die Gefahren etwas anders aus: Weltlichkeit, "Annehmlichkeit", Eigensinn, Todsünde. [9] Die Freiheit eines Christenmenschen als Werk des Geistes ist Arndt ebenso bekannt wie Tauler; für Arndt ist sie Freiheit von Lastern, für Tauler aber eine Freiheit im Verhältnis zum Papst. [10] Arndt, Tauler und ThD reden alle vom Heiligen Geist als Lehrer. Aber wo der Geist bei Arndt die Angefochtenen nach Gottes Barmherzigkeit zu seufzen lehrt, lehrt er nach Tauler den Menschen seine Nichtigkeit zu erkennen; wo Arndt von der Barmherzigkeit Gottes redet, sieht Tauler die verborgene Wahrheit Gottes. [11] Hier erkennen wir aufs neue, wie grundverschieden die Frömmigkeitsformen Arndts und Taulers sind. Die Barmherzigkeit Gottes bei Arndt entspricht der verborgenen Wahrheit Gottes bei Tauler, denn Tauler findet, wie gesagt, die Gnade Gottes vor allem in dem Verborgenen, in dem Abgrund, während Arndt am Vaterherz Gottes ruht. [12]

Die Ruhe der Seele, die Hinwendung der Seelenkräfte von der Welt zu Gott ist für Arndt ein Werk des Heiligen Geistes, für Tauler

---

6 Neugeburt: 1:3:1, S. 21; 1:13:15, S. 125; 1:22:1, S. 227; 1:41:32, S. 475. Busse: 1:4:1, S. 33. Glaube: 1:5:1, S. 42 f; 2:51:1, S. 606. Früchte des neuen Lebens, Erneuerung: 2:4:3, S. 47; 4:2:16:2, S. 257.

7 WChr 2:54:6, S. 668 f, vgl. 2:38:3, S. 450; 2:35:2, S. 400. BT 34 vb, H 100, BT 35 ra, H 102.

8 WChr 1:39:4, S. 418; 3:16:3, S. 115.

9 BT 32 vb, H 92; BT 52 va, H 172 f; BT 92 rb, H 343 f.

10 WChr 1:25:1, S. 258. BT 156 vb, H 501 f.

11 WChr 2:35:7, S. 405 f. BT 37 va, H 113, vgl. BT 43 ra, H 137. ThD Kap. 28, S. 56.

12 WChr 2:Vorrede:5.

ist die Gelassenheit eine Voraussetzung für das Werk des Geistes; dieser treibt zu Einkehr, wie er bei Angela zur Ruhe der Seele mahnt. [13] In diesem Punkt konnte Arndt viel von den Mystikern lernen, wie der Mensch sich zum Empfang des Geistes und seines Werkes vorbereiten soll, durch Gebet, durch Hinwendung von der Welt und dem Eigensinn zu Gott. [14] Mit Augustin und mit den Mystikern beschreibt Arndt den Heiligen Geist als das Leben der Seele. [15]

Das für Arndt wichtigste Thema, Wort und Geist, ist aber hier von anderen Voraussetzungen als von denen der Mystiker her bestimmt; bei ihm stehen die Fragen, wie das Wort vom Geist gegeben ist, wie der Geist durch das Wort und mit dem Wort wirkt [16] im Vordergrund. In diesem Zusammenhang ist auch die Lehre vom inneren Wort zu sehen. Sie gehört auch zu Arndts Bestreben, den Christen zu einer lebendigen Erfahrung des Wortes Gottes zu führen. [17] Dieses Thema führt zu dem für Arndt zentralsten Gedanken über die Schrift: sie muss im Leben des Christen verwirklicht werden; das Leben Jesu, die ganze Schrift, der ganze Katechismus muss in dir sein. [18] Der Nachdruck, der auf dieses Thema fällt, bezeugt wieder Arndts Hauptanliegen: die Erneuerung des christlichen Lebens. Er schreibt: "Es hat auch Gott die H. Schrifft nicht darumb offenbaret/ dass sie auswendig auff dem Papier als ein todter Buchstabe sol stehen bleiben/ sondern sie sol in uns lebendig werden im Geist und Glauben." [19] Das Wort Gottes ist für Arndt ein Gnadenmittel, "Seelen Artzney", die ganze Schrift nichts anderes denn ein Gespräch der Seele mit Gott; die Lehre vom alten und neuen Menschen ist "dz Fundament der gantzen schrifft". [20] Es ist Gesetz und Evangelium. Das Wort Gottes in diesem Sinne sollen die Christen

13 WChr 3:1:3, S. 2; 3:2:5, S. 17. BT 92 ra, H 343. Angela Vis. Kap. 20, S. 63, Lz 61.
14 WChr 3:16:2, S. 114; 3:16:4, S. 117. BT 49 vb, H 153. Angela Instr. Kap. 67, S. 295, Lz 302.
15 WChr 3:19:1, S. 127. Serm. 156,6,6; Przywara a.a.O. S. 137, vgl. 446. BT 108 vb, H 467. Angela Vis. Kap. 20, S. 64, Lz 62; vgl. Staupitz a.a.O. S. 52.
16 WChr 1:Vorrede:7; 1:3:1, S. 21; 1:3:4, S. 23; 1:4:1, S. 33; 1:5:1, S.43; 1:34:5, S. 345; 1:34:7, S. 346; 1:38:1, S. 404.
17 WChr 1:21:9, S. 212 f; 1:36:1, S. 362; 1:36:2, S. 363; 2:28:5, S. 307; 3:1:3, S. 2; 3:10:3, S. 75.
18 WChr 1:6:1, S. 52 f; 1:6:3 f, S. 56 f; 1:35:3, S. 356; 1:36:4, S. 365; 2:4:7, S. 57; 2:4:7, S. 59; 3:1:6, S. 7.
19 WChr 1:6:2, S. 53; vgl. 1:6:7, S. 58; 1:12:10, S. 110; 2:41:1, S. 474 f.
20 WChr 2:45:1, S. 530; 2:39:11, S. 469; 2:7:2, S. 85. Vgl. 3:1:5, S. 5 f; 2:9:5, S. 113 f, vgl. 2:9:9, S. 117 f.

empfangen, interiorisieren, dass es eins mit ihnen werde, wie die Speise eins mit dem Leibe wird. Die Voraussetzung dafür ist jedoch eine Übereinstimmung zwischen Mensch und Wort; so erklärt Arndt mit Plato [21]: "...ein jeglich Ding vereiniget sich mit seines gleichen/ wiederwertige Ding nemen einander nicht an... Also schmecket die Seele nicht die Krafft des göttlichen Worts oder Himmelbrots/ wenn sie nicht dasselbe gantz und gar in sich verwandelt/ das ist/ ins Leben." [22] Die Verwandlung des Wortes ins Leben des Christen, das ist das Hauptanliegen der Arndtschen Lehre vom Wort Gottes. Das Wort, das den Glauben im Menschen gesät hat, muss wachsen und Früchte bringen. [23]

Wie wird nun das Wort beim Menschen in sein Leben verwandelt? Durch die Erfahrung seiner Kraft, das Empfinden, das Schmecken des Wortes. Diese Antwort bedeutet für Arndt, dass er sich der in der Reformationszeit heiss umstrittenen Lehre vom Inneren Wort annähert. Von den Auseinandersetzungen, die diese Lehre hervorgerufen hat, zeugt schon Augustana V: "Solchen Glauben zu erlangen, hat Gott das Predigtamt eingesetzt, Evangelium und Sakrament zu geben... Und werden verdammt die Wiedertäufer und andere, so lehren, dass wir ohn das leiblich Wort des Evangelii den heiligen Geist durch eigene Bereitung, Gedanken und Werk erlangen." [24] Die Väter der Reformation zielen mit diesem Satz auf eine von dem Wort völlig unabhängige Wirkung des Geistes ab. Hier hat die Arndt-Kritik eines Lucas Osiander eingesetzt: "Wie an statt des geschribenen und gepredigten Worts Gottes/ in Johann Arndten Christenthumb/ die jnnerliche/ vermeindte/ Enthusiastische und Schwenckfeldische Wigelianische Erleuchtungen/ Einspruch und Offenbarungen/ in geheimen und absönderlichen Winckeln und Bügeln/ gelehret und eingeführet werden." [25] Osiander behauptet also, eben die vom Wort unabhängige Wirkung des Geistes bei Arndt gefunden zu haben, "Wigelianische Offenbarungen" "anstatt des geschriebenen Wortes" Gottes. Ist Osiander hier Arndt gerecht geworden?

Es lässt sich nicht leugnen, dass Arndt eine Lehre vom Inneren Wort hat. Er beschreibt, wie die Unbussfertigen "beyde das innere und eusserliche Wort/ und Zeugnis Gottes" verwerfen, während die durch den Glauben gereinigte Seele würdig ist, "in das Verborgene/

---

21 Gilson a.a.O. S. 68, vgl. Butler a.a.O. S. 232 f.
22 WChr 1:36:1 f, S. 363 f.
23 WChr 1:5:9, S. 49 f; 1:6:1 f, S. 52 f; 1:35:3, S. 356; 2:4:7, S. 55 f; 2:5:3, S. 62.
24 BEK S. 58.
25 Osiander a.a.O. S. 105.

Allerheiligste/ da Gott heimlich mit jhr reden kann"²⁶ einzugehen. Was sagt denn Gott im Verborgenen? Das beschreibt Arndt mit den Worten des Psalters. ²⁷ Hier öffnet sich ein Verständnis der Arndt-schen Lehre vom inneren Wort. Es ist nicht vom äusseren Wort unabhängig, sondern ist als das durch den Geist empfangene, ange-eignete Wort zu verstehen. Auf dieses sich-Aneignen des Wortes zielt Arndt ab, auf das Schmecken der Kraft des göttlichen Wortes oder Himmelsbrotes. ²⁸ Dadurch erkennt die Seele Gott, die Erkenntnis erweckt die Liebe und Sehnsucht nach Gottesvereini-gung, sie schenkt Trost - und doch ist diese Erfahrung letztendlich unaussprechlich: "unnd was man als denn siehet und empfindet/ist uber die Natur/ da höret man unausssprechliche Wort und Stimme/ welche heissen Vox intellectualis & mentalis." ²⁹ Der Geist zeugt von der Kindschaft bei Gott ³⁰; d.h. die Erfahrung der Gegenwart des Geistes bestätigt die Verheissung Gottes. Diese Erfahrung, dieses Schmecken und Aneigenen gehört zu den unumgänglichen Tatsa-chen des Christenlebens: "Also ist kein Christ im newen Testament/ der nicht Christum in seinem Hertzen hette hören reden."³¹

Eine Tauler-Verarbeitung Arndts bezeugt, wie bewusst er äusseres und inneres Wort zusammenhält. ³²

BT 101 rb, H 378	WChr 3:15:2, S. 105
Zů hant so neig er sich dar und der/ uñ anficht den menschē da mit/ und spricht dē mēsche dz in/ uñ die bild die er da vō hat/ die fliesse für die orē siner in-wendikeit/ dz dass ewig wort von im nit mag gehört werden...	Denn er (der Teufel) ist allezeit bey dem Menschen/ unnd merk-ket worzu der Mensch lust hat/ inwendig und ausswendig mit lieb oder leid/ damit ficht er jhn an/ und bildets jhm ins Hertz/ dass er darfür/ was GOTT durch seinen H. Geist unnd Wort in jhm redet/ nicht hören kan.

Arndt und Tauler beziehen sich beide auf das innere Wort; Tauler redet von den "orē siner inwendikeit", Arndt von dem Wort Gottes "in jhm". Indem Arndt Taulers "ewig wort" mit "durch seinen H. Geist und Wort" ersetzt, unterstreicht er, dass es sich hier nicht um

26 WChr 1:7:6, S. 66; vgl. 3:15:1, S. 104; 1:23:10, S. 240; vgl. 2:5:8, S. 73.
27 WChr 1:23:11, S. 240.
28 WChr 1:36:2, S. 363; 2:28:5, S. 307.
29 WChr 2:20:5, S. 235; 3:15:1, S. 104.
30 WChr 2:35:5, S. 403; 1:5:4, S. 45.
31 WChr 2:51:12, S. 618; vgl. 3:1:5, S. 6; 3:1:7, S. 9.
32 Weber a.a.O. S. 88.

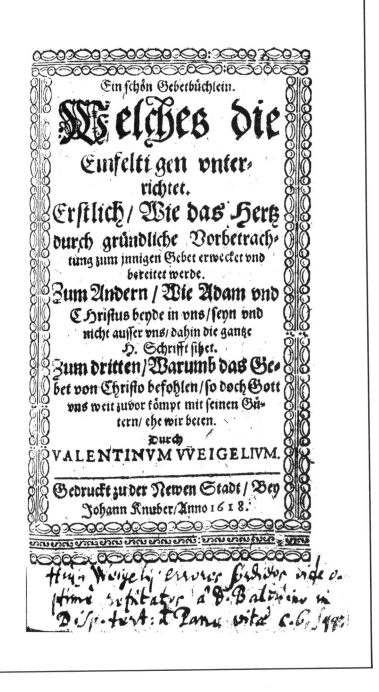

Titelblatt von Weigels Gebetbüchlein (WChr 2:34)

ein Reden Gottes unabhängig von dem äusseren Wort handelt. Man kommt Arndts Auffassung vermutlich am nächsten, wenn man annimmt, dass er mit dem Reden Gottes im Inneren das äussere, durch den Geist im Menschen lebendig gewordene Wort meint. Auf dieses innere Hören des äusseren Wortes, auf dieses Schmecken der verborgenen Kraft des Wortes kommt es für Arndt an. Ohne dies ist das äussere Wort nutzlos: "Denn wens daselbst nicht gehöret wird/ wird das ausswendige nicht viel Frucht schaffen." [33] Das im Inneren gehörte und angeeignete äussere Wort, das Frucht bringt, entspricht der Erfahrung der Einwohnung Gottes, die zur Erneuerung führt. Die beiden Aspekte sind tatsächlich eng mit einander verbunden als zweierlei Ausdruck derselben Wirklichkeit.

Arndt hat viel von dem Wort als Gnadenmittel der Angefochtenen zu sagen. Mit Luther sagt er: "Wer in diese Schule nicht kommen ist/ weiss nicht viel von Gottes Wort." [34] Wo Tauler den heiligen Glauben, das hochwürdige Sakrament, das heilige Wort Gottes, das Vorbild der Heiligen und das Gebet der Kirche als Waffen der Angefochtenen hervorhebt, schreibt Arndt: "...da doch ein Christ ist mit GOTTES Wort/ Geist und Krafft gerüstet."[35]

Wir haben schon gesehen, dass für ihn die Kraft Gottes nicht ausserhalb, sondern eben *in* dem Wort vorliegt. Arndt kennt auch derartige Anfechtungen, in welchen das Wort nicht trösten kann, wo aber Gott durch seine verborgene Kraft und durch sein Wort den Menschen erhält.[36]

Es gibt bei Arndt immer ein Zusammenwirken von Wort und Geist. Gottes Wort ist für ihn "eitel Geist", Wort und Geist entzünden den Glauben. [37] Die Reue wird vom Geist durch Gesetz und Passionsbetrachtung erweckt; der Geist hat im Wort reichen Trost aufzeichnen lassen. [38] Arndt beschreibt wie "Gottes Gnaden unnd Trostbrünlein durch seinen H. Geist uberfliessen werden in verkündigung dess Evangelij..."[39]. Auch in der Einzelandacht wirken Geist und Wort zusammen, in dem "stillen und innerlichen Sabbath des Hertzens/ da der H. Geist inwendig Lehret/ durch betrachtung des Worts" [40]. Das Wort Gottes ist also vom Geist gegeben, es ist eitel Geist und der Geist wirkt mit dem Wort zusammen. Ohne dieses

33 WChr 3:15:3, S. 106; vgl. 1:36:19, S. 376.
34 WChr 2:5:5, S. 64.
35 WChr 3:20:3, S. 137 - BT 74 ra, H 256 f (Weber a.a.O. S. 94); vgl. WChr 2:51:16, S. 621.
36 WChr 2:52:1, S. 623 f; vgl. 2:52:4, S. 627.
37 WChr 1:37:8, S. 388; 1:5:1, S. 42 f; vgl. 2:9:8, S. 116.
38 WChr 1:8:7, S. 72; 2:51:1, S. 607; vgl. 4:1:4:6, S. 83.
39 WChr 4:1:5:46, S. 174.
40 WChr 3:1:3, S. 2; vgl. 1:42:3, S. 480 f.

Zeugnis des Geistes im Inneren, ohne das Aneignen des Wortes ist dieses aber für Arndt, wie wir gesehen haben, nutzlos: "...uñ muss mich von innen durch den heiligen Geist versichern..."[41]. Diese Betonung des Erlebten, Angeeigneten, Subjektiven war Arndts Gegnern fremd; Luther aber hätte es vielleicht besser verstehen können, der schreibt: "Niemand kann's aber von dem heligen Geist haben, er erfahr's, versuch's und empfind's"[42].

Wir erinnern uns wieder an das verborgene Wort Gottes, das den tief Angefochtenen erhält. Ist denn hier nicht eine von dem äusseren Wort unabhängige Wirkung zu sehen? Vielleicht lässt sich dieser Gedanke eher mit Hilfe eines anderen wichtigen Themas Arndts verstehen, dass Gott die Welt durch sein kräftiges Wort trägt, wie Arndt mit Hebr. 1,3 sagt.[43] Hier ist eine Antwort auf die Frage vom verborgenen Wort Gottes zu suchen, und es ist auch zwischen diesem verborgenen Wort und dem offenbaren Wort eine Übereinstimmung zu sehen, die Arndt mit den von Augustin wohlbekannten Begriffen das "Buch der Natur" oder der Welt und das "Buch der heiligen Schrift" beschreibt.[44]

Für Tauler ist das Hauptanliegen das Hören des Wortes im Inneren: "Uñ wissen doch dass dz ewig wort uns also unsprechlichē nahe inwēdig ist in unserm grūd."[45] Nicht das äussere Hören oder Lesen ist genug, der Christ muss auch nach der Schrift leben, er soll das Wort in sich hinein ziehen; dann wird die Speise des Wortes fruchtbar.[46] Wohl kennt Tauler das Wort als Trost der Angefochtenen, er kennt aber auch eine tiefere Anfechtung, in der Hinweise auf Gottes Wort noch eine neue Anfechtung werden[47], denn diesem Kreuz soll der Mensch nicht entfliehen, sondern darin Gelassenheit lernen.

Das Hauptthema ist die Bedingung für das Hören des Wortes im Inneren: "Uñ also solt der mensch entweichen allen sinnen/ unnd inkeren alle seine kreffte/ unnd kommen in eyn vergessen aller dingen/ unnd sein selbs... Darumb soll gott sein wort sprechen in der

41 WChr 1:5:3, S. 45.
42 Magnificat, zit. n. Zeller a.a.O. Bd 2, S. 39. Vgl. WA 10,101, 13 f: "Glewbistu aber, sso ists nitt müglich, das davon deyn hertz nitt sollt fur freuden ynn gott lachen, frey sicher und mütig werden."
43 WChr 4:1:6:12, S. 190; vgl. 4:1:2:10, S.26; 4:1:3:1, S. 31; 4:1:5:25, S. 157.
44 WChr 2:37:7, S. 428 f. Augustin: "Maior liber noster orbis terrarum est, in eo lego completum, quod in libro Deo lego promissum." Epist. 162, zit. n. Lenfant a.a.O. Bd 1, S. Aaaa.
45 BT 101 rb, H 377; vgl. BT 15 vb, H - .
46 BT 70 ra, H 242; BT 42 va, H 135; BT 153 vb, H 461.
47 BT 74 ra, H 256 f; BT 65 rb, H 222.

sele/ so muss sy in fryde und in ruwe sein." [48] Es gehört Sanftmut, tiefe Demut und Abgeschiedenheit dazu. [49] Wir finden hier im Grunde einen schon früher behandelten Gedankenkreis wieder, die Ruhe der Seele. Das Hören des Wortes im Inneren setzt diese Ruhe, diese Passivität der niederen Seelenkräfte - Sinne und Affekte - voraus, denn das Wort ist in den oberen Seelenkräften - Vernunft, Gedächtnis, Willen - zu hören, "und da selbst lert deñ gott dz überwesentlich wort/ in dem unnd mit dem all ding beschaffen seind." [50] Tauler bezieht sich hier nicht auf das geoffenbarte Wort, die Heilige Schrift, sondern auf das ewige, schöpferische Wort Gottes. Das Hören dieses ewigen Wortes im Inneren, die Selbstmitteilung Gottes, ist eng mit der Gottesvereinigung verbunden, wie Tauler mit einem Wort des Areopagiten sagt: "...da wirt denn derselbig grundt eyns mitt dem wort" [51].

Warum setzt diese Selbstmitteilung Gottes die Ruhe der Seele voraus? Eben weil Gott über allen Vorstellungen und Bildern der Seelenkräfte steht und weil er sich selber, nicht ein Bild, eine Vorstellung in die Seele hinein spricht. [52]

Wohl kennt Tauler auch die Kraft des äusseren Wortes, dass der Mensch von Gottes Wort aus der Lehrer Mund berührt werden kann[53]; der Nachdruck aber liegt auf dem in der Seele erfahrenen ewigen Wort Gottes.

ThD hebt die Bedeutung des äusseren Wortes stärker hervor. Hinter ihren Warnungen vor Vernachlässigung des äusseren Wortes stehen vielleicht Erfahrungen von den freien Geistern, den Spiritualisten des Spätmittelalters: "Syder nu disse reiche geistliche hoffart dunckt, sie durff nit geschrifft noch lere und des gleich..." [54]. Das äussere Wort in seiner Ganzheit ist für ThD ein auf den Inneren Menschen gerichtetes Gnadenmittel, dessen Ziel es ist "wie er mit got vereynet werd"[55]. Das äussere Hören oder Lesen des Wortes ist aber nicht genug, sondern das Wort muss im Menschen Gestalt annehmen und erfahren werden: "... als ferr als es ausswendig myr ist und geschicht, sso macht es mich nit selig. Sondern als vill es yn myr ist und geschicht und bekent und lieb gehabt wirt und enpfunden und gesmackt wirt." [56] Wir sehen hier Arndts Darstellung fast

48 BT 4 va, H - ; vgl. BT 10 vb, H- ; BT 101 va, H 378.
49 BT 33 ra, H 93.
50 BT 91 ra, H 319; vgl. BT 97 rb, H 358; BT 101 rb f, H 378 f.
51 BT 141 rb, H 340, vgl. BT 17 vb, H - .
52 BT 4 va, H - .
53 BT 22 va, H 53.
54 ThD Kap. 23, S. 47 f.
55 ThD Kap. 37, S. 71.
56 ThD Kap. 9, S. 22.

wörtlich in seiner mittelalterlichen Quelle.

Wie Tauler kennt auch ThD die Anfechtung, in der nichts den Menschen trösten kann.[57]

Thomas à Kempis ist in seiner Lehre vom Wort ganz auf das Hören des ewigen Wortes im Inneren gerichtet; es ist darin auch eine Polemik gegen die Schultheologie zu spüren.[58]

Johann Staupitz' Darstellung der Lehre vom Wort ist spürbar von neuen Fragestellungen geprägt, besonders in dem Thema Wort und Geist. Die Buchstaben der Heiligen Schrift können laut ihm den Menschen nicht lehren, Gott zu lieben, sie führen nicht weiter als zu "erkenntniss der pflicht... der sünde... dess unvermögens... der ewigen Pein", und doch liegen der Geist und Christus unter den Buchstaben verborgen. [59] Das gilt auch für das Neue Testament: "Und ob er schon Christum in die augen bringt/ uñ seine Lehre in die ohrn/ weil er doch den Geist Christi nicht vermag in das Hertz zubringen/ dienet er allein zu schwererm todt." [60] Das äussere Lesen ist nicht genug, "auss den augen muss Christus ins Hertz" [61]; unsere Liebe kann nur durch die Liebe Gottes erweckt werden. Gottes Wohltaten müssen "ins hertz gebildet" werden. [62] Dies ist nur Gott möglich, der seinen Ausserwählten mit dem Geist berührt. [63] Man kann in der Staupitzschen Wortlehre auch eine Polemik gegen die der Schultheologie spüren: "Derhalben werden die Menschen von niemands anders/ denn in der Schule der Liebe Gottes gelernig/ in jhr allein werden wircker des Göttlichen Worts/ alle andere Künst machen nichts denn hörer."[64] Wie Tauler lehrt Staupitz, wie notwendig die "stil des hertzens" für das Hören des heimlichen Gesprächs Gottes und das Empfinden seiner lieblichen Berührung ist [65]; eben diese Zusammenstellung zeigt, dass Staupitz mit dem Hören des Wortes im Inneren dieselbe Wirklichkeit gemeint hat, die anderswo als die Gottesvereinigung dargestellt ist.

Wie für Tauler und Thomas à Kempis fällt für Angela das Schwergewicht auf das Wort, das im Inneren gehört wird, obwohl sie auch die Verkündigung des äusseren Wortes kennt, der geistliche Erleuchtung folgt, und es wurde ihr offenbart, dass die ganze Schrift in dem

57 ThD Kap. 11, S. 26.
58 NChr 1:3, S. 9; 3:1, S. 133.
59 Staupitz a.a.O. S.10 ff.
60 Ibid. S. 13.
61 Ibid. S. 16 f.
62 Ibid. S. 22.
63 Ibid. S. 23.
64 Ibid. S. 48.
65 Ibid. S. 35 f.

Leben Christi erfüllt ist.[66]

Die Darstellung von der Verwirklichung des Wortes und von dem Worte als auf den inneren Menschen zielend haben wir bei Tauler und ThD ausgeführt gefunden. Hier besteht Kontinuität zwischen Arndt und diesen Mystikern: das Wort muss *in* den Menschen kommen, erfahren, geschmeckt werden. Ein Mystiker wie Staupitz sagt, die Wohltaten Gottes müssen "ins hertz gebildet" werden, und dieses Einswerden mit dem Wort bedeutet auch seine Verwirklichung im Leben. Bei den Mystikern hat Arndt den Weg zu diesem inneren Aneignen, dieser Erfahrung des Wortes durch die Ruhe der Seele lernen können, aus welcher er die Früchte des Glaubens d.h. die Erneuerung, erwartet. Das Hören des göttlichen Wortes im Inneren ist für Arndt wie für die Mystiker eine Erfahrung, die mit der Gottesvereinigung eng verbunden ist. Arndts Selbständigkeit, besonders Tauler gegenüber, zeigt sich darin, dass das Schwergewicht für ihn auf das geoffenbarte Wort Gottes, die Heilige Schrift, fällt, während für Tauler der Akzent auf dem ewigen Wort Gottes liegt. Wir erinnern uns an eine entsprechende Tatsache in den vier Fragen nach der Bedeutung der Christologie, die wir an Arndt und die Mystiker gestellt haben: Der Trost der Angefochtenen, die Ruhe der Seele, der Glaube und die Gottesvereinigung. Wir haben dabei gefunden, wie Arndts Akzent auf Christus fällt, Taulers dagegen auf den Abgrund Gottes, die verborgene Einheit seines göttlichen Wesens. So finden wir auch hier, dass Arndt vornehmlich an das Wort der Heiligen Schrift denkt, Tauler dagegen an das ewige Wort Gottes. Wohl ist Arndts Lehre vom Wort nicht ganz durchsichtig, aber wir kommen vermutlich seiner Absicht am nächsten, wenn wir uns so ausdrücken: Das Wort, das im Inneren gehört wird, ist für Arndt das im Menschen angeeignete und durch den Geist Gottes lebendigmachende Wort Gottes. [67] Arndt geht mit Tauler den Weg zur Ruhe der Seele, zum "stillen Sabbath des Herzens", aber wo Tauler das ewige Wort Gottes hört, ist bei Arndt eher zu vernehmen, wie der Geist "inwendig Lehret/ durch betrachtung des Worts"[68].

Das Thema Wort und Geist verbindet Arndt vor allem mit Staupitz. [69] Staupitz unternimmt eine radikale Trennung von Wort und Geist, die den Geist im Wort als etwas Verborgenes betrachtet. So etwas ist nicht bei Arndt zu finden ; für ihn ist das Wort vom Geist gegeben, es ist "eitel Geist" und der Geist wirkt mit und durch das Wort. Das Thema ist gemeinsam, die Darstellung Arndts hat aber durch die Auseinandersetzung der Reformatoren mit den Spirituali-

---

66 Angela Vis. Kap. 51, S. 182 f, Lz 186 f; S. 184, Lz 189.
67 Vgl. Koepp a.a.O. 1912 S. 236; Spink a.a.O. S. 112.
68 WChr 3:1:3, S. 2.
69 Zu Arndt in seinem Verhältnis zu Luther, siehe Exkurs unten.

sten andere Voraussetzungen als Staupitz. Eine vom äusseren Wort völlig unabhängige Wirkung des Geistes haben wir bei Arndt nicht gefunden, vielmehr hebt er in seinen Verarbeitungen die Bedeutung des äusseren Wortes hervor.

Exkurs:

Die Lehre Arndts von Geist und Wort in lutherischer Sicht

Arndts Lehre von Wort und Geist hat durch die Jahrhunderte Auseinandersetzungen hervorgerufen. Sie ist der Hauptgegenstand der Arndt-Kritik Lucas Osianders, und sie hat auch den kritischen Blick Albrecht Ritschls auf sich gezogen. Richard Grützmacher hat sie gründlich untersucht, sie hat ebenso das Interesse Wilhelm Koepps erweckt.

Für Osiander sind die Gefahren des Schwärmertums in WChr offenbar. Ritschl findet, dass Arndt das geheime Liebesgespräch mit Gott im Herzen dem Hören der Predigt nicht untergeordnet, sondern entgegengesetzt hat. [70] Koepp scheint es unmöglich, Geist und Glauben bei Arndt als Wirkungen des Wortes aufzufassen, ''vielmehr treten sie ganz unabhängig zu dem Worte hinzu'' [71]. In dieser Hinsicht ist Koepps Darstellung eine Wiederbelebung der osiandrischen Arndt-Kritik im zwanzigsten Jahrhundert. Grützmacher, dessen Untersuchung nicht nur das WChr, sondern auch die Postille umfasst, hat Arndts Anschauung anders verstanden: Sie ist im Grunde durchaus kirchlich, wenn sie auch von einem mystisch-spiritualistischen Einschlag durchzogen ist. [72] Grützmacher hat dabei beobachten können, dass in den meisten Aussagen Arndts Wort und Geist miteinander verbunden sind [73] und dass Arndt ebenso wie Luther von einem Neben- und Durcheinanderwirken von Wort und Geist redet. [74] Auf Grund von Arndts Worten, dass die Unbussfertigen des Wortes Kraft und verborgenes Manna nicht schmecken können nimmt Grützmacher an, dass Arndt die Schrift selbst als etwas rein Äusserliches, Totes, als nur ein Zeugnis von göttlichen Dingen versteht. [75] Hat Grützmacher hier richtig beurteilt, dann sind bei Arndt zwei unterschiedliche Anschauungen vorhanden: 1. Der Geist hat das Wort gegeben und wirkt durch das Wort. 2. Das Wort ist nur ein Zeugnis göttlicher Dinge.

70 Ritschl a.a.O. S. 50; vgl. Winter a.a.O. S.92.
71 Koepp a.a.O. 1912 S. 210.
72 Grützmacher a.a.O. S.204.
73 Ibid. S. 206.
74 Ibid. S. 208; vgl. S. 210.
75 Ibid. S. 211.

Es gibt jedoch eine andere Möglichkeit, Arndt zu verstehen, wobei man die Schwierigkeit, die mit der Behauptung von zwei entgegengesetzten Anschauungen bei Arndt verbunden ist, vermeidet. Diese Deutungsmöglichkeit geht von Arndts eigenen Worten aus: "Meine Wort sind Geist und Leben/ sagt der HErr, Joh. 6. So sie nun geist und Leben seyn/ so könnē sie von keinem ungeistlichē, fleischlichen, uppigen Hertzen und Sinnen empfunden werden, sondern im geist, in der Stille/ in Verschwiegenheit, mit tieffer Demut unnd heiliger grosser begierde muss mans annemen und ins Leben verwandeln/ sonst hat man vom Wort Gottes nichts mehr, denn den eusserlichen Schall und Buchstaben."[76] Das Wort Gottes ist also immer mit Geist erfüllt, aber dem, der ihm in Unbussfertigkeit widersteht, wird es nur Buchstab und Schall, d.h. bei ihm wirkt es nicht. Was Arndt hier "Schall und Buchstaben" nennt, entspricht teilweise dem, was Luther mit "Historie", d.h. dem äusseren Geschehen der biblischen Geschichte beschreibt, das auch den Ungläubigen und den bösen Geistern bekannt ist, ohne auf sie zu wirken. Die "Historien" zu kennen ist für Luther nicht genug, es muss auch "Das ander stück, so das furnemste und nöttigste ist" gekannt werden: die Kraft, der Nutz und der Trost[77]. Dabei ist zu bemerken, dass wahre Erkenntnis der göttlichen Wahrheit für Luther immer Glaube und Erfahrung in sich einschliesst: "Glewbistu aber, sso ists nit müglich das davon deyn hertz nitt solt fur freuden ynn gott lachen, frey sicher und mütig werden."[78] Arndt arbeitet mit einer parallellen Fragestellung wie Luther: wie ist es theologisch zu erklären, dass man den Inhalt des Geist-gefüllten göttlichen Wortes gut kennen kann, ohne von dem Geist berührt zu sein? Oder - mit Luthers eigenen Worten zu sprechen - wie kommt es, dass man mit den Historien vertraut sein kann, ohne die Kraft, den Nutz, den Trost zu erkennen? Angesichts dieser Problematik lehren Luther und Arndt nicht nur ein Wirken des Geistes durch das Wort, sondern auch ein Geistes-Wirken zusammen mit oder parallell mit dem Wort. Grützmacher behauptet, dass diese Anschauung nur den jungen Luther kennzeichne, nach den Auseinandersetzungen mit dem Schwärmertum aber von ihm aufgegeben wurde, und dass "ihre Repristination durch einen kirchlich denken wollenden Theologen (Arndt), doch ein weit stärkeres prinzipielles Entgegenkommen den Anschauungen des Spiritualismus gegenüber" bedeutet "als bei Luther der Fall war"[79]. Luthers Gedanken über das Zusammenwirken von Wort und Geist sind jedoch nicht auf seine früheren Werke begrenzt, er äussert sich z.B.

76 WChr 1:36:4, S. 365 f.
77 WA 21, 214, 19 ff.
78 WA 10, 101, 13 f.
79 Grützmacher a.a.O. S. 212.

auch im grossen Galaterbriefkommentar ausführlich darüber. [80] In dieser Hinsicht muss also Grützmachers Urteil überprüft werden. Es liegt in Grützmachers Behauptung etwas Richtiges. Arndt lehrt ein Zusammenwirken von Wort und Geist, er gibt aber dem Wirken des Geistes neben dem Worte einen besonderen Nachdruck, der manchmal seine grundlegende Lehre vom Geisteswirken durch das Wort überschattet. Seine Anschauung, die von seiner pastoralen Fragestellung bestimmt ist, kann folgendermassen formuliert werden: Das Wort ist in sich Geist-gefüllt und der Heilige Geist wirkt durch das Wort. Objektiv sind also Geist und Wort verbunden. Der Heilige Geist wirkt in der Menschen Seele, um den Empfang des Wortes und sein Werk vorzubereiten. Wer nun diesem Geisteswirken widersteht, dem wird das - objektiv - Geist-gefüllte Wort subjektiv nur Buchstaben: "sonst hat man vom Wort Gottes nichts mehr, denn den eusserlichen Schall und Buchstaben."[81] Es scheint, dass diese Deutung Arndts Meinung am nächsten kommt. Aus dieser Anschauung sind aber unvermeidbare Schwierigkeiten für Arndt erwachsen. Obwohl er es anders meint, wird die Darstellung des Werks des Geistes durch das Wort geschwächt. Er wird nicht der reformatorischen Überzeugung gerecht, dass der Heilige Geist durch das Wort eben auch auf den Unbussfertigen wirken kann, auf Menschen, die gar nicht in der Stille, in Verschwiegenheit, in tiefer Demut leben. Arndt ist bestrebt, den Missbrauch des Evangeliums, den toten Glauben - d.h. den Glauben, der nicht Glaube im reformatorischen Sinn, sondern nur vernuftsmässige Überzeugung ist - zu überwinden. Dieses Bestreben hat seine Darstellung bestimmt, und deshalb ist es unbewussterweise bei Arndt zu einer Akzentverschiebung in seiner Lehre von Wort und Geist gekommen, einer Akzentverschiebung, die seiner eigenen reformatorischen Intention nicht entspricht. Arndts Anschauung ist hier, wie übrigens im WChr, von der Tatsache her zu verstehen, dass er für wiedergeborene Christen schreibt. Wird diese Voraussetzung mit einbezogen, dann sind Arndts Worte wohl mehr mit dem evangelischen Glauben im Einklang, denn darin hat er nach lutherischem Sinn recht, dass der Christ, der dem Wirken des Geistes widersteht, nicht den Nutz und die Kraft des Wortes geniessen kann, sondern höchstens "die Historien" erkennt, und doch fehlt hier in Arndts Darstellung die tiefere Einsicht in das "Simul". Durch sein einseitiges ethisches Anliegen ist es ihm schwer geworden zu beschreiben, wie auch bei dem vom Wirken des Heiligen Geistes am tiefsten geprägten Christen der alte Adam dem Geist immer noch widersteht. Es wurde uns schon in der Untersuchung der Arndtschen Darstellung von Wort und Geist klar, dass Urteile wie die Koepps einseitig

---

80 WA 40, 1, 351 f, 142.
81 WChr 1:36:4, S. 365 f.

sind. Arndt ist grundsätzlich in dieser Hinsicht von evangelischer Überzeugung. Seine Anschauung von dem Zusammenwirken des Heiligen Geistes mit dem Wort Gottes steht kaum dem lutherschen Zeugnis entgegen. Sein Gegenüberstellen von Buchstaben und Geist zielt darauf ab, den "toden" Glauben, der nur vernunftsmässige Erkenntnis ohne erneuernde Kraft ist, zu beleuchten. Was Luther über "Historie" und "Nutz, Kraft und Trost" sagt, bildet tatsächlich eine parallele Dialektik. Arndts Anschauung ist also nicht so zu verstehen, als ob das Wort Gottes in sich nur Buchstaben wäre, sondern so, dass das Wort für den, der dem Heiligen Geist widersteht, nur Buchstaben wird. Diese Anschauung wird jedoch zuweilen mit Formulierungen beschrieben, die seiner reformatorischen Überzeugung nicht gerecht werden [82].

82 Grützmacher hat eine Reihe von Belegstellen gesammelt, a.a.O. S. 212 f.

DER LEIB CHRISTI

Es gibt im WChr eine ganze Reihe von Bezeichnungen für die Kirche: das Volk oder Reich Gottes, die Versammlung der Christen, die Stadt Jerusalem, der Weinstock. [1] Über allen steht jedoch der Gedanke an die Kirche als Leib Christi. Durch Wort und Sakrament werden die Christen mit Christus verbunden, der das Haupt und die Zierde der Kirche ist. [2]

Diese Vereinigung mit dem Leib Christi hat für Arndt drei Aspekte: Liebe, Leiden und Herrlichkeit. Als Glied des Leibes ist der Christ zu Liebe gerufen, und wer nicht Liebe übt, gehört nicht zum Leib Christi, er ist ein totes Glied, von der Kirche getrennt. [3] Wir begegnen hier in einer anderen Form einem Gedanken, der Arndt mit ThD vereinigt: "...wa Christus leben ist, da ist Christus, und da sein leben nyt ist, da ist Christus auch nit..." [4]. Für Arndt besitzt die Kirche ein drittes Kennzeichen neben Wort und Sakrament, das ist die Liebe: "Man hält billig das Wort und Sacrament für Kennzeichen der Kirchen; aber mit denselben decken sich viel falsche Christen/ die viel Worte und Sacramente gebraucht haben/ aber nicht um ein Härlein besser worden seyn: Darum muss man nohtwendig das dritte Kennzeichen hinzu thun/ nemlich die Liebe/ welche nichts anders ist/ denn das edle Leben Christi." [5] Arndt ist bestrebt, in der äusseren Kirche, die er kennt und anerkennt [6], die innere, wahre Kirche, den geistlichen Leib Christi, durch ihr Kennzeichen, die Liebe, wahrzunehmen und durch Bussverkündigung die toten Glieder zum Leben zu erwecken. Die Kirche ist als Leib Christi zum Leben Christi bestimmt.

Arndts Darstellung von der Kirche als Leib Christi dient auch einem anderen Zweck; sie ist ein Trost für die Angefochtenen. In dem Leib Christi gibt es eine Leidensgemeinschaft: Christus als Haupt empfindet das Leiden und die Trübsal der Glieder, und die Glieder nehmen an den Schmerzen des Hauptes teil. [7] Leiden gehört

1 WChr 2:16:8, S. 188; 2:41:5, S. 478; 2:34:11, S. 391; 2:5:8, S. 73; 1:32:8, S. 335.
2 WChr 3:Gebete:2, S. 182, vgl. 3:3:1, S. 24; 2:16:8, S. 188; 4:1:1:24, S. 14.
3 WChr 1:26:14, S. 276 f; 3:9:5, S. 70 f - BT 86 rb, H 361; 1:32:8, S. 334 f, vgl. 4:2:25:6, S. 288.
4 ThD Kap. 43, S. 87 - WChr 1:9:3, S. 84.
5 Vorrede zu ThD 1597; WChr 1706, S. 1250.
6 WChr 3:3:1, S. 24; 2:41:8, S. 480.
7 WChr 2:48:6, S. 572; 2:52:3, S. 625 f.

zum Leben der Kirche, besonders in der Endzeit. [8] Diese leidende Kirche lebt aber in Gemeinschaft mit dem erhöhten Christus, und darin besteht ihre Herrlichkeit. [9]

Arndts Lehre von der Kirche enthält zwei Hauptzüge. Sie ist eine Warnung an die Unbussfertigen, dass sie sich nicht auf die äussere Zugehörigkeit verlassen sollen, denn sie hilft nicht, wo keine Liebe, d.h. das Leben Christi, ist. Wer nicht Christi Leben lebt, wer nicht Liebe übt, der gehört nicht zur Kirche. Dem objektiven Kennzeichen der Kirche, Wort und Sakrament, wird hier ein subjektives vorangestellt, aber dieses subjektive Kennzeichen ist im Grunde nichts Neues, sondern die angeeignete Gnade des Wortes und der Sakramente, die in Leben umgewandelte Lehre. Wir finden hier eine wichtige Akzentverschiebung gegenüber der Darstellung der Augustana VII. Ihre Wirkungsgeschichte im Pietismus zu untersuchen ist eine wichtige Aufgabe der Forschung.

Augustana VII gibt zwei Hauptzeichen der Kirche, Wort und Sakrament, an: "Est autem ecclesia congregatio sanctorum, in qua evangelium pure docetur et recte administrantur sacramenta." Wenn nun Arndt ein drittes Kennzeichen, die Liebe, hinzufügt, meint er damit eigentlich nichts Neues. Die Liebe ist bei Arndt die in Leben umgewandelte Lehre, eine Wirkung der im Herzen empfangenen und wirkenden Gnadenmittel. Jedoch macht sich hier eine Akzentverschiebung in Richtung auf das Subjektive und Ethische bemerkbar. Die Wirklichkeit der Kirche ist nicht mehr objektiv mit der Gegenwart der Gnadenmittel verbunden. Jedoch bedeutet diese Akzentverschiebung nicht unbedingt ein Abgehen von dem reformatorischen Standpunkt, sie kann auch als eine Neuentdeckung der einleitenden Worte der Kirchendefinition der Augustana aufgefasst werden: "Est autem ecclesia congregatio sanctorum", sie ist die Versammlung der Heiligen, nicht nur das Geschehen der Gnadenmittelverwaltung, und ihre Heiligkeit ist nicht nur die zugerechnete Christus-Gerechtigkeit, sondern auch die beginnende eigene. Dies hat Arndt mit seinem dritten Kirchenzeichen sagen wollen. In den Auseinandersetzungen um sein WChr, wie auch in der vom Pietismus verursachten Debatte, werden die Schwierigkeiten, das Objektive und Subjektive zusammenzuhalten, offenbar.

Diese Betonung der inneren Kirche verbindet Arndt mit Tauler, der zwar die Struktur der äusseren Kirche als Leib Christi anerkennt[10], aber das lebendige Herz dieser Kirche in den gelassenen Menschen sieht, die im Geist beten: sie sind "die Säulen der Welt"[11]. Sie wachsen wie gute Bäume im Garten der Kirche, sie stehen aber

---

8 WChr 2:44:3, S. 517 f; 4:1:3:55, S. 71.
9 WChr 2:48:8, S. 574; vgl. 2:41:13, S. 485; 2:42:4, S: 490.

der äusseren Kirche frei gegenüber. [12] Sie leben nicht für sich selbst, sondern für die äussere Kirche, die Christenheit, mit Gebet und Übung der Liebe. [13] Taulers Hauptgedanke ist die geistliche Bedeutung der Gottesfreunde für die Gesamtkirche, die für ihn immer die heilige Kirche, die Christenheit, der Leib Christi ist.

Auch für Angela ist der Gedanke an den Leib Christi lebendig. Die Christen sind als Glieder des Leibes zur Nachfolge Christi gerufen, und doch kann niemand die Armut und Schmach Christi tragen, der nicht als lebendiges Glied mit ihm durch wahre Liebe verbunden ist; sie redet zu den wahren Gliedern Christi. [14] Ihre Darstellung beschreibt die Nachfolge Christi als einen Schmerzensweg.

Für Johann Staupitz dient die Bezeichnung der Kirche als Leib Christi dem Zweck, die Einheit der Kirche zu beschreiben: "Unnd wie alle Glieder vom Heupt/ Also sie von Christo regieret und geleitet werden..."[15].

Mit Tauler, Angela und Staupitz redet Arndt von der Kirche als Leib Christi. Wir haben bei Arndt eine wichtige Akzentverschiebung beobachtet. Wie für Angela und Tauler steht für ihn die innere, geistliche Kirche im Vordergrund. Taulers Bestreben ist es, die äussere und innere Kirche zusammenzuhalten, für ihn ist auch die äussere Kirche der Leib Christi. Arndts Bestreben ist ein anderes. Er will bei seinen Lesern das Vertrauen auf die Zugehörigkeit zur äusseren Kirche und auf den äusseren Gebrauch der Gnadenmittel erschüttern. Diese äussere Observanz ist nicht genug; nur wo die Lehre in Leben verwandelt ist, d.h. wo der Mensch Liebe übt und so Christus nachfolgt, kann von Zugehörigkeit zum Leib Christi die Rede sein. Der wahre Leib Christi ist also für Arndt tatsächlich nur die innere Kirche. Das verbindet ihn, ebenso wie der Gedanke an die Leidensgemeinschaft Christi und der Christen, mit Angela.

Wie unterscheidet sich nun Arndts Rede vom Leib Christi von

10 BT 94 vb, H 361; vgl. 109 ra, H 469; BT 86 rb, H 301; BT 61 rb, H 206; BT 111 vb, H 479; BT 34 rb, H 98; BT 98 ra, H 368; BT 117 rb, H 506; BT 132 ra, H 523; BT 155 vb, H 497; BT 156 ra, H 497; vgl. Preger a.a.O. S. 132.
11 BT 35 rb, H 102; 43 ra, H 137; BT 127 vb, H 581; BT 139 ra, H 332.
12 BT 94 ra, H 350; BT 106 ra, rb, H 414.
13 BT 35 rb, H 102; vgl. 34 ra, H 97; BT 127 vb, H 581; BT 159 rb, H 545; BT 160 ra, H 548 f. Vgl. Preger a.a.O. S. 230.
14 Angela Instr. Kap. 58, S. 229, Lz 235; Kap. 60, S. 248 f, Lz 256; vgl. Kap. 61, S. 275, Lz 283; Kap. 63, S. 309, Lz 317.
15 Staupitz a.a.O. S. 77 f.

Tauler, und wie ist sie zu verstehen? Taulers Fragestellung ist die folgende: wie lässt sich das Verhältnis der Gottesfreunde zur kirchlichen Struktur in einer Weise beschreiben, die einerseits die Hierarchie und anderseits die Selbständigkeit der Gottesfreunde anerkennt? Für Arndt stellt sich eine andere Frage: Wie kann man den Christen geistliche Führung geben, die auf eine äussere Kirchlichkeit vertrauen, ohne sich innerlich vom Evangelium berühren und verwandeln zu lassen? Tauler löst seine Frage durch die Verbundenheit der Hierarchie und der Gottesfreunde zu gegenseitigem Dienen im Leib Christi, Arndt dagegen ist bestrebt, die Unbussfertigen zu erwecken, indem er ihnen eine wahre Kirchenzugehörigkeit aberkennt. Dadurch können die äusseren Gnadenmittel ihm kaum zum Trost der Angefochtenen dienen, weil nur der in Liebe verwandelte Gnadenmittelgebrauch anerkannt wird. Aber den Angefochtenen ist eben die eigene Liebe und Heiligung verborgen. Wir können hier ein Vorzeichen einer anders geprägten Frömmigkeit als der reformatorischen ahnen, eine Veränderung der Spiritualität, die von neuen und andersartigen Voraussetzungen bestimmt ist.

DER WEG ZUR VER-
EINIGUNG MIT GOTT

Wer die christliche Mystik verstehen will, muss ihre eigenartige Dialektik erkennen. Gott ist schon da - und er kommt. Der Mensch ist in Gott - und wird mit Gott vereinigt.

Die Lehre der christlichen Mystik von der Vereinigung mit Gott ist also nicht so zu verstehen, als wäre der Mensch vor der Vereinigung völlig von Gott entfernt, obwohl der Gläubige es so erfahren kann. Die Gottesvereinigung ist ein Hervortreten Dessen, Der schon da war, eine lebendige Erfahrung von dem immer gegenwärtigen Gott. Wir haben schon früher gesehen, dass Arndt in der Beschreibung der Gegenwart Gottes nicht, wie Tauler, von dessen Allgegenwart, sondern von dessen Einwohnung durch den Glauben ausgeht, aber diese ist für sie beide, wie für die ganze christliche Mystik, eben ein Hervortreten, eine Erfahrung des schon Gegenwärtigen. Arndt sagt es so schön: "UNser Freund ist allzeit bey uns/ aber er lest sich nicht allzeit mercken ohne wenn das Hertz stille ist...".[1] Und zu Angela sagt Gott: "...et si tu me recipis, recipis me quem iam recipisti."[2]

Nun ist aber auch zu bemerken, dass Arndt nicht nur zu einer lebendigen Erfahrung der Einwohnung Christi führen will. Die ihm zufolge für das christliche Leben notwendige Erfahrung der Wirklichkeit Gottes kann auch als Ausgiessen des Geistes, als Schmecken des Manna des Wortes dargestellt werden.[3] Es ist auffallend, dass Arndt den Weg zu diesen Erfahrungen ganz ähnlich wie den Weg zur Vereinigung mit Gott beschrieben hat.

Die Lehre von der Vereinigung mit Gott hat für Arndt eine solche Bedeutung eben deshalb weil er darin die Lösung seiner ethischen Fragestellung erhalten hat. Denn aus der lebendigen Erfahrung der Wirklichkeit Gottes, der Einwohnung Christi, strömt das neue Leben. Arndt sagt von dem lebendigen Glauben, welchen die Ruhe der Seele, in der Gott sich offenbart, schenkt: "Denn durch diesen Glauben welcher Gott allein im Hertzē statt uñ raum gibt/ erwehlet man dz beste theil/ durch diesen Glauben besitzt GOtt des Men-

1 WChr 3:6:1, S. 48.
2 Angela Instr. Kap. 22, S. 79, Lz 78: "Wenn du mich empfängst, so empfängst du den, welchen du schon empfangen hast." KA 66.
3 WChr 3:16:2, S. 114; 1:11:18, S. 104; 1:21:9, S. 212; 1:36:5, S. 366 f; 1:36:1, S. 363; 1:36:11, S. 370; 1:36:21, S. 377; 1:37:6, S. 385 f; 2:28:7, S. 309; 2:52:8, S. 630 f; 3:10:3, S. 75.

schen Hertz... daraus fleusset die Liebe unnd alle Tugendt."[4]

Wenn wir nun untersuchen, wie Arndt den Weg zur Vereinigung mit Gott darstellt, wird auch bald deutlich, dass es dabei um zwei Begriffskreise geht. Der erste Kreis besteht aus biblisch geprägten Themen, wie Busse, Glaube, Liebe, Anfechtung, Wort Gottes, Sakrament, Gebet, Nachfolge Christi. Diese Begriffe bezeichnen einerseits eine Gabe Gottes und führen anderseits zu menschlicher Aktivität. Der andere Kreis dagegen ist vor allem von der augustinischen Seelenkunde, so wie sie von Tauler an Arndt überliefert wurde, geprägt, mit Begriffen wie Einkehr, Entblössung, Gelassenheit, Ruhe der Seele. Wir werden aber sehen, wie die zwei Kreise aufeinander eingewirkt haben, so dass sie nicht völlig voneinander geschieden werden können.

Die Busslehre Arndts hat bei Tauler, Angela, ThD und Thomas à Kempis wenig Entsprechendes. Wohl beschreibt Arndt ebenso wie Tauler die Busse als das Abwenden des Menschen von der Welt zu Gott und als Weg zur Vereinigung mit Gott. [5] Aber wenn es dazu kommt, die Busse näher zu bestimmen, wird deutlich, wie tief Arndt von der reformatorischen Busslehre geprägt ist, der zufolge die Busse aus Reue und Glauben mit nachfolgender Besserung des Lebens besteht.[6] Es ist vor dem Hintergrund von Arndts pastoralem Anliegen leicht zu verstehen, dass ein Schwergewicht auf die Folge der eigentlichen Busse, die Erneuerung des Lebens, fallen muss.[7]

Für Arndt ist die Busse als Sündenerkenntnis, als Erkenntnis der Erbsünde eben entscheidend [8], weil nur ein bussfertiges, zerbrochenes Herz fähig ist, Christus zu empfangen. [9] Diese Busse ist ein

---

4 WChr 3:2:3, S. 13 f.
5 WChr 1: Vorrede:3; 1:4:3, S. 36; 1:4:6, S. 38 f; 1:4:7, S. 39; 1:12:7, S. 108 f; 2:8:1, S. 94 ; vgl. BT 31 vb, H 87; BT 33 vb, H 97.
6 WChr 1:4:1, S. 33; 1:4:10, S. 41; 1:8:2, S. 70; 1:20:1, S.191; 1:21:14, S. 217; 1:21:16, S. 220; 1:29:15, S. 301 f; 1:34:13, S. 350 f; 2:4:4, S. 52; 2:48:10, S. 575. Vgl. Augustana XII.
7 WChr 1:7:3, S. 64; 1:21:11, S. 213; 1:21:12, S. 216; 1:21:21, S. 224; 1:34:9, S. 348; 2:9:5, S. 113 f; 3:20:5, S. 139; 4:2:40:5, S. 336. - Koepp nimmt an, dass die innerste Tendenz der lutherischen Busspredigt durch dies ethisches Anliegen zerstört ist (a.a.O. 1912 S. 209). Geschichtlich wird er Arndt nicht gerecht, wenn Arndts Absicht einbezogen ist, das WChr mit dem lebendigen Glauben und der neuen Geburt als Voraussetzungen zu sehen. Die Wirkung des WChr, wo diese Voraussetzungen fehlten, könnte jedoch Koepps Urteil verständlich machen.
8 WChr 1:42:2, S. 479.
9 WChr 1:8:6, S. 72; 1:34:10, S. 348; 2:9:21, S. 127.

Werk des Geistes durch das Wort [10]; der Mensch soll nur nicht Gott widerstreben. Die Busse führt zur Vereinigung mit Gott. Arndt schreibt: "Die vierdte Eigenschafft der Busse ist die Vereinigung mit GOtt..."[11]. Diese Einsicht bildet auch die Struktur der Vier Bücher, von denen das Erste der Sündenerkenntnis gewidmet ist, das Zweite aber dem Heilsbrunnen, Jesus Christus, das Dritte wiederum der Vereinigung mit Gott. Hier zeigt sich die Eigentümlichkeit der Arndtschen Mystik der mittelalterlichen gegenüber, deren Busslehre Arndt wenig beeinflusst hat.[12] Der erste Teil des Vierten Buches ist der Bestätigung der drei früheren durch die Physikotheologie gewidmet, der zweite Teil aber beschreibt hauptsächlich die Erneuerung des Lebens in der Liebe. Wir finden also folgende Struktur: Busse -Glaube - Vereinigung - Erneuerung. Dieselbe Struktur ist häufig im Pietismus zu finden, z.B. bei Scriver, wie auch bei Gerhard und in der späteren lutherischen Orthodoxie.

Das grosse Wort Arndts für die Lehre von der unio mystica ist doch immer der Glaube, der "allein Christo anhanget", Christus ergreift.[13] Der Glaube reinigt das Herz, "hanget allein am unsichtbaren" und, sagt Arndt, "so die hindernissen hinweg sind so folget die vereinigung"[14]. Die Eigenschaft des Glaubens in diesem Zusammenhang ist die Entleerung des Herzens von allem Weltlichen. Auch hier zeigt sich das selbständige Gepräge der Arndtschen Mystik: Bei ihm ist ständig das Paulus-Wort aus Eph. 3,19 lebendig. Über den Glauben als Weg zur unio mystica haben die mittelalterlichen Mystiker aber wenig zu sagen.

Anders verhält es sich mit der Liebe als Weg zur Vereinigung mit Gott. Hier hat Arndt den mittelalterlichen Augustinismus, den die Mystiker und Raimund von Sabunde an ihn vermittelt haben, grösstenteils übernommen.

Die Liebe, von der Arndt redet, ist nicht eine einzige, sondern von zweierlei Art. Die gute ist Gott zugewandt, die böse sich selbst und

---

10 WChr 1:Vorrede:7.
11 WChr 2:10:15, S. 149; 2:5:1, S. 61.
12 WChr 2: Vorrede: 1, 2; 3: Vorrede: 1.
13 WChr 1:21:5, S. 209; 1:19:16, S. 189; 2:48:11, S. 576; 2:51:9, S. 614; 3:3:2, S. 26.
14 WChr 3:9:1, S. 66 f; vgl. 3:16:2, S. 114; 3:8:7, S. 63; 2:54:6, S. 668; 3:1:7, S. 9; 2:48:6, S. 572; 1:6:9, S. 59; 2:37:19, S. 439; 2:54:5, S. 667; 2:51:12, S. 618; 1:19:16, S. 189; 1:5:2, S. 43; 1:5:9, S. 49; 1:11:9, S. 95; 1:24:19, S. 253; 3:1:1, S. 1.

den Geschöpfen. [15] Von Raimund beeinflusst sagt Arndt, dass die Liebe der Seele sich nach oben richtet, die Liebe des Leibes nach unten.

Der Mensch ist zur Liebe geschaffen: "DEs Menschen Hertz ist also von Gott geschaffen/ dass es ohn Liebe nicht leben kan/ es muss etwas lieben/ es sey Gott oder die Welt/ oder sich selbsten." [16] Arndt beschreibt die Liebe als den edelsten Affekt, von Gott gegeben, den es gebührt, Gott wiederzugeben.

Die Liebe ist Hingabe, Selbstaufopferung. Die Liebe Gottes erreicht ihren höchsten Punkt darin, dass der Vater den Sohn ausgab. Durch die Liebe gibt sich Gott dem Menschen hin, und der Mensch Gott. [17] Arndt führt ein Augustinus-Wort von Gott als dem Guten an, das auch Gott als Liebe beschreibt: "Si ea est conditio boni, ut sese effundat & propaget: Non potest non esse magnum malum amor proprius..."[18].

Aber die Liebe ist mehr als Hingabe, sie verwandelt den Liebenden in den Geliebten. Auch hier haben Angela und Raimund das augustinische Erbe an Arndt vermittelt.[19]

Dieser Hintergrund erhellt die Lehre Arndts von der Liebe als dem Weg zur Vereinigung mit Gott. Es ist die reine, die gute Liebe, die mit Gott vereinigt, die Liebe, die nichts für sich selbst begehrt. Die Empfindung der Liebe im Herzen ist eine Erfahrung der Einwohnung Gottes, der Liebe, und die Liebe des Menschen ist ein Zeichen der Einwohnung Christi durch den Glauben.[20] Wie Angela beschreibt Arndt, wie die Liebe sich mit dem Geliebten vereinigt: "Wo Liebe ist/ da ist Vereinigung. Dann der liebe Art ist sich mit dem Geliebten vereinigen."[21] Die Liebe Gottes vereinigt mit Christus; diese Erfahrung ist eben die geistliche Erfahrung, zu der Arndt

15 WChr 1:18:11, S. 176 f; 1:31:1 f, S. 320 f; 4:2:27:1, S. 291; 4:2:32:1, S. 303; Bei Tauler: BT 38 va, H 117; ThD 40, S. 79 ff; NChr 2:1, S. 91; 3:31, S. 214; Angela Instr. 54, S. 198, Lz 203; 64, S. 319, Lz 321. Leclève a.a.O. S. 164. Augustin de Gen. ad litt. XI:15:20. Przywara a.a.O. S. 402. Raimund: Stöckl a.a.O. Bd II, S. 1070.
16 WChr 1:28:1, S. 286.
17 WChr 4:2:5:2, S. 222.
18 WChr 2:6:6, S. 80.
19 Augustin: In epist. Joh. ad Parth., II, 2, 14. Gilson a.a.O. S. 8. Raimund: Stöckl a.a.O. Bd II, S. 1070. Angela: Instr. 57, S. 221, Lz 228. WChr 4:2:28:2, S. 294; 4:2:29:1, S. 297; 4:2:31:2, S. 302. Bei Luther: Hoffman a.a.O. S. 207.
20 WChr 1:26:12, S. 273; 1:24:13, S. 248; 1:32:6, S. 334; 3:8:7, S. 63.
21 WChr 2:26:2, S. 284, vgl. 2:24:12, S. 271; 2:27:6, S. 302 f. Angela Instr. 64, S. 316, Lz 325.

hinführen will. Aber nicht nur die Stimme Augustins, sondern auch die Luthers ist bei Arndt zu hören: "...wem er seine Liebe gibt/ dem gibt er sich selbst/ unnd auff diese weise wird der Liebende mit dem Geliebten vereinigt/ unnd wird ein ding mit jhm..."[22]. Arndt bewegt sich hier, wie früher gesagt wurde, in Gedankenkreisen, die ihn tief mit der Mystik verbinden. Zwar hat er die Lehre von den verschiedenen Arten der Liebe nicht völlig übernommen[23], aber seine Darstellung der Liebe als Weg zur Vereinigung mit Gott ist doch zutiefst vom Denken der Mystik beeinflusst.

Das Gebet als Weg zur unio mystica hat in der Wirkungsgeschichte der Arndtschen Schriften seine besondere Bedeutung durch das Gebetbüchlein Paradiesgärtlein (1612) erhalten. Hier beschreibt Arndt die Grade des Gebets, die zur Vereinigung mit Gott führen: Sündenbekenntnis, Tugendübung - und Gebet, Seufzen, Freudengebet, Liebesgebet. Er schreibt: "Diese haben alle jre Lebens und Seelen Kräffte in die Liebe gezogen/ unnd verwandelt/ dieselbe mit Gott vereiniget/ dass sie für Liebe nichts anders gedenckē/ hören/ sehen/ schmecken/ empfinden/ den Gott in allen dingen/ GOtt ist jhnen alles in allem/ dieselbe hat die Liebe Gottes überwunden/ unnd in sich gezogen/ denen offenbaret sich GOTT..."[24].

Schon im Zweiten Buch hat Arndt auf das Gebet, besonders das Lobgebet als Weg zum Gotteserlebnis hingewiesen: "... je mehr er Gott lobet/ je mehr er wechset in Gottes Erkanntnus/ dass man gleich gar in eine tieffe der Weissheit Gottes gereth/ unnd keinen grund finden kann... GOtt ...der seinen Liebhabern und Lobern offt im Augenblick einem solchen Schatz seiner Weissheit zeiget...[25]. Wir finden hier die Zeichen der mystischen Erfahrung: ihre Unaussprechlichkeit und Augenblicklichkeit. Hier beschreibt Arndt eben das, was die gesamtchristliche Tradition mit dem Wort von Johannes Damascenus darzustellen liebt: Das Gebet ist ein Aufschwung des Gemüts zu Gott. [26] Das Gebet als Weg zur Vereinigung mit Gott ist auch in den Schriften des Areopagiten dargestellt worden. [27] Mit Gregor von Nyssa beschreibt Arndt das Gebet als ein Gespräch mit

---

22 WChr 4:2:28:1, S. 294.
23 BT 140 vb f, H 340; BT 106 vb f, H 398; vgl. BT 128 ra f, H 583; ThD 39, S. 78; NChr 3:26, S. 207; Angela Instr. 67, S. 351, Lz 361.
24 Vorrede zu Paradiesgärtlein 1612.
25 WChr 2:43:5 f, S. 513 f.
26 (προσεῦχή ἔστιν ἀνάβάσις νοῦ πρὸς Θεόν) Stoltz a.a.O. S.121.
27 Göttliche Namen 3:1; zit. bei Thomas S. Th. II II Qu 83 Art 3. Stoltz a.a.O. S. 121.

Gott, Alloquium diuinum.[28]

Das erwähnte Wort des Damascenus klingt auch bei Arndt an, und es ist ebenfalls ein Lieblingswort Taulers. [29] Arndt schreibt vom Gebet, dass es nicht "allein ein gespräch des Mundes/ sondern vielmehr des gleubigen Hertzens und Gemütes/ und aller kreffte der Seelen erhebung" [30] sei. Wie wir früher sahen, dass die Eigenschaft des Glaubens in der unio die Entleerung der Seele war, so sehen wir nun das Gebet als ein Einholen, eine Sammlung oder Konzentration der Seele auf Gott. Die biblischen Begriffe werden in Richtung auf die augustinische Introversionsmystik verarbeitet, wie bei Tauler.

Aus den oben angeführten Worten ist auch zu ersehen, dass Arndt einen Unterschied zwischen mündlich-äusserlichem und innerlich-geistlichem Gebet macht; dies ist auch ein Hauptthema Taulers [31]. Arndt hat aber auch die klassische Dreiteilung des Gebets übernommen, die Angela an ihn vermittelt hat [32]: mündlich, geistig und übernatürlich.

Die eigenartige Dialektik der hier untersuchten Mystik wird auch spürbar. Einerseits erhebt sich die Seele im Gebet zu Gott, anderseits ist das Gebet ein Werk des einwohnenden Heiligen Geistes. [33] Angela hat diese Paradoxie schön beschrieben: "Oratio est, cum qua et in qua invenitur Dominus."[34]

Man erkennt, wie tief die Lehre der Mystiker vom Gebet Arndt beeindruckt hat. Aber es soll auch daran erinnert werden, dass Arndt in seiner Darstellung vom Gebet immer der evangelische Seelsorger ist, für den das Gebet sich auf Gottes Wort und Verheissung im Glauben gründet. [35] Das zeigt sich auch in Arndts Verarbeitung von Weigels Betbüchlein.[36]

Das Kreuz und die Nachfolge Christi sind zwei ineinander verflochtene Gedanken in der Lehre vom Weg zur unio mystica. Koepp hat sie, wie erwähnt, als "eine ganze Ethik, die negativ-asketische

28 Stoltz a.a.O. S. 123; WChr 2:36:14, S. 418.
29 BT 8 vb, H 33; BT 49 rb, H 166; BT 84 vb, H 296; BT 135 rb, H 533.
30 WChr 2:20:2, S. 232; vgl. Angela: "...oratio non solum sit oris, sed cordis et mentis et omnium potentiarum animae." (Instr. 62, S. 287, Lz 294, KA 246).
31 BT 8 vb, H 33; BT 34 vb, H 100; BT 49 ra, H 166; BT 84 vb f, H 296 f.
32 WChr 2:20:2, S. 232; Angela Instr. 62, S. 288, Lz 294.
33 WChr 2:35:5, S. 403; 3:19:1, S. 127; BT 35 ra, H 102.
34 Instr. 62, S. 288, Lz 295.
35 WChr 2:36:12, S. 415 f; vgl. 2:37, S. 424 ff; 2:38, S. 448 ff; 2:39, S. 460 ff.
36 WChr 2:34:2, S. 353 f.

und die Nachfolge-Ethik, prinzipiell vor das Gotteserlebnis als dessen Vorbereitung" [37] beschrieben. Darin hat er recht gesehen - aber nur die eine Seite der Sache. Wohl kann Arndt von dem von Gott auferlegten Kreuz als einer Bereitung zu besonders hohen Gnaden Gottes, zum Frieden, den niemand beschreiben oder verstehen kann[38], reden. Aber die christliche Mystik ist viel komplizierter als oft angenommen wird. Wir haben schon gesehen, dass die Vereinigung mit Gott zuerst als das Dasein Gottes im Innern des Menschen beschrieben wird, dann auch dass sie das Erlebnis von der Einwohnung Gottes ist, und dieses Erlebnis ist von der Entzündung des Glaubens zu unterscheiden.

Die geistliche Erfahrung hat ihre Stufen, was Arndt wohl bewusst ist. In einem Brief an Johann Gerhard schreibt er: 'Documenta graduum conversionis et incrementorum spiritualium quot extant in Augustino! quot in Bernhardo! praesertim in libro illo amorum, de osculo sponsi, hoc est, in explicatione Cantici?"[39]

Man muss deshalb hier mit grösserer Vorsicht als Koepp vorgehen. Die Schwierigkeit auf die er stiess ist von der Dialektik des christlichen Lebens bestimmt, von seinem "jetzt und noch nicht", von dem auch Arndt spricht. Das tägliche Sterben und Auferstehen mit Christus, die Nachfolge des Gotteslammes ist für Arndt nicht nur ein Weg zur Vereinigung, sondern auch eine Voraussetzung für das *Bleiben* in der Vereinigung mit ihm. [40] Von ThD hat Arndt das grosse Kennzeichen von der Einwohnung Christi gelernt: Wo Christi Leben ist, da ist Christus. [41] Das geistliche Leben hat aber, wie gesagt, seine Grade: je mehr das Herz von Geschöpf- und Eigenliebe geleert wird, desto mehr wohnt Christus darin. [42] Die Kreuzigung des Fleisches ist eine Voraussetzung für die Einwohnung Christi, wie Arndt sagt: "So viel die eigen Affecten uñ das gantze fleischliche Leben im Menschen stirbet/ als eigene Liebe/ eigene Ehre/ Zorn/ Geitz/ Wollust: so viel lebet Christus in jhm."[43]

Es ist deutlich, dass Arndts Sicht von Nachfolge und Kreuz von der Introversionsmystik geprägt ist. Das von Gott geschickte Kreuz macht das Vertrauen auf die Geschöpfe und uns selbst zunichte, es bewirkt eine Ausleerung der Seele, eine Einkehr in Gott, eine Reini-

37 Koepp a.a.O. 1912 S. 255.
38 WChr 3:9:6, S. 72; 3:9:7, S. 72 f; 3:16:4, S. 117.
39 29. Juni 1608, zit. n. Fr. Arndt a.a.O. S. 81.
40 WChr 1:6:5, S. 57; 3:14:1, S. 99 f; vgl. BT 78 va, H 271 f.
41 WChr 1:37:13, S. 392 f, vgl. ThD 43, S. 87.
42 WChr 1:11:11, S. 97 f.
43 WChr 1:11:11, S. 98; 1:12:7, S. 109; vgl. 1:13:4, S. 118; 1:13:10, S. 121.

gung des Herzens, die zum Grund der Demut führen, darin Christus gesehen wird.[44]

Auch Taulers Verständnis der Nachfolge trägt das Gepräge der Introversionsmystik. Er beschreibt, wie die Erfahrung von Gottes Ferne trotz aller Sehnsucht des Menschen diesen "näher in den Grund lebendiger warheit/ dañ alle befindtlicheit"führt [45], er wünscht dass "wir das creütz also erben/ das wir durch das heilig creütz in den waren grund geratē" [46]. Dieses hat Arndt mit Tauler gemeinsam. Aber das Kreuz ist für Arndt mehr als das von Gott auferlegte Leiden, es ist das tägliche Sterben und Auferstehen mit Christus, das Kreuzigen des Fleisches, das nicht nur ein Weg zur Vereinigung mit Gott ist, sondern vielmehr ein Zeichen der Einwohnung Christi, eine Voraussetzung für das Bleiben in der Vereinigung und ein stetiger Kampf. Die Lehre vom Kreuz und von der Nachfolge Christi ist dadurch mit neuem biblischen Gedankengut bereichert geworden.[47] Es klingt hier die strenge Bussverkündigung und das ethische Anliegen Arndts durch.

Die Bedeutung der Lehre von Wort und Sakrament für die unio mystica ist schon früher beleuchtet worden, in den Hauptgedanken Arndts, dass Wort und Sakrament ins Leben verwandelt werden müssen, dass das Leben Christi im Christen Gestalt annehmen, dass eine Art Inkarnation des Wortes geschehen soll, Gedanken, die Arndt gemeinsam mit ThD hat.[48]

Auch in dem Erlebnis der Einwohnung Gottes übt das Wort seine Wirkungen aus. Arndt sagt von dem im Sabbat der Seele ruhenden göttlichen Licht: "Es kan aber wol erwecket werden durchs Wort/ dz wir im Hertzen ruffen mit der heiligen Monica, Evolemus evolemus, ad aeterna gaudia."[49]

In der Sakramentslehre wird es aber deutlich, wieviel grössere Bedeutung bei Arndt der Taufe zukommt als bei den hier untersuchten Mystikern. Von der Messfrömmigkeit, die die Mystiker so stark geprägt hat, ist Arndt unberührt geblieben. Die Taufe wirkt die neue Geburt, vereinigt mit Gott: "Dazu hastu verordnet die H. Tauffe/ und dadurch dich mit mir vereiniget/ vermehlet unnd verbunden/ das sie mir sey ein Bund eines guten Gewissens mit dir."[50]

44 WChr 2:50:6, S. 598 f; 3:8:5, S. 61; 3:15:7, S. 108.
45 BT 151 va, H 450.
46 BT 153 va, H 459.
47 Zur Lehre von der Nachfolge Christi siehe auch oben: Christus als Exempel.
48 ThD 9, S. 22.
49 WChr 3:6:1, S. 49.
50 WChr 1:3:1, S. 21; 1:3:4, S. 23; 2:2:5, S. 21; 4:1:3:39, S. 59; 3:Gebete:2, S. 181.

Wie in der Lehre vom Wort, so ist auch hier der Hauptgedanke die Verwandlung des Gnadenmittels in Leben. [51] Und auch hier ist die Busse die Voraussetzung für den segenbringenden Empfang, wie Arndt sagt: "Geuss den köstlichen Balsam auff einē Stein/ was wird jm das helffen?"[52]

Wir wenden uns nun dem anderen Gedankenkreis in diesem Abschnitt zu. Hier begegnen uns Begriffe, die von der augustinischen Seelenkunde geprägt sind, welche die Arndt bekannte deutsche Mystik ihm überliefert hatte. Auch hier ist mit Vorsicht vorzugehen. Es fällt nicht schwer, die Gedanken der Mystik in diesem Zusammenhang als Weltflucht oder sogar Schöpfungsfeindlichkeit zu beschreiben. Aber man beachte dann zuerst, dass es hier nicht um das ganze christliche Dasein geht, sondern um den geistlichen Weg der Kontemplation zur Erfahrung der Einwohnung Gottes. Die fast unglaublich grosse, nach aussen gerichtete Aktivität der grossen abendländischen Mystiker, wie Augustin, Gregor, Bernhard - und auch Arndt - ist eine nicht zu übersehende Warnung vor dem Versuch, ihre Introversionsmystik als Weltflucht schlechthin zu beurteilen.

Vielmehr geht es in mancher Hinsicht um einen psychologischen Vorgang der der Konzentration des Künstlers oder des Wissenschaftlers ähnlich ist. Die Entleerung der Seele, die Einkehr der Sinne, die Ruhe der Seele, die Entblössung, die Gelassenheit; dies alles sind Wörter, die ebensowohl die Voraussetzungen jedes künstlerischen oder wissenschaftlichen Schaffens beschreiben könnten. Der Unterschied besteht aber darin dass der Künstler oder Wissenschaftler sein ganzes Dasein, mit Ausschliessung von fast allem anderen, auf einen Gegenstand, der für die augustinische Gedankenwelt *unter* dem Menschen steht, richtet, während die Konzentration des Mystikers eine Hingabe an Gott, an die geistliche Welt *über* dem Menschen ist. Das grosse Christus-Wort der Introversionsmystik ist das immer wiederkehrende: "Das Reich Gottes ist inwendig in euch." (Luk. 17,21) Die erste Voraussetzung für die Erfahrung der Einwohnung Gottes, die Arndt mit der Mystik gemeinsam hat, ist die Entleerung des Herzens: Soll Gott ein muss die Creatur aus. [53] Diese Entleerung bedeutet für Arndt, Tauler und ThD eine Leerung der oberen Seelenkräfte von allen Bildern, d.h. von allen Vorstellungen. [54] Aber schon hier zeigt sich die Eigenart der Arndtschen

51 WChr 1:38:1, S. 403; 2:4:7, S. 55; 3:1:8, S. 10.
52 WChr 1:8:15, S. 79.
53 WChr 3:9:2, S. 67; vgl. BT 10 ra, H −; BT 81 ra, H 282; ThD 8, S. 18; 22, S. 46; NChr 2:7, S. 104.
54 WChr 3:8:9, S. 65; BT 4 ra f, H - ; BT 18 rb, H 42; vgl. ThD 8, S. 18.

Mystik, denn die Entleerung der Seele ist nicht nur eine psychische Übung der Konzentrationskraft, sondern auch ein Werk des Glaubens.[55]

Diese Entleerung bedeutet für Arndt, dass die auf die Welt gerichteten Begierden sterben müssen; anders ausgedrückt, ein Sterben von Sünde, Hoffart, Geiz, Wollust, Eigenwille.[56] Dieses Thema hat Arndt mit Thomas à Kempis gemeinsam.[57] Es bedeutet, wie für Tauler und ThD, eine Wendung des Menschen von der Welt zu Gott.[58] Aber auch in diesem für Arndt und die Mystiker gemeinsamen Gedanken finden wir das Hauptwort Arndts: Glaube. Er schreibt: "Die grösste bereitung aber den H. Geist zu empfahen ist/ wenn das Hertz durch den Glauben und Gebet zu GOtt gewendet wird/ wie der Apostel Hertz am Pfingstage/ wens ausgeleeret wird von den Creaturen..."[59]. Tauler, der über denselben Text gepredigt hat, schreibt: "Sy waren yngeschlossen/ und versamlet/ und sassen still/ da jn der heylig geyst gesant ward. Diser heilig geist wirt gegebē einem yeglichē menschen/ als offt und als vil sich d'mensch wendet mit aller krafft von allen creaturen/ und sich keret zu got."[60] Glaube und Gebet nehmen bei Arndt den Platz des Taulerschen Willensentschlusses und der Kraftanspannung ein. Damit ist auch der Weg der Arndtschen Mystik angedeutet.

Einen anderen Gesichtspunkt vom Weg zur unio mystica vermittelt der Begriff Einkehr. Einkehr bedeutet in der deutschen Mystik eine Abkehr der Seelenkräfte von der äusseren - im augustinischen Sinn unter dem Menschen liegenden - Welt, ein Einholen, eine Konzentration der Kräfte auf das Innere, auf den Grund, wo Gott ist.[61] Diese Konzentration, diese Einkehr der Seelenkräfte in das Innere ist eine Voraussetzung des Gotteserlebnisses.[62] Dann findet die Geburt Gottes in der Seele statt.[63] Die Einkehr ist eine Hinwendung des Menschen von sich selbst, von der Welt, zum Grund, zu Gott.[64] Anders ausgedrückt, der Mensch soll die Unordnung der

55 WChr 3:9:2, S. 67.
56 WChr 1:12:6, S. 108; 1:13:10, S. 121; 3:18:5, S. 125; 3:23:7, S. 162.
57 NChr 1:11, S. 26; 3:36, S. 227 f.
58 WChr 1:36:13, S. 371 f; 2:28:4, S. 306; 3:16:2, S. 114; vgl. BT 49 vb f, H 154; BT 53 vb, H 179; BT 70 vb, H 246 f; vgl. BT 146 rb, H 428; ThD 6, S. 16.
59 WChr 3:16:2, S. 114.
60 BT 53 vb, H 178.
61 BT 1 vb, H 16; BT 32 rb, H 90.
62 BT 10 vb, H - ; BT 137 vb, H 327.
63 BT 138 va, H 330.
64 BT 73 va, H 255; 111 rb, H 478; 127 rb, H 580.

Seele überwinden. [65] Die Einkehr ist also nicht als Weltflucht zu sehen, sondern als Wiederherstellung der inneren Ordnung des Menschen in seiner Beziehung zur Aussenwelt. Es ist hier nur in dem Sinne von Weltflucht zu reden, dass das höchste Gut auch das höchste Ziel der Seelenkräfte sein soll.

Wie hat nun Arndt die Einkehr dargestellt? Sie wird von ihm zuerst christologisch geprägt: Sie ist eine Einkehr ins Herz, von der Welt zu Christus, eine Abkehr von der Welt hin zu Christus und seinem Verdienst. [66] Daher ist die Einkehr als Glaube zu verstehen: "DEr Wahrhafftige Weg einzukehren zu seinem inwendigen Schatz unnd höchstem Gut/ ist der wahre Lebendige Glaube."[67] Glaube heisst Gott im Herzen Stätte und Raum geben, in seinen Ursprung einkehren; der Glaube lässt den Menschen in sich selbst einkehren. [68] Aber damit haben wir auch die Taulersche Einkehr vor uns, das Einholen der Kräfte, die Einkehr in den Grund. [69] Gott will die im Äusseren zerstreute, d.h. die durch die Seelenkräfte an das Irdische gebundene Seele, einsammeln, einigen, in sich selbst einkehren lassen, um sein Werk vorzubereiten. [70] Diese Einkehr ist eine Passivierung der Seelenkräfte, auch der Vernunft, die dadurch bedingt ist, dass der Mensch in göttlichen Dingen nichts vermag. [71] Ja, die Einkehr, die das Leiden wirkt, führt zur Erkenntnis der wahren menschlichen Not: "Dann die Seele des Menschen wird dann in sich selbst gekehret werden/ und in jr selbst befinden/ dz sie des Ewigen und höchsten Gutes Beraubet ist/ dazu sie nimmermehr in Ewigkeit wieder kommen kan/ unnd dasselbe durch jhre eigene schuldt."[72] Die Befreiung aus der Gebundenheit an das Geschöpfliche ist ein Werk Gottes. Arndt beschreibt es mit dem aus dem Neuplatonismus wohlbekannten Bild des Magneten, das er auch mit Tauler gemeinsam hat: "GOtt muss uns aber mit seiner Göttlichen Liebe berüren/ sollen wir mit jhm recht gründlich vereiniget werden/ gleich wie ein Magnetstein das Eysen berühret unnd nach sich zeuhet." [73] Dieses Abwenden von der Welt hin zu Christus, diese Einkehr in das Herz zu Christus ist nun von grosser ethischer

---

65 Vgl. BT 146 rb, H 428.
66 WChr 1:23:6, S. 238; 2:3:4, S. 34 f; 3:12:5, S. 92; vgl. 3:18:1, S. 122; 3:18:3, S. 124.
67 WChr 3:2:1, S. 11.
68 WChr 3:2:3, S. 13; 3:2:4, S. 15; 3:2:5, S. 16.
69 WChr 3:2:10, S. 22; vgl. BT 32 vb, H 92.
70 WChr 3:12:1, S. 89; vgl. 3:6:1, S. 48; vgl. 3:19:3, S. 128.
71 WChr 3:10:2, S. 75.
72 WChr 4:2:38:2, S. 328 f.
73 WChr 3:13:1, S. 94; bei dem Areopagiten: Rolt a.a.O. S. 15; bei Paracelsus: Pagel a.a.O. S. 205. BT 43 va, H 139.

Bedeutung, "umb dess rechten gebrauchs willen dess zeitlichen/ welches zeitlichen dir Gott woll gönnet und erlaubt."[74]

Wir sehen, dass Arndt einen Begriff Taulers aufgegriffen, ihn im Taulerschen Sinn gebraucht und doch in reformatorischer Richtung verarbeitet hat. Die Einkehr wird nicht nur zum Einholen der Kräfte und zur Hinwendung von der Welt zu Gott, sondern zum Glauben an Christus, der ein Werk Gottes ist. Wohl kennt auch Tauler die Einkehr als Glauben, aber Arndt hat dieses Thema verstärkt und christologisch geprägt, gemäss seiner Spiritualität, die sich nicht wie die Taulers auf die Einheit des göttlichen Wesens richtet, sondern vor allem Christus-Glaube ist.

Ein Parallellbegriff zu Entleerung und Einkehr ist in Entblössung zu finden. Sie bedeutet für Arndt wie für Tauler, dass der Mensch frei sein soll von sich selbst und von allem was nicht Gott ist.[75] Die Passionsmeditation ist für Arndt ein Weg zur Entblössung geworden: "Der Heilige blosse Leichnam deines HERRN am Creutz soll dich lehren entblössen von allen Creaturen."[76] Die Anfechtungen des Gewissens führen zur Entblössung, die den Menschen lehrt, auf nichts anderes als allein auf Gott zu hoffen.[77] So wird hier bestätigt, wie Arndt die Taulersche Gedankenwelt im evangelischen Sinn verarbeitet hat, indem er die Anfechtung des Gewissens als Entblössung beschreibt.

Entleerung, Einkehr, Entblössung beschreiben alle, dass der Mensch die Welt und sich selbst loslässt. Mit einem anderen Gedankengang könnte es auch als die Erkenntnis des eigenen Nichts beschrieben werden. Diese Erkenntnis beschreibt die dem Menschen geziemende Demut Gott gegenüber. "Nichts" ist nicht als eine metaphysische Beschreibung zu verstehen, sondern als Ausdruck für das Erlebnis des Absoluten durch den Menschen.[78] Diese Sicht ist bei Gregor zu finden, bei Angela, Tauler, NChr, ThD.[79] Luther sagt: "Scriptura non debet aliter gedeut werden, quam quod homo nihil sit, et solus Christus omnia."[80]

In welcher Hinsicht ist nun der Mensch Nichts? Arndt antwortet: "...wir sind ja erstlich kommē aus einem lautern Nicht/ unnd werden

74 WChr 3:12:5, S. 92.
75 BT 11 va, H 35 f; BT 16 vb, H - ; WChr 3:4:3, S. 40.
76 WChr 3:23:4, S. 160.
77 WChr 2:50:13, S. 604.
78 Congar: Mystikernas språk, S. 10.
79 Butler a.a.O. S. 82; Angela Instr. 57, S. 225, Lz 231; 70, S. 370 f, Lz 381 f; ThD 24, S. 48; NChr 3:9, S. 159 f; 3:15, S. 177; 3:45, S. 248 ff.
80 WA 15, 527, 33-37, zit. n. Lohse a.a.O. S. 165, vgl. Lohse a.a.O. S. 179 f.

wieder zu einem lautern Nicht... Wir befinden auch die grosse ver-
gifftung unnd verderbung unser Natur/ dass wir alle zu grossen
Sündē geneiget sein" [81]. Tauler drückt dasselbe so aus: "Das natürlich nicht ist/ dz wir vō natur nicht seind/ und das gebrechlich nicht/
dz ist/ das uns zů einem nicht gemacht hat."[82] Der Mensch ist also
ein Nichts dadurch, dass er Geschöpf ist, d.h. kein selbständiges
Dasein hat, und durch seine Sünde, die ihn vom wahren Sein, Gott,
entfernt. [83] Die Erkenntnis dieses Nichts ist die Voraussetzung für
das Werk Gottes: "Denn gleich wie Gott aus nichts Himmel und
Erde gemacht hat... Also wil er den Menschen/ der auch nichts ist in
seinem Hertzen/ zu etwas herrliches machen."[84]

Diese Erkenntnis des eigenen Nichts, die Demut, ist auch eine
Voraussetzung für die Vereinigung mit Gott: "Denn es kompt Niemandt zu der Lebendigen warheit/ denn durch diesen Weg/ nemlich
durch erkentniss seines eigen Nicht." [85] Anderseits wird auch der
Christ eben durch das Gotteserlebnis zur Einsicht seines Nichtsseins
geführt. [86] Der Weg aufwärts zu Gott ist hier ein Weg abwärts, vom
Hochmut zum eigenen Nichts, ein Weg, der auch seine Stufen hat,
gemäss der Regel: je niedriger je höher. [87] Es liegt in diesem Weg eine
ausgesprochene Einsicht in das eigene Unvermögen. [88] Zu dieser
Erkenntnis wird der Mensch durch Kreuz und Anfechtung geführt.
[89] Mit der Liebe eines wahren Seelsorgers drückt es Tauler so aus:
"Nein liebes kindt/ es sol ein and's sein/ du můst entkleidt werden/
du můst uff dein nicht geweisset werden..."[90]. Es liegt in Worten wie
diesen auch, dass wir hier einem Werk Gottes begegnen, dem gegenüber der Mensch sich passiv - leidend, wie die Mystiker sagen -
verhalten soll. [91] Es wird hier deutlich, wieviel von der Gedankenwelt der Mystik Arndt eigen ist. Aber auch hier hört man die
evangelische Botschaft: "Soll dich nun Gott gnediglich ansehen/ so

81 WChr 3:20:2, S. 137.
82 BT 113 va, H 485.
83 Vgl. WChr 1:19:9, S. 183; 1:19:10, S. 184; 2:10:13, S. 147 f;
   2:23:1, S. 259; 2:31:6, S. 330; BT 72 rb, H 252; BT 137 ra, H 324.
84 WChr 1:19:5, S. 182; vgl. BT 89 rb, H 314; BT 142 vb, H 420.
85 WChr 3:5:2, S. 46; 3:15:10, S. 110; 3:23:20, S. 171 f; vgl. BT 97
   vb, H 367.
86 WChr 3:15:10, S. 110; 3:15:11, S. 111; 3:20:1, S. 135.
87 WChr 3:8:4, S. 60; vgl. BT 118 ra, H 509 (Weber a.a.O. S. 83);
   BT 109 va, H 471.
88 WChr 3:20:1, S. 135; vgl. BT 137 ra, H 324.
89 WChr 3:5:2, S. 45; 3:23:20, S. 171 f.
90 BT 122 va, H 566.
91 WChr 1:1:6, S. 6; 3:2:6, S. 18; vgl. BT 65 va, H 222; BT 92 rb, H
   344; ThD 3, S. 12; 33, S. 65.

mustu in deinem Hertzen bey dir selbst elende seyn... dich gar für nichts achten/ unnd allein im Glauben Christum anschawen.''[92]

Das Leiden des von Gott auferlegten Kreuzes kann von Arndt und den Mystikern auch durch einen anderen Begriff dargestellt werden: Gelassenheit, ein Hauptwort der deutschen Mystik. Denn Gelassenheit heisst, sich Gottes Willen überlassen [93], sich vom Geist regieren lassen [94] an nichts Geschöpfliches gebunden sein, sondern frei, ''Gott gelassen'', bereit, in Gottes Hand zu fallen.[95] Die Gelassenheit ist einerseits eine Entleerung des Willens und ein Einfügen in Gottes Willen, anderseits beschreibt sie das christliche Gottvertrauen, den Glauben.

Der Gipfel der Gelassenheit, des unbedingten Überlassens in Gottes Willen, ist in der resignatio ad infernum zu sehen [96], dem äussersten Punkt der Entleerung des menschlichen Willens. Diesen augustinischen Gedanken hat Arndt wie Tauler, ThD und Angela aufgegriffen. [97] Arndt sagt: ''Ja, wenn er auch der Hellen Peinleiden solt/ dass er sich desselben wol werth achte/ denn willen Gottes Lobe/ und lasse jhm denselben wolgefallen.''[98]

Die Ruhe der Seele kann als eine Zusammenfassung des oben Gesagten beschrieben werden. Diese Ruhe, diesen Frieden verkündigt schon Augustin. Sie ist die tranquillitas ordinis, in welcher der Geist nicht mehr Gott und der Körper nicht mehr dem Geiste widersteht. [99] Sie ist das Schweigen der Sinne, die Einkehr der Kräfte, die Entleerung des inneren Menschen, die Gelassenheit des Willens. Augustin sagt: ''Wenn einem schwiege der Aufruhr des Fleisches, schwiegen die Bilder der Einbildung von der Erde und Wasser... und die Seele selbst schwiege... und nun spräche Er allein...''[100]. Über diese Ruhe der Seele hat Anselm seine vielleicht schönsten Worte geschrieben: ''Eia nunc, homuncio, fuge paululum occupationes tuas, absconde te modium a tumultuosis cogitationibus tuis. Abice nunc onerosas curas, et postpone laboriosas distentiones tuas. Vaca

---

92 WChr 1:19:1, S. 180.
93 WChr 1:1:6, S. 6; 3:14:2, S. 100; 3:20:5, S. 139 f; vgl. BT 19 ra, H 44; ThD 44, S. 88.
94 WChr 1:32:1, S. 330 f; vgl. 3:4:1, S. 39 und BT 81 va, H 285.
95 WChr 2:50:13, S. 604; vgl. BT 112 ra f, H 480.
96 Fr. Heiler: Gelassenheit, RGG Bd II, Sp. 1309 f.
97 Inge a.a.O. S. 236; BT 26 rb, H 66 f; 55 ra, H 183; 114 va, H 489; ThD 10, S. 23; Angela Vis. 24, S. 84 f, Lz 83.
98 WChr 3:5:1, S. 44; 3:7:6, S. 57; vgl. 3:14:4, S. 103; 3:15:7, S. 108 (vgl. BT 103 ra, rb, H 392; Weber a.a.O. S. 89).
99 R. Lorenz: Augustin, RGG Bd I, Sp. 743 f.
100 Conf. IX 10,25, zit. n. Przywara a.a.O. S. 207.

aliquantulum deo, et requiesce aliquantulum in eo.”[101] Hier werden die beiden Aspekte der Ruhe der Seele dargestellt: Ruhe *von* der Welt, *in* Gott. Die Ruhe der Seele bedeutet, dass die Seele passiv und rezeptiv Gott gegenüber steht. [102] In der seligen Ewigkeit wird die Ruhe der Seele vollendet.

Obwohl nun die Ruhe der Seele zum christlichen Gemeingut gehört, darf man nicht übersehen, dass sie verschiedene Bedeutungsschwerpunkte haben kann. Uns sind schon zwei Aspekte begegnet: Ruhe *von* der Welt durch Entleerung, Einkehr, Gelassenheit, und Ruhe *in* Gott. Bei Angela und NChr überwiegt die Ruhe in Gott, eine Ruhe die für Angela, wie zu erwarten, auch von der Passionsfrömmigkeit geprägt ist. [103] Bei den Reformatoren wiederum ist die Ruhe der Seele vor allem die Ruhe in Gottes Wort, die Ruhe des angefochtenen Gewissens. [104]

Für Arndts Lehre von der Ruhe der Seele ist Tauler von besonderem Interesse. Tauler lehrt ein Gelöstsein von der Welt, einen Verzicht auf eigene Tätigkeit, ein Verstummen aller Bilder und Formen.[105] Er sagt: ”Wer aber seyn wircken sunderbar entpfindē wil/ und sein mit einē süssen geschmack/ d’mūss sich insamlen zū im selber uñ sich schliessen vō allē ussern dingē/ uñ sich geben dem heiligē geist/mit rast in eyner stillē rūw...”[106]. Wir erkennen wieder die Entleerung, die Einkehr, die Gelassenheit, als Ruhe *von der* Welt, die Ruhe *in* Gott ist, wie früher gesagt wurde, für Tauler eine Ruhe in dem Unbekannten, in dem Abgrund Gottes.[107]

Die Ruhe der Seele ist der Herzpunkt der Arndtschen Spiritualität. Sein biblisches Fundament ist Matth. 11,29: ”So werdet ihr Ruhe finden für eure Seelen.”[108]

Arndt kennt wohl den augustinischen Hintergrund des Gedankens [109], ebenso wie er sich dessen bewusst ist, was er in dieser Hinsicht von Tauler gelernt hat.[110]

Die Ruhe der Seele ist für Arndt der Weg zum Gotteserlebnis und

---

101 Zit. n. Prenter: Guds virkelighed, S. 16; von Tauler angeführt BT 117 vb, H 508.
102 Oberman: Simul gemitus et raptus, S. 23.
103 Angela Instr. 26, S. 97, Lz 97; vgl. NChr 3:17, S. 181; 3:23, S. 195; 3:40, S. 238.
104 Augustana XX, BEK S. 78, 82.
105 BT 158 rb, H 521; BT 124 va, H 572.
106 BT 53 vb, H 179.
107 BT 141 vb, H 416; 142 ra, H 417; 142 va, H 419.
108 WChr 1:11:12, S. 99; 1:11:13, S. 99; 2:47:15, S. 562 f; vgl. 2:57:8, S. 695; 3:Gebete:1, S. 175.
109 WChr 3:2:10,S. 22 f.
110 WChr 1:39:6, S. 422.

damit auch zum christlichen Leben. Er schreibt: "Da Lehret jhn der HErr das einige/ Nemlich das beste Theil erwehlen durch den Glauben/ und in seinen Ursprung einkehren/ in GOtt durch den innerlichen Sabbath des Hertzens. Aus diesem einigen Quillet heraus das gantze Christliche Leben..."[111].

Arndt beschribt, wie die Seele von allem weltlichen entleert sein muss, wie der Mensch durch den Glauben in sich selbst einkehren muss, wie die Seele *eingesammelt* werden muss; Gott muss Raum und Stätte im Herzen gegeben werden, die Affekte sollen ruhen. [112] Wieder und wieder begegnet uns hier das Hauptwort Arndts: Glaube. Was er von der Ruhe der Seele eigentlich erfahren und durchdacht hat, könnte in seinen eigenen Worten so beschrieben werden: "Deñ dieser Glaube macht uñ Wircket den rechten Hertzen Sabbath/ in Gott zu ruhen/ in welchē inwendigen Sabbath sich Gott offenbahret... durch diesen Glauben welcher Gott allein im Hertzē statt uñ raum gibt... und wohnet Christus in uns..."[113]. Der wahre seligmachende Glaube ist die grösste Ruhe, Friede, Trost und Freude der Seele, eben weil sie die Freiheit des Gewissens von Teufel, Sünden und Menschensatzungen ist. [114] Mit Tauler hat Arndt die Ruhe der Seele kennengelernt als ein Sich-Ergeben in Gott, eine Absage an den Eigenwillen, ein Freimachen von Begierden und Affekten, und nun hat er diesen Gedankenkreis mit der evangelischen Seelsorge so vereinigt, dass der Glaube die Ruhe der Seele wirkt und ist. Die Ruhe der Seele ist für Arndt, das hat er von Tauler gelernt, Entleerung, Einkehr, Gelassenheit, und eben diese Aspekte erhellen für ihn das Wesen des Glaubens, "der sich von der Welt/ von Sünden/ vom Teuffel zu Christo wendet und kehret/ und wider die grösste unzahlbare Schuld der Sündē/ Ruhe und Erquickung der Seelen suchet/ allein in dem Blute/ Tode uñ Verdienst Christi/ ohne aller Menschen Wercke."[115] Hier ist der Herzrhythmus der Arndtschen Spiritualität zu spüren, diese eigenartige Frömmigkeit, die evangelisch bleibt und doch so tief von der mittelalterlichen Mystik geprägt ist.

Die Ruhe der Seele wird, wie gesagt, zur Voraussetzung des Gotteserlebnisses [116] und des christlichen Lebens, aber anderseits ist die Teilhaftigkeit an Christi Leben, die Erfahrung und die Nachfolge seiner Demut und Sanftmut eine Voraussetzung für die Ruhe der

111 WChr 3:2:4, S. 15.
112 WChr 3:2:7, S. 19; 3:2:5, S. 16; 3:12:1, S. 89 f; 3:10:8, S.80 f; 3:16:3, S. 116.
113 WChr 3:2:3, S.13; vgl. 3:2:2, S. 12; 3:2:4, S.15; 1:5:2, S. 43.
114 WChr 3:3:3, S. 27 f; vgl. 1:34:12, S. 349.
115 WChr 1:34:12, S. 349; vgl. 1:11:12, S. 98 f; 1:23:6, S. 237.
116 WChr 1:37:6, S. 386; 3:2:4, S. 14; 3:6:1, S. 48.

Seele. Hier liegt also nicht ein Nacheinander, sondern ein Ineinander vor. Für unsere Darstellung müssen wir von einem Weg, einer Vorbereitung reden, aber im konkreten Leben ist der Gesuchte schon im Suchen da, wie Er selbst sagt: "Ich bin der Weg und die Wahrheit und das Leben." Jetzt und noch nicht, noch nicht und doch schon jetzt, das ist die in dieser Zeit niemals zu überwindende Dialektik des christlichen Daseins.

Wir kennen aus der Geschichte der christlichen Mystik ein beliebtes Bild, das auch bei Arndt zu finden ist: die Himmelsleiter, die die stufenweise Entwicklung des geistlichen Lebens bis zur Gottesvereinigung beschreibt. [117] Das biblische Fundament des Gedankens ist Jakobs Traum: "...und siehe, eine Leiter stand auf Erden, die rührte mit der Spitze an den Himmel, und siehe, die Engel Gottes stiegen daran auf und nieder." (1 Mos. 28,12)

Die Auslegung dieses Textes bei den Mystikern wird durch die im Augustinismus stufenweise gedachte Schöpfung[118] verständlich. Wie Augustin sprechen Raimund von Sabunde und ThD und mit ihnen Arndt. [119] Hier herrscht die Gedankenwelt des Neuplatonismus: von der Schönheit der geschaffenen Dinge über die Einkehr in die eigene Seele zur Schönheit Gottes.[120]

Es gibt aber einen augustinischen Gedankenkreis, der von grossem Gewicht für unser Thema ist, nämlich dass Christus selbst die Himmelsleiter ist. Durch ihn als Mensch gelangt der Christ zu ihm als Gott: "Per hominem ascende in Deum."[121] Dieser Gedanke war für Bernhard und Bonaventura, wie auch für Luther lebendig.[122] Arndt hat ihn im Vorwort zum Zweiten Buch aufgegriffen, um die Struktur dieses Buches zu beschreiben: "An dieser Niedrigkeit und Demut unsers HERRN Jesu Christi/ steigen wir auff/ als an der rechten Himmels Leiter/ in das Hertz GOttes unsers lieben Vaters/ und ruhen in seiner Liebe/ denn an Christi Menschheit müssen wir anfahen/uñ auffsteigen in seine Gottheit."[123] Wir erinnern uns hier an das Hauptthema der Arndtschen Christologie, Christus als Erlöser und Exempel, und daraus wird ersichtlich, wie der Aufstieg durch Christi

---

117 Inge a.a.O. S. 168 f; Butler a.a.O. S. 28, 69, 96; Stoltz a.a.O. S. 129, 141.

118 Schindler: Augustin TRE Bd IV, S. 667.

119 Stöckl a.a.O. S. 1059; WChr 4:2:26:6, S. 291; vgl. 2:29:8, S. 318; ThD 47, S. 91.

120 R. Lorenz: Augustin, RGG Bd I, Sp. 744.

121 Serm. 81,6, zit. n. Adam a.a.O. Bd 1, S. 285; vgl. Przywara a.a.O. S. 338 f.

122 Iserloh a.a.O. S. 63; WA 9, 17, 12; 9,23, 30; 9,39,32; vgl. Hoffman a.a.O.S. 254; Steinmetz a.a.O. S. 139.

123 WChr 2:Vorrede:5.

Menschsein auf das Anschauen im Glauben ebenso wie auf die Nachfolge abzielt. [124] Auch wird das Gebet in Jesu Namen als Himmelsleiter beschrieben. [125]

Der Aufstieg durch Christus als Mensch zu Christus als Gott ist für Arndt, Tauler, ThD und Angela gemeinsames Thema. [126] Sie bewegen sich alle in der augustinischen Gedankenwelt. Von besonderem Interesse wäre es aber zu untersuchen, ob die dreigeteilte Himmelsleiter der Kontemplation: purificatio, illuminatio, unio hier eine Rolle spielt. Diese Leiter ist als ein Ineinander von Askese und Mystik zu sehen, eine Vereinigung von Leben und Betrachtung, Meditation, wie sie schon Origenes lehrt. [127] Die dreigeteilte Leiter ist bei Augustin und Bernhard zu finden, wie auch in der ThD, bei Tauler und Angela. [128] Von besonderem Interesse ist aber Bernhard, den Arndt auch, wie oben gezeigt wurde, in diesem Zusammenhang angeführt hat. Bei Bernhard ist der erste Schritt auf der Himmelsleiter die Erkenntnis der eigenen Unwürdigkeit und der Barmherzigkeit Christi, der zweite die Nachahmung der Werke Christi, der dritte die Vereinigung mit Gott. [129] Was kann nun Arndt hiervon gelernt haben? Im Vorwort zum Dritten Buch schreibt Arndt: "Gleich wie unser Natürliches Leben seine Gradus hat/ seine Kindheit Manheit und Alter/ also ists auch geschaffen mit unserm Geistlichen und Christlichen Leben. Denn dasselbe hat seinen anfang in der Busse/ dadurch der Mensch sich Täglich bessert/ darauff folgt eine mehrere Erleuchtigung als das Mittel Alter/ durch Göttlicher dinge betrachtung/ durchs Gebet/ durchs Creutz/ durch welches alles die Gaben GOttes vermehret werden/ Letzlich kömpt das vollkomne Alter/ so da stehet in der gentzlichen vereinigung durch die Liebe... Solche ordnung hab ich in diesen Dreyen Büchern..." [130] Hier hat Arndt die Struktur seines Werkes beschrieben, wie er sie auch in den Untertiteln der Bücher dargestellt hat. Diese Struktur entspricht der dreigeteilten Leiter der Mystiker, besonders Bernhards. Purificatio wird bei Arndt zu Busse, d.h. Sündenerkenntnis und Glaube; Illuminatio heisst Erleuchtung, d.h. Erkenntnis Christi als Erlöser und Exempel; Unio ist das Suchen und Finden des inwendigen Schatzes, des durch den Glauben einwohnenden Christus. Der Gedanke der

124 Vgl. WChr 2:13:3, S. 163; 3:23:22, S. 174.
125 WChr 2:48:12, S. 576.
126 BT 99 ra, H 372; ThD 53, S. 98; Angela Vis. 47, S. 167 f, Lz 171.
127 Stoltz a.a.O. S. 215 f.
128 Inge a.a.O. S. 130; Butler a.a.O. S. 28, 96; ThD 12, S. 30. Zu Tauler siehe Wrede a.a.O. S. 143 f; Angela Vis. 47, S. 167 f, Lz 171.
129 Hohes Lied 69, 6,8, nach Adam a.a.O. Bd 2, S. 80.
130 WChr 3:Vorrede:1.

dreigeteilten Himmelsleiter bildet tatsächlich die Struktur der drei ersten Bücher. Das Neue bei Arndt den Mystikern gegenüber kommt vor allem in der evangelischen Busslehre zum Ausdruck sowie in der Hinzufügung des Vierten Buches, der Physikotheologie, und der Ethik.

Wir haben uns bisher bei dem biblischen Bild der Jakobsleiter aufgehalten. Es gibt aber auch ein anderes Bild, das dieselbe Wirklichkeit beschreibt: Der Thron des Salomo (1 Kön. 10,19, 20). Mit diesem Symbol hat die Mystik das Leben als Aufstieg in den Himmel beschreiben wollen [131]. Die sechs Stufen und der Thron an ihrem Ende teilen das mystische Leben in sieben Grade, wie es in der abendländischen Mystik auch üblich ist.[132] Bei Arndt bezeichnen die Stufen die Grade der Demut. Das Aufsteigen zu Christus ist ein Herabsteigen von dem eigenen Ich. Er sagt: "Also sind sechs Grad der Demuth wenn man dieselbe auffsteiget/ so findet man den Himlischen Friedenkönig Salomon in seinem Thron..."[133]. Er fügt ein Augustinus-Wort hinzu: "Est humilis via, sed excelsa Patria." Die Wirklichkeit, die hier gemeint ist, ist dieselbe, die uns früher in dem Gedanken von dem Weg durch Christus als Mensch zu Christus als Gott begegnet ist.

Die Verarbeitung des mystischen Erbes bei Arndt zeigt, wie tief er davon geprägt ist. Den Weg zur Vereinigung mit Gott hat er mit den Mystikern gemeinsam. Die Struktur seines Werkes ist von der Mystik geformt. Wir haben versucht, diesen Weg in zwei Kreisen darzustellen, dem biblischen und dem augustinischen. Damit ist nicht gesagt, dass der biblische von dem für Augustin selbstverständlichen neuplatonischen Denken unberührt sei, wie auch dem augustinischen Kreis nicht wahre biblische Inspiration fehlt, sondern es ist hier nur gemeint, dass in dem ersten das biblische Material deutlicher hervortritt, in dem zweiten dagegen die augustinisch-neuplatonische Gedankenwelt. Eben in diesem zweiten Kreis wird für uns deutlich, wie Arndt die von der Mystik vermittelten Begriffe verarbeitet. Vor allem spielen zwei Hauptwörter eine Rolle auf dem Weg zur Gottesvereinigung: Glaube und Wort Gottes, der Glaubensgegenstand. Die Mystik Arndts wird zu einer Glaubensmystik, Wortmystik, d.h. die Vereinigung mit Gott wird durch Glauben und Wort vermittelt, ja, sie ist schon im Glauben an das Wort da.

131 Stoltz a.a.O. S. 129.
132 Stoltz a.a.O. S. 128; Inge a.a.O. S. 168.
133 WChr 3:5:3, S. 46.

DIE VEREINIGUNG MIT GOTT

Die Vereinigung mit Gott, die unio mystica, ist der Mittelpunkt aller Mystik. Sie ist eben mystica, geheimnisvoll, insofern, als sie eine Wirklichkeit darstellt, die sich nicht ohne weiteres beschreiben lässt. Da sie letztendlich unaussprechlich ist, wie die Mystiker oft bezeugen, müssen die Aussagen der Mystik mit Vorsicht gedeutet werden. Die Mystiker haben im höchsten Grad mit der Schwierigkeit zu ringen, die tatsächlich aller Theologie eigen ist, nämlich das Unsagbare auszusagen. Die unio mystica lässt sich nicht eindeutig definieren, sie ist nur durch "komplementäre" Beschreibungen zu verstehen, um an Niels Bohrs Ausdruck anzuknüpfen. Gott und Mensch sind eins, und doch zwei. Gott ist mit dem Menschen vereinigt und bleibt doch fern. Wenigen ist es gegeben, diese geheimnisvolle Dialektik so tiefgehend zu beschreiben wie Augustin: "Du warst in meinem innern, aber ich war draussen... Du warst bei mir, doch ich nicht bei dir... ich habe dich verkostet und nun hungere und dürste ich nach dir..."[1].

Für Johann Arndt ist die Vereinigung mit Gott das Ziel des Menschen: "GLeich wie der Mensch durch den Abfall von GOtt/ das ist/ durch eigene Liebe unnd eigene Ehre von Gott gerissen/ und seine angeschaffene Vollkommenheit verloren: Also muss er durch die Vereinigung mit Gott wieder zu seiner vollkommenen ruhe/ und Seligkeit kommen. Dann des Menschen Vollkommenheit stehet in der vereinigung mit Gott."[2]

Die Arndtsche Mystik geht aber nicht von der Allgegenwart Gottes aus sondern von seiner durch den Glauben an Christus bedingten Gnadeneinwohnung. Die Vereinigung mit Gott ist auch kein Privileg besonders begnadeter Seelen, sondern eine im Glauben an Christus gegebene Wirklichkeit, die allen Christen gehört: "Also ist kein Christ im newen Testament / der nicht Christum in seinem Hertzen hette hören reden/ und die Salbung des Geistes nicht in jhm geschmecket hette."[3] Nicht nur die Einwohnung Gottes, sondern auch die Erfahrung davon ist also allen Christen geschenkt. Und es ist eben diese Erfahrung, zu der Arndt seinen Leser führen will. Denn in allen gläubigen Herzen wohnt die Heilige Dreifaltigkeit, aber wer ist "unter den Christen der diesen Schatz in jhm erkennet/

---

1 Bekenntnisse, X, 27, zit. n. Stoltz a.a.O. S. 251.
2 WChr 2:6:1, S. 75.
3 WChr 2:51:12, S. 618.

gross achtet/ und suchet?"[4] Arndt will den Christen lehren "seine eigne Himlische und Geistliche Dignitet uñ Wirdigkeit erkennen" (ibid.).

Die Vereinigung mit Gott ist für Arndt in einen grossen Zusammenhang eingefügt. Er beschreibt sie in der zweiten Vorrede zur ThD: "An dieser Erneuerung in Christo/ an dieser geistlichen Himmlischen Göttlichen (παλιγγενεσία) ist alles gelegen/ dieselbe ist finis totius Theologiae & Christianismi. Diss ist die Vereinigung mit Gott. 1 Cor 6. die Vermählung mit unserm Hiṁelbräutigam JEsu Christo Hos. 2. Der lebendige Glaube/ die neue Geburt/ Christi Einwohnung in uns/ Christi edles Leben in uns/ des H. Geistes Früchte in uns/ die Erleuchtigung und Heiligung/ das Reich Gottes in uns. Diss ist alles eines."[5] Hier tritt deutlich hervor, dass die Vereinigung als eine im Glauben gegebene Wirklichkeit das Ziel des Menschen ist. Auch ist hier das stark ethische Gepräge der Arndtschen Mystik zu sehen: Erneuerung in Christus, Christi edles Leben in uns, des Geistes Früchte, die Heiligung. Die ethische Frage ist gewiss auch bei den Mystikern gegenwärtig, aber sie erhält bei Arndt ein neues Schwergewicht. Anderseits wird in diesem Vorwort der ThD angedeutet dass eben die Ethik das ist, was Arndt vor allem von den Mystikern gelernt hat, d.h. die Verbindung der ethischen Frage, die seine pastorale Frage war, mit der Lehre von der Gottesvereinigung. Arndts Vorrede zu Taulers Postille von 1621 bestätigt, dass es eben dieses pastorale Anliegen ist, das ihn zu der Mystik geführt hat: "Zu einer solchen Besserung hat Taulerus alle seine Predigten gerichtet... ein Hertz so Christum zum Grundt gelegt hat/ wird in Taulero so ein liecht der besserung finden..."

Daher ist die Lehre von der Gottesvereinigung bei Arndt nicht unter dem Zeichen der Weltflucht zu sehen, vielmehr ist sie wirksames Zentrum des christlichen Lebens und Glaubens. Denn darauf zielt Arndt: auf den lebendigen, tätigen Glauben, fides operosa. Die Vereinigung mit Gott vereinigt mit allen Menschen.[6]

Koepp wird Arndt keineswegs gerecht, wenn er schreibt: "Und was ist der Erfolg dieses Erlebens? Weiter gar nichts, als wieder die weltfremde oft wohl sehr energische, aber auch egoistische Vorbereitung neuer verzückter Lust."[7]

Die Gottesvereinigung ist der Mittelpunkt der Arndtschen Spiritualität, das Ziel der Theologie und des menschlichen Lebens, und eben gegen diesen zentralen Punkt richtet sich die Arndt-Kritik Wilhelm Koepps. Nun geht diese Kritik an dem angestrebten Ziel in

4 WChr 3:1:1, S. 1.
5 Zit. n. WChr 1706, S. 1261.
6 WChr 3:14:4, S. 103.
7 Koepp a.a.O. 1912 S. 262.

mancher Hinsicht vorbei, da sie behauptet, dass alle Mystik dem
Luthertum fremd sei, ja, nicht nur fremd, sondern entgegengesetzt. [8]
Der Hintergrund zu Koepps Auffassung ist teils darin zu sehen, dass
Luthertum, seiner Ansicht nach, keine Vereinigung mit Gott kennt,
nur "Verkehrsgemeinschaft" mit Ihm. [9] Koepp ist hier in unüberseh-
bare Schwierigkeiten den lutherschen Texten gegenüber geraten.
Luthers Lehre von der Einwohnung Christi und der Vereinigung mit
Ihm ist auch seit Koepps Zeit ein gründlich bearbeitetes Untersu-
chungsgebiet geworden. Koepps Schwierigkeiten mit dem lutherschen Zeugnis, Arndt und der Mystik wären geringer, hätte er beachtet, dass Gottesvereinigung zwei Bedeutungen hat: Das Einwohnen
Gottes in der Seele und die Erfahrung der Gegenwart Gottes im
Innern des Menschen. Das erstere wird häufig von Luther und den
Bekenntnisschriften behandelt, wie auch von Arndt. Das zweite aber
tritt deutlicher bei Arndt hervor, obwohl es in der Natur der Sache
liegt, dass hier menschliche Worte unzureichend sind; dasselbe gilt
von vielen Glaubenswahrheiten. Doch ist hierin das Neue bei Arndt
zu sehen, dass er den Christen zu einer lebendigen Erfahrung, einem
"Schmecken" der Glaubenswahrheiten führen will, nicht um des
Geniessens der Erfahrung willen, nicht weil in der Gotteserfahrung
neue Wahrheiten zu entdecken seien, sondern um der Erneuerung
des christlichen Lebens willen, die daraus ihre Kraft schöpft. Dieses
ethische Gepräge der Lehre von der Einwohnung Christi hat Arndt
mit Luther gemeinsam. [10]
  Koepps Methode, die "lutherische" "Verkehrsgemeinschaft" und
die mystische Gottesvereinigung als Gegensätze zu untersuchen,
liefert uns nicht das geeignete Instrument, die Arndtsche Spiritualität
zu verstehen. Man muss hier andere Fragen an die Texte stellen: Wie
wird die Gottesvereinigung beschrieben? Ist die Allgegenwart Gottes oder die Einwohnung Christi Ausgangspunkt? Was im Menschen
wird mit Gott vereinigt und auf welche Weise? Bedeutet die Vereinigung Identitätsverlust des Menschen? Wer ist wirkender: Gott oder
der Mensch?
  Wir haben schon früher gesehen, dass die Mystik Taulers ihren
Ausgangspunkt in der Allgegenwart Gottes hat. Wir erinnern uns
dabei daran dass Tauler als Dominikaner in der thomistischen Tradition zu Hause ist. Johannes a S. Thoma hat in seiner Darstellung von
S. Th. I Q 43, Art. 3 diese Frage beleuchtet: "Gott ist ... auf Grund
seiner Allgegenwart auch in der Seele des Gerechten wie in allen

---

8 Ibid. S. 264, 276.
9 Ibid. S. 263.
10 Steinmetz a.a.O. S. 90; Prenter: Theologie und Gottesdienst S.
   228; Hoffman a.a.O. S. 88.

anderen Dingen. Für den Begnadeten modifiziert sich diese Gegenwart nur insofern, als Gott in ihm dank der übernatürlichen Gnadenkraft nun auch erfahrungsmässig erkennbar und wahrnehmbar wird."[11] Tauler drückt dasselbe so aus: "Dises inkomēs uñ inwirkkens/ werde nit alle menschē gewar/ wie wol er doch ist in allen gůten menschen."[12]

Arndt dagegen geht eindeutig von der Einwohnung Christi durch den Glauben aus, wie früher gezeigt wurde. Hier ist der erste Unterschied zwischen Arndt und Tauler zu sehen. Wohl kennt Tauler Worte wie Eph. 3,17[13], aber das Gepräge seiner Mystik ist vom Gedanken an die Allgegenwart geformt.

Wie beschreibt nun Tauler die Gottesvereinigung? Sie ist ein Versinken in den Geist Gottes, ein Einschmelzen in das Gut, ein Zerschmelzen in der Liebe Gottes, ein Verschmelzen mit dem göttlichen wahren Grund, ein Überfliessen in die göttliche Einheit. Der Mensch wird übergossen von der Gottheit, er versinkt und ertrinkt im göttlichen Abgrund.[14] Alle diese Ausdrücke zeugen von den Versuchen eines Meisters der deutschen Sprache, das Unsagbare, das er erlebt hat, auszusagen. Aber nicht nur überwältigende Erfahrungen kommen darin zum Ausdruck, sondern auch eine ganz bestimmte Spiritualität, die um den Gedanken der Einheit des göttlichen Wesens kreist. Die unio mystica ist von einer neuplatonischen Einheitsmetaphysik geprägt, die nicht zu übersehen ist: der Mensch, der alle Vielfalt aufgegeben hat, wird eins mit dem Einen. Auch von hier aus sind die prägnanten Ausdrücke Taulers für die Einheit in der Gottesvereinigung zu verstehen.

Arndts Spiritualität, die die Seelenkunde des Einheitsdenkens Taulers aber weniger von dessen Theologie, übernommen hat, ist anders geprägt. Er beschreibt, wie Christus in uns lebt, wie wir in Gott, in Christus versetzt werden. Christus wohnt in uns durch den Glauben, Gott giesst sich in den Menschen aus. Gott erfüllt die Seele mit sich selber, der Mensch wird in Gott versenkt, er wird in Gott mit Christus eingewurzelt, der Glaube ergreift Christus.[15] Der biblische Wortlaut klingt durch. Das Hauptwort ist Eph. 3,17: "Dass Christus wohne durch den Glauben in euren Herzen und ihr durch die Liebe

11 Nach Stoltz a.a.O. S. 164.
12 BT 53 vb, H 179.
13 BT 113 vb, H 486.
14 BT 34 vb, H 101; 43 ra, H 137; 49 rb, H 167; 67 ra, H 228; BT 89 ra, H 313 f; 107 vb, H 402.
15 WChr 1:3:9, S. 28 f; 1:5:4, S. 45 f; 1:39:10, S. 426 f; 1:1:9, S. 10; 2:28:4, S. 306; 2:14:3, S. 172; 3:3:2, S. 25.

eingewurzelt und gegründet werdet."[16] Glaube und Liebe, die beiden Worte des paulinischen Zeugnisses von der Gottesvereinigung, kennzeichnen auch Arndts Darstellung davon.[17] Wohl kann Arndt Taulersche Ausdrücke aufnehmen, z.B.: "...wie der Leib in die Erde begraben wird/ also die Seele in die grundlose Gottheit..."[18] Aber die biblischen Begriffe bilden den Schwerpunkt seiner Darstellung.

Was bedeutet nun die unio mystica? Bedeutet die Gottesvereinigung auch einen Identitätsverlust des Menschen? In der früheren Arndtforschung wurde angenommen, dass bei den mittelalterlichen Mystikern eine solche Identitätsvermischung zu finden sei.[19] Ausgesprochen oder unausgesprochen steht dahinter wohl auch die Annahme, dass hierin Einfluss vom Neuplatonismus zu erkennen sei, den die Mystik als eine im Grunde ausserchristliche Grösse verurteilt. Schwager und Weber haben behauptet, dass ein solcher Identitätsverlust des Menschen in der unio mystica zu finden sei, und sie haben in diesem Punkt die Selbständigkeit Arndts der Mystik gegenüber gesehen: Weber schreibt: "Insbesondere eliminiert er den Kern der Taulerschen Religiosität: die 'unio mystica', das völlige Einswerden der Seele mit Gott.[20]

Nun ist es nicht ohne weiteres klar, dass die Neuplatoniker ein solches völliges Einswerden der Seele mit Gott im Auge haben. Plotin sagt, dass die Seele eins mit der höchsten Vernunft wird, ohne sich selbst zu verlieren, so dass beide eins und doch zwei sind.[21] In der frühchristlichen Mystik, wie bei Origenes und Clemens, wird es als eine Häresie angesehen, dass der Mensch "ein Teil von Gott" oder wesenseins mit Gott werden könnte.[22] Dasselbe ist bei dem Areopagiten zu finden, das Paradox, dass die Seele eins mit Gott ist und doch ihre Identität behält.[23] Augustin beschreibt, wie wir mit Gott vereinigt werden "nicht da wir werden, was Er selbst ist, aber Ihm die Nächsten, an Ihn rührend und Ihn erreichend in einer wunderbaren und geistigen Weise..."[24]. Bernhard beschreibt die unio

---

16 WChr 1:39:10, S. 426 f; 1:6:9, S. 59 f; 1:31:12, s. 328; 2:6:3, S. 76 f; 2:37:19, S. 439; 2:48:6, S. 572; 2:54:6, S. 667; 3:2:3, S. 13; 3:3:3, S. 27.

17 Glaube - siehe oben; Liebe: 2:24:12, S. 270 f; 2:26:2, S. 284; 3:Vorrede:1; 4:2:26:2, S. 289; 4:2:28: - , S. 293 ff; 4:2:32:2, S. 304.

18 WChr 3:8:8, S. 64; BT 131 va, H 561.

19 Weber a.a.O. S.101, 102; vgl. Schwager a.a.O. S. 67.

20 Weber a.a.O. S. 101; vgl. S. 71; Lund a.a.O. S. 207 f.

21 Inge a.a.O. S. 92 f.

22 Ibid. S. 13.

23 Rolt a.a.O. S. 28.

24 Przywara a.a.O. S. 152 f.

nicht als eine Vereinigung der Substanzen, sondern als eine Einheit der Willen. [25] Vor diesem Hintergrund wäre es überraschend, wenn Weber in seiner Annahme recht hätte: "Es leidet keinen Zweifel, dass Tauler die Identität der geläuterten Seele mit Gott beschreibt."[26]

Tatsächlich verhält es sich so, dass Tauler sich in die Tradition der christlichen Mystik, wie wir sie in dieser Hinsicht gesehen haben, eingefügt hat. Die Tauler-Forschung hat sein Traditionsbewusstsein bestätigt.[27] Taulers eigene Worte sind erhellend: "Diss nemē die unuerstendigē menschen fleischlich/ und sprechē sie solten verwandelt werden in göttlich natur/ und das ist zūmal falsch/ und böse ketzerey. Wann von der allerhöchsten nechsten innigsten einung mitt gott so ist doch götlich natur uñ sein wesen hoch/ uñ höher über alle höch/ das gat in ein götlichen abgrūd/ das da nymmer kein creatur würt."[28]Selbst in der tiefsten Erfahrung der Gottesvereinigung ist also Gottes Wesen hoch über den Menschen. Taulers Polemik in diesem Punkt richtet sich wahrscheinlich gegen "die freien Geister".

Der Abstand, der in der tiefsten Einheit bleibt, wird von Tauler ebenso wie von Arndt mit einem schönen Bild beschrieben: die geistliche Vermählung. Es stammt von Origenes, von seiner Auslegung des Hohen Liedes, wurde aber erst von Bernhard gründlicher durchdacht. [29] Luther hat es geschätzt[30], wie auch Staupitz [31]. Tatsächlich bedeutet dieses Bild für Arndt mehr als für Tauler[32], was auch in den früheren ebenso wie in den späteren Schriften deutlich hervortritt. [33] Vielleicht lässt sich diese Vorliebe Arndts mit dem Einfluss Bernhards, Staupitz' und Luthers erklären. Mit diesem Bild

25 Hohes Lied LXXI, 5-10; Butler a.a.O. S. 114; vgl. Oberman: Simul gemitus et raptus S. 28.
26 Weber a.a.O. S. 102.
27 Denifle a.a.O. S. 206 f; Wrede a.a.O. S. 151, 189 f, 214; Wyser a.a.O. S. 281.
28 BT 67 rb, H 229 f.
29 Butler a.a.O. S. 110; vgl. S. 97.
30 WA 40, 1, 241; 40, 1, 286; vgl. Hoffman a.a.O. S. 172, 254.
31 Staupitz a.a.O. S. 78 f.
32 WChr 1:12:15, S. 113; 1:14:9, S. 134 f; 1:14:12, S. 138; 1:41:9, S. 454 f; 2:29:11, S. 320 f; 3:2:8, S. 20; 3:3:3, S. 27; 3:7:2, S. 54; 3:12:6, S. 93; 3:Gebete:2; 4:1:6:28, S. 205; BT 122 ra, H 564; 125 ra, H 574; 160 vb, H 552; 143 rb f, H 423.
33 Leichenpredigt für die Bürgermeisterin Schöppenstedt, S. 8 r; Vorrede zu ThD 1605; WChr 1706, S. 1261; Die Postille (Urausgabe 1616) Predigt 20. n. Trin., S. 229 ff (1637); Die Catechismuspredigten (Urausgabe 1617), S. 64 v, 151 v, 170 r, 216 v (1630); De unione (Urausgabe 1620), Kap. 7; WChr 1706, S. 1118.

wird die Einheit der Seele mit Christus beschrieben, eine Einheit, in welcher die Identitäten bestehen bleiben. Denn dass es sich so verhält, davon ist Arndt ebenso tief überzeugt, wie Tauler und die anderen Mystiker.[34]

Wie ist es nun zu erklären, dass Urteile wie die von Weber und Schwager möglich gewesen sind? Rolts Worte von dem Areopagiten könnten die Richtung der Antwort anzeigen: "...he is not so much concerned with theory but is merely struggling to express in words an overwhelming spiritual experience."[35] Taulers Worte vom Versinken, Einschmelzen, Zerschmelzen u.a., ebenso wie die Worte Christi in Angelas Vision "Du bist ich"[36] sind nicht als theologische Aussagen zu behandeln, sie sind Versuche, eine unaussagbare Erfahrung zu beschreiben. Es gibt in der abendländischen Mystik kein Vermischen des göttlichen und menschlichen Seins[37], das von Arndt eliminiert worden wäre. Aber die Mystiker reden von der unio mystica auf zwei Stufen, die nicht miteinander zu verwechseln sind: die erste ist die Vereinigung als Glaubenstatsache, die zweite als Erfahrung. Wer nun die zweite als die erste versteht, hat sich in der Sprache der Mystiker geirrt. Der grosse Unterschied zwischen Arndt und den Mystikern ist nicht in bezug auf die Stufe der unio als Glaubenstatsache, sondern hinsichtlich der zweiten Stufe zu finden. Er bezieht sich auf die Sprache, die die Vereinigung beschreibt, wo Arndt sich bewusst auf den biblischen Wortlaut begrenzt hat.

Von besonderem Interesse ist hier das Thema der Vergottung. Weber schreibt: "Arndt ... weist die mystische Vergottung zurück. Ziel des Heilsprozesses sind nicht Götter, sondern neue Kreaturen."[38] Es muss hier zuerst die Frage gestellt werden, ob die Vergottung bei den Mystikern, wie Weber anzunehmen scheint, eine göttliche Identität des Menschen meint. Aber eben weil Gott unendlich ist, kann das ihm Ähnlich-werden nie eine vollendete Tatsache sein, die Vergottung ist vielmehr ein "progressus ad infinitum"[39]. Der Ausdruck Vergottung ist bei Clemens, Irenaeus, Origenes, Gregorius von Nyssa ebenso wie bei Augustin zu finden.[40] Bei Augustin zielt er auf die Vollendung im Himmel.[41] Für die Mystiker beschreibt er die mystische Erfahrung wie auch ihre Folge, die

34 WChr 1:1:6, S. 6; 1:41:9, S. 455.
35 Rolt a.a.O. S. 29.
36 Vis. Kap. 26, S. 96, Lz 96; KA S. 80.
37 Stoltz a.a.O. S. 89; vgl. Schwager a.a.O. S. 67; Weber a.a.O. S. 101; Wyser a.a.O. S. 279.
38 Weber a.a.O. S. 56.
39 Inge a.a.O. S. 191.
40 Inge a.a.O. S. 12 f.
41 Butler a.a.O. S. 108; Serm. CLXVI, 4.

Einheit der menschlichen Affekte mit dem Willen Gottes.[42] Der Areopagit spricht von der von Gott verliehenen "Vergottung, welche die dem Vermögen eines jeden entsprechende Gottähnlichkeit mit sich führt."[43]. Für Luther liegt das Schwergewicht auf der ethischen Erneuerung als Folge der Rechtfertigung; er nimmt auch den von der Mystik geschätzten Gedanken, dass der Mensch in Gott verwandelt wird, auf.[44] Wer nun die Darstellung Taulers durcharbeitet wird finden, dass sein Zeugnis von der Vergottung ethisch geprägt ist; sie bedeutet, dass Gott sein Werk im Menschen wirkt, dessen Leben davon geformt wird; er wird gottförmig; Vergottung bedeutet nie eine Identität des Menschen mit Gott.[45] Der Gedanke Taulers, den Arndt angeblich abgelehnt hat, ist also dort gar nicht zu finden.

Nun lässt sich aber leicht erklären, wo das Fehlurteil herrührt. Denn das Wort Vergottung kommt bei Arndt nicht vor. Damit ist jedoch nicht gesagt, dass ihm die Wirklichkeit fremd sei, die damit gemeint ist. Wie lässt es sich übrigens erklären, dass Arndt das Wort in seiner Ausgabe der ThD belassen hat, wenn er die dahinterstehende Wirklichkeit abgelehnt hätte? Auch für ThD bedeutet die Vergottung eine Übereinstimmung des menschlichen Willens mit Gott, das Wirken Gottes in des Menschen Werken, eine Durchleuchtung des Menschen mit göttlichem Licht.[46]

Ist nun die Wirklichkeit, die Tauler mit der Vergottung gemeint hat, im Wahren Christentum zu finden? Arndt hat zwei Ausdrucksformen, die das Thema beleuchten können. Die erste geht von 2. Petri 1,4 aus: "...dass ihr dadurch teilhaftig werdet der göttlichen Natur, so ihr flieht die vergängliche Lust der Welt."[47] Diese Teilhaftigkeit an der Natur Gottes setzt also für Arndt ein ethisches Verhalten voraus, anders ausgedrückt: sie ist im Zusammenhang mit den Stufen des christlichen Lebens zu sehen "...wann wir von Hertzen Busse thun/ und unser Leben nach Gottes Wort anstellen. Darauff folget die rechte erleuchtigung und vermehrung aller gnadengaben Gottes/ und Gottes sonderliche nahe verwandtnüss/ dass wir auch der Göttlichen Natur theilhafftig werden..."[48]. Die Erleuchtung ist

---

42 Butler a.a.O. S. 39, 109.

43 Göttl. Namen II, 11, S. 47.

44 Hoffman a.a.O. S. 164 f, 207; vgl. WA 40, 1, 182, 390.

45 BT 21 vb, H 51; 30 rb, H 81; 79 vb, H 277; 87 rb, H 306; 89 ra, H 314; 132 va, H 525; vgl. Wrede a.a.O. S. 233.

46 ThD Kap. 14, S. 36 f; Kap. 24, S. 51; Kap. 39, S. 76 f; Kap. 55, S. 100 f.

47 WChr 1:13:4, S. 118; 2:5:1, S. 61; 2:58:11, S. 715; 3:21:3, S. 142 f.

48 WChr 2:5:1, S. 61.

hier als die Erfahrung der Einwohnung Gottes zu verstehen, darin neue Kraft zum christlichen Leben gegeben ist. Durch den Heiligen Geist und die Wiedergeburt "erreichen die natürliche Gaben einen viel höhern Grad zu jhrer vollkommenheit"[49]. Es ist hier an Verstand, Gedächtnis und Willen zu denken. Mit einem Wort Eckeharts beschreibt Arndt, wie der Mensch durch die Erleuchtung "mehr weiss und erkennet/ denn jhm Jemand lehren kan", ein Gedanke der auch bei ThD und Angela zu finden ist [50], und dass er ferner Teilhaftigkeit an Gottes Herrschaft über alle Dinge erreicht. [51] Arndt kann mit Augustin und Tauler sagen, dass die Seele durch die unio und die Erleuchtung göttlich ist, aber nicht von Natur, sondern aus Gnade. [52] Die Seele wird dadurch von der Schönheit Gottes durchleuchtet: "Wer nun eine solche Seele sehen könte/ der sehe die allerschönste Creatur/ unnd das Göttliche Liecht in jhr leuchten/ denn sie ist mit Gott vereiniget."[53] Diese Durchleuchtung oder Verklärung von Leib und Seele hat hier einen geringen Anfang, und sie wird erst nach der Auferstehung ihre Vollendung finden.[54] Dann wird das Augustinus-Wort vollendet, wohl von Raimund von Sabunde an Arndt vermittelt: "Die Liebe verwandelt in den Geliebten."[55] Für Arndt deutet das Wort hier allerdings auf die Umwandlung des menschlichen Willens in Gottes Willen; so kommt sein ethisches Anliegen wiederum zum Ausdruck.

Das Wort Vergottung ist, wie früher erwähnt wurde, nicht bei Arndt zu finden, die Wirklichkeit aber, die es einschliesst, d.h. die Erfahrung der Einwohnung Gottes und der neuen Kräfte, die des Menschen Willen, Wesen und Leben nach Gottes Willen umzugestalten beginnen, haben wir bei Arndt bezeugt gefunden. Die Annahme, dass Arndt "die mystische Vergottung" abgelehnt habe, lässt sich dadurch erklären, dass man darin etwas sah, was von den Mystikern nie gemeint war. Die Vergottung, von der man annimmt, dass Arndt sie abgelehnt habe, ist von Identitätsverlust des Menschen

49 WChr 4:1:4:16, S. 93.
50 WChr 3:10:6, S. 78; BT 10 rb, H - (Weber a.a.O. S. 85); ThD Kap. 54, S. 100; Angela Vis. Kap. 22, S. 78, Lz 76.
51 WChr 2:58:11, S. 715; zu Angela: Leclève a.a.O. S. 145.
52 WChr 3:4:4, S. 41; vgl. BT 79 va, H 275; 89 rb, H 314 ; Przywara a.a.O. S. 447.
53 WChr 3:4:4, S. 40 f; vgl. 1:13:4, S. 118.
54 WChr 2:57:7, S. 694; 4:1:1:28, S. 16.
55 WChr 4:2:28:2, S. 294 f; 4:2:29:1, S. 297; 4:2:31:2, S. 302; über Raimund: Stöckl a.a.O. Bd 2, S. 1070; Augustin: Gilson a.a.O. S. 8; vgl. Angela Instr. Kap. 57, S. 221, Lz 228.

in Gott und völligem Einswerden mit Gott gekennzeichnet; eine derartige Vergottung aber ist bei den von Arndt gelesenen Mystikern nicht zu finden.

Es gibt einen anderen Begriff in der deutschen Mystik, der die unio mystica beschreibt, und den Arndt sorgfältig vermeidet, ohne die dahinter stehende Wirklichkeit zu leugnen: die Geburt Gottes in der Seele.[56] Der Gedanke ist schon bei Paulus vorhanden: "Meine lieben Kinder, welche ich abermals mit Ängsten gebäre, bis dass Christus in euch eine Gestalt gewinne." (Gal. 4,19) Von dem neutestamentlichen Zeugnis hat das Wort einen langen Weg zurückgelegt, über Origenes, Ambrosius, Augustin bis zu Eckehart, bei dem es zum Kernstück der Lehre wurde.[57]

Bei Tauler bezeichnet die Gottesgeburt die Erfahrung der Einwohnung Gottes, die durch Schweigen, Stille, Leiden, Gelassenheit, Einkehr und Finsternis vorbereitet wird.[58] Diese Geburt ist das Hervortreten Dessen, Der schon da ist. Der Gedanke aber wird bei Tauler stärker von der Introversionsmystik geprägt als von dem paulinischen Begriffe; auch führt Tauler Proklos an, um diese Geburt zu beschreiben.[59]

Wir finden aber bei Arndt einen dem oben genannten nahestehenden Begriff, die neue Geburt oder Wiedergeburt.[60] Bei Luther wird die neue Geburt als eine Wirkung des Wortes beschrieben, der gegenüber der Mensch sich passiv verhalten soll. Durch diese Geburt wird in dem Christen eine neue Schöpfung gestaltet, in ähnlicher Weise wird sie in der Konkordienformel zu einem Werk des Heiligen Geistes, das die Erneuerung des Menschen mit sich bringt. Später wurde die Wiedergeburt zum Zentralgedanken des Pietismus'.

Die neue Geburt ist bei Arndt das im Leben des Christen verwirklichte wahre Christentum: Glaube *und* Gehorsam, Rechtfertigung *und* Heiligung.[61] Die neue Geburt ist ein Werk des Geistes Gottes,

56 BT 1 rb, H 13; 4 ra, H - ; 58 ra, H 194; ThD 53, S. 99.
57 Rahner: Gottesgeburt, S. 351 f, 368, 385, 410 f.
58 BT 11 rb, H - ; 13 va, H - ; 65 va, H 222; 67 ra, H 228; 88 rb, H 310; 88 va, H 311; 100 vb, H 385; 107 rb, H 399; 138 va, H 330. Tauler redet auch von der Neugeburt im biblischen Sinn, BT 150 va, H 446.
59 BT 60 ra, H 201.
60 WA 40, 1, 597. BEK S. 967.
61 WChr 1:3:1, S. 21 f; 1:15:3, S. 142; 1:31:7, S. 327; 3:19:2, S. 128.

durch Glauben, Wort und Sakrament. [62] Der Mensch kann sie nicht zustandebringen, nur hindern. [63] Die neue Geburt bedeutet einerseits eine Freiheit der Welt gegenüber, anderseits eine Angleichung an Christus, eine Verwirklichung des Lebens Christi im Leben des Menschen. [64] Daher kann auch Arndt hiervon als von einer Geburt Christi im Christen reden: "Denn wie Christus ist durch den heiligen Geist im Glauben von Maria leiblich empfangen uñ geboren/ also mus er in mir geistlich empfangen uñ geborn werden/ Er muss in mir geistlich wachsen unnd zunemen..."[65]. Arndt redet hier von der Geburt Christi in der Seele im paulinischen Sinn, als Gestaltannehmen Christi im Christen. In Eckeharts und Taulers Auslegung dieses Wortes liegt das Schwergewicht auf der geistlichen Erfahrung der Einheit mit Gott. Eckehart kann hier mit kühnen Worten reden: "Da der vatter seynen sun in mir gebirt, da byn ich der selb sun und nitt eyn ander."[66] Diese Art, von der Geburt Christi zu reden, öffnet den Weg zu der Behauptung, Christus sei identisch mit dem Christen; d.h. dass in der Einheit jeglicher Abstand verschwindet. Arndt hat die Gefahr vermutlich geahnt. Es ist erhellend, dass er das von Eckehart und Tauler geliebte Bild vom neugeborenen Christus im Menschen auf den Glauben und den gottähnlichen neuen Menschen bezogen hat.[67] Ebenso klärend ist es, wie Arndt die Eckehart-Texte verarbeitet, in denen von der Geburt Gottes in der Seele die Rede ist: er umschreibt oder verkürzt, um den Begriff zu vermeiden. [68] Arndt hat offenbar die Geburt Gottes als Begriff nicht dazu geeignet gefunden, eine Wirklichkeit zu beschreiben, die er ebenso wie die deutschen Mystiker erkennt. Die Geburt Gottes in der Seele, das Hervortreten Dessen, Der schon da ist, ist zutiefst mit dem Ausgangspunkt der deutschen Mystik, der Allgegenwart Gottes, verbunden, wäh-

---

62 WChr 1:3:1, S. 21; 1:3:4, S. 23; 1:5:2, S. 44; 1:5:3, S. 46; 1:22:1, S. 227; 1:38:1, S. 403; 3:1:8, S. 10; 3:3:5, S. 30; 4:1:4:17, S. 93 f. Spink, der annimmt, dass die Taufe bei Arndt geringe Bedeutung für die Lehre der Wiedergeburt hat (a.a.O. S. 175), hat eine Reihe von Belegstellen übersehen: WChr 1:3:1, S. 21 f; 1:3:4, S. 23 f; 1:3:12, S. 32; 3:3:1, S. 24; 4:1:3:39, S. 59. Über Taufe und Geburt in der Altkirche und im Mittelalter: Rahner a.a.O. S. 340, 408.

63 WChr 1:20:7, S. 195 f; 2:6:4, S. 77 f.

64 WChr 1:6:4, S. 57; 1:13:13, S. 122.

65 WChr 1:6:3, S. 56; vgl. 3:2:8, S. 21.

66 Zit. n. Inge a.a.O. S. 163.

67 WChr 1:5:7, S. 48; 1:41:1, S. 447.

68 WChr 3:7:1, S. 53; BT 189 rb, H - ; WChr 3:10:3, S. 75; BT 9 va, H - ; WChr 3:10:7, S. 79; BT 10 rb, H - .

rend Arndts Mystik von der Gnadeneinwohnung durch den Glauben ausgeht, wie die folgende Verarbeitung zeigt. [69]

BT 9 va (Eckehart)
  Got ist in allen dingen/ wesenlich/ würcklich/ unnd gewaltigklich/ aber er ist allein geberen in der sele...

WChr 3:10:3, S. 75
  ...wiewol nun GOtt in allen dingen ist mit seiner Gewalt/ Wirckung und Leben/ so hat Er doch nirgend seine eigne Werckstatt seine Gnade zu Wirken/ und das GnadenLiecht anzuzünden/ denn in der Seele des Menschen.

Eckeharts Worte "er ist allein geberen in der sele" hat Arndt verarbeitet: "...so hat Er doch nirgend seine eigne Werckstatt seine Gnade zu wirken/ und das GnadenLiecht anzuzünden/ denn in der Seele des Menschen...". Hier liegt nicht nur eine sprachliche, sondern auch eine sachliche Veränderung vor. Bei den Mystikern zielt die Gottesgeburt auf die Erfahrung des einwohnenden allgegenwärtigen Herrn, Arndt dagegen hebt das Werk Gottes ("seine eigne Werckstatt seine Gnade zu wirken") in der gläubigen Seele hervor und stellt es vor die geistliche Erfahrung ("das GnadenLiecht anzuzünden").

Eine weitere Frage war für die Zeit Arndts von höchster Bedeutung: die Frage des Synergismus, d.h. ist das Heilsgeschehen ein Werk Gottes oder ein Zusammenwirken von Gott und Mensch? Wie verhält sich die Lehre Arndts von der unio mystica in dieser Hinsicht? Wir haben angenommen, dass ein Arndt gerecht werdendes Verständnis zwei Bedeutungen der Gottesvereinigung einschliesst. Einerseits ist die Einwohnung Gottes eine Tatsache, die im von Gott gewirkten Glauben gegeben ist. Anderseits ist sie eine Erfahrung im Leben des Christen. Die Frage des Synergismus in der Reformationsgeschichte ist nun eben die Frage nach dem Alleinwirken Gottes oder dem Mitwirken des Menschen bei der Entzündung des Glaubens. Hier ist Arndt völlig eindeutig: Der Glaube ist eine Gabe und ein Werk Gottes durch die Gnadenmittel.

Aber wie verhält es sich auf dem Weg, der zur Erfahrung der im Glauben gegebenen Einwohnung Christi führt; gibt es hier ein Alleinwirken Gottes oder ein Mitwirken des Menschen? Diese Frage ist für Arndt die Frage der Heiligung, der Erneuerung. Damit ist auch gesagt, dass sie unter der Dialektik des Pauluswortes steht: "Schaffet, dass ihr selig werdet, mit Furcht und Zittern. Denn Gott ist es, der in euch wirkt beides, das Wollen und das Vollbringen,

---

69 Weber a.a.O. S. 85; WChr 1:3:1, S. 21 f; 1:3:4, S. 23 f; 1:4:1, S. 33 f; 1:5:1, S. 43.

nach seinem Wohlgefallen." (Phil. 2,12 b, 13).

Es ist hier eine Wechselwirkung und ein Ineinander zu sehen:
Aktivität und Passivität bei Gott wie auch bei dem Menschen. [70]
Arndt und die Mystiker stimmen alle mit Augustin darin überein,
dass Gott durch seine Liebe und Offenbarung den Menschen an sich
zieht. [71] In dem Gedanken, dass Gott den Menschen an sich ziehe,
fliessen zwei Linien in einander, die biblische und die aristotelische.
[72] Aristoteles' Bild des Magneten wurde Arndt von Tauler und wohl
auch von dem Areopagiten und Paracelsus vermittelt. [73] Nun richtet
sich Gottes An-sich-Ziehen für Arndt wie für Tauler, auf alle
Dinge. [74] Christus, die Liebe Gottes, zieht den Menschen wie ein
Magnet zu Gott. [75] Tauler lehrt, dass Gott den Christen inwendig,
von sich selbst weg, aus der Welt, auf verschiedene Weise auf einen
unbekannten Weg zieht: durch geistliche Erfahrungen, Liebe, Dank
und Lob, durch Christus, zur Nachfolge, zu heiligem Leben und zur
überschwenglichen Erfahrung von Gottes Wirklichkeit: "Uñ als die
soñ auffzeücht die feüchtigkeit auss d'nidern erdē/ also zeücht gott
uff den geist in sich/ das er recht befindt uñ went alzumal got
sein..."[76] Fast all dies hätte Arndt sagen können [77], aber es kommt bei
ihm noch etwas hinzu: Gott zieht den Menschen durch die vorlau-
fende Gnade, durch den Glauben, der immer bei Arndt ein Werk
Gottes ist, durch Wort und Sakrament, ja, durch die ganze Schöpfung zu sich.[78]

Anderseits zieht aber auch der Mensch Gott zu sich, bei Tauler
durch Entleerung und Selbstverkleinerung und Weltverschmähung,

70 Wrede a.a.O. S. 213.
71 Przywara a.a.O. S. 92, 204 f; Angela Instr. 57, S. 227, Lz 227;
   ThD Kap. 10, S. 23; 54, S. 99; NChr 2:8, S. 108 f; WChr
   1:24:24, S. 256; 1:36:23, S. 379; 2:9:8, S. 116; 4:1:5:41, S. 171.
72 Joh. 12,32; BT 152 ra, H 453; 153 vb, H 461. Hermann Sasse:
   "Gott... bewegt den Kosmos, der aus zahllosen Dingen besteht,
   von denen jedes ein aus Form und Materia Zusammengesetztes
   ist, indem er sie anzieht wie ein mächtiger Magnet." (Sacra
   Scriptura S. 140).
73 BT 43 va, H 139; Rolt a.a.O.S. 15; Pagel a.a.O. S. 205.
74 BT 153 va, H 459; WChr 4:1:1:10, S. 7.
75 WChr 1:24:24, S. 256; 3:13:1, S. 94; 4:1:5:41, S. 171.
76 BT 108 rb, H 403; vgl. BT 86 vb, H 304; 35 va, vb, H - ; 130 ra,
   H 554; 107 ra, H 398 f; 115 ra, H 490; 150 vb, H 447; 30 va, H
   82; 162 ra, H 612.
77 Vgl. WChr 1:24:24, S. 256; 1:36:23, S. 379; 2:29:1, S. 311;
   2:37:10 f, S. 432; 4:2:21:1, S. 272.
78 WChr 1:22:5, S. 230 f; 1:5:4, S. 46; 2:21:5, S. 247; 2:9:8, S. 116;
   4:1:4:59, S. 132.

Gedanken, die auch Arndt aufgegriffen hat. [79] Besonders interessant ist der Gedanke dass die leere Seele Gott zu sich zieht, denn "die Natur leidet keine leere Statt", ein Thema der antiken Philosophie, das nicht nur Eckehart sondern auch Paracelsus an Arndt vermittelt hat. [80] Aber auch durch Dank und Lob, durch Hunger und Durst nach Gottes Gnade zieht der Mensch Gott zu sich. [81]

Das Werk am Weg zur geistlichen Erfahrung ist also für Arndt wie für die Mystiker zuerst und vor allem ein Ziehen Gottes, die Aktivität des Menschen ein Warten, eine Selbstentäusserung und Loslösung von der Welt; bei Arndt wird jedoch die aktive Aufgabe des Menschen stärker hervorgehoben.

Es ist wahrscheinlich, dass sich in diesem Gedankenkreis vorchristliche und biblische Vorstellungen vereinigt haben, das gilt für das Ziehen Gottes und das des Menschen. Arndt hat das Erbe der Mystik grösstenteils übernommen, aber es auch verarbeitet, vor allem durch das Hervorheben des Glaubens, durch den der Mensch zu Gott gezogen wird.

Als letzte Frage in bezug auf die Lehre von der Vereinigung mit Gott wollen wir deren Verhältnis zur Ethik betrachten.

Es wird manchmal behauptet, der Weg der Mystik führe zu Weltflucht und Quietismus. Wäre dem so, dann erschiene es unbegreiflich, wie Arndt sich in seinen Bemühungen um das wahre Christentum - den im Werke tätigen Glauben - den Mystikern zuwenden konnte. Arndts Anliegen ist vornehmlich die Ethik, und Ethik steht im Gegensatz zur Weltflucht, da sie das Verhalten der Menschen zueinander betrifft. Der Weg der Mystik führt wohl von der Welt hinweg, zu der Begegnung mit dem lebendigen Gott. Aber die Mystiker sind sich darin einig, dass die geistliche Erfahrung nicht ein fester Besitz ist, sie ist vielmehr Ausgangspunkt für ein tätiges Leben, dessen Intensität das für Menschen Mögliche oft zu übertreffen scheint. Der Mystiker hat sich von sich selbst entleert, um von Gott gefüllt zu werden. Bernhard sagt: "Sed si quis orando obtineat mente excedere in id divini arcani, unde mox redeat divino amore vehementissime flagrans et aestuans iustitiae zelo, necnon et in cunctis spiritualibus studiis atque officiis pernimium fervens..."[82] Es ist hier ein Ineinander von Aktivität und Kontemplation zu sehen, die vita activa dient als Vorbereitung auf die vita contemplativa, und die vita contemplativa führt zur vita activa zurück, wie es Gregor der

---

79 BT 2 ra, H 17; 103 vb, H 394; 136 va, H 608 f; WChr 3:8:9, S. 65.
80 WChr 4:1:3:8, S. 36; vgl. Weber a.a.O. S. 148; WChr 3:8:9, S. 65; 3:2:7, S. 19 f (vgl. BT 136 va, H 608 f).
81 WChr 2:42:4, S. 490; 3:20:4, S. 138.
82 Hohe Lied XLIX, 4; Butler a.a.O. S. 108, 128.

Grosse ausgedrückt hat.[83]

Diese Tatsache hat auch für die Mystiker eine tiefere Bedeutung. Die christlichen Werke sind nicht nur vom Gotteserlebnis inspiriert; sie sind vielmehr die Werke Gottes in und durch den Christen. Augustins Wort: "Dona sua coronat Deus in nobis" begleitet die Ethik der Mystiker beständig, wie es auch für Luther und die Väter der Konkordienformel lebendig gewesen ist.[84]

Johann Arndt war ein bekenntnistreuer Lutheraner, der von Herzen davon überzeugt war, dass die ihm überlieferte Tradition Gottes Wort gemäss war.[85] An der Lehre wollte er nichts ändern; sein Anliegen war, die Bekenner dieser Lehre zu einem christlichen Leben zu führen. Hier hatte ihm die Begegnung mit den Mystikern, vor allem Tauler, den Weg gezeigt, das bezeugt Arndt in seinen Vorreden zu Taulers Postille und ThD: "Wie du nun/ lieber Leser/ das edle Leben Christi an dich nehmen sollt/ und den lebendigen/ thätigen Glauben/ ja Christum durch den Glauben in dir alles sollt wircken lassen/ das wird dich diss Büchlein lehren/ und dir den rechten Weg darzu zeigen."[86] Dies ist es, was Arndt bei den Mystikern gefunden hat: nicht nur eine Ethik im Dienst der Mystik, sondern vor allem eine Mystik, die den Weg zur christlichen Ethik zeigt. Und es ist von Gewicht, dass er hier Luthers Glaubensbegriff wieder aufgegriffen hat.[87] Nach Arndts Auffassung war der Glaubensbegriff zu seiner Zeit entleert, auf eine fides nuda[88] beschränkt, ein Glauben ohne Eigenschaften, ohne wirkende Kraft. Des Glaubens Kraft aber ist der durch den Glauben in der Seele einwohnende Christus. Von Luther und den Bekenntnisschriften hat Arndt den wirksamen, tätigen Glauben, der Christus ergreift, gelernt; die Mystiker haben ihm den Weg zu Christus im Herzen gezeigt, den Weg,

---

83 Mor. XXX. 8, Butler a.a.O.S. 183.

84 Zu Angela Instr. 64, S. 329 f, Lz 339; vgl. Leclève a.a.O. S. 219; ThD Kap. 15, S. 37; 22, S. 46; zu·Tauler BT 8 rb, H - ; Staupitz: Libellus 40, 38 (Steinmetz a.a.O. S. 107); Luther: WA 40, 1, 546; 40, 2, 131 (Steinmetz a.a.O. S.90, Hoffman a.a.O. S. 88, 124, Hägglund: Luther und die Mystik S. 93); Konkordienformel: BEK S. 789, 794, 932 f, 1084. Ernst Koch: Nicht nur ein Streit um Worte, in: Bekenntnis zur Wahrheit, Hg. Jobst Schöne, S. 68 f.

85 WChr 1:Vorrede:9; 2:Beschluss:2; 4:Vorrede:9; Fr. Arndt a.a.O. S. 96, 124.

86 Vorrede 1597; WChr 1706, S. 1256.

87 Arndt: lebendig, tätig, wirksam (Erste Vorrede zu ThD 1597; WChr 1706, S. 1256); Luther: vivum, efficax, potens (BEK S. 941).

88 Fr. Arndt a.a.O. S. 287 f.

auf dem die Kräfte zur Erneuerung des Lebens zu finden sind.

Es ist für Tauler eine Voraussetzung für das Werk Gottes durch den Menschen, dass er entleert und gelassen ist.[89] Dadurch werden alle Werke des Menschen zu Werken Gottes in den gottförmigen Seelen, die Säulen der Welt, wie Tauler sie nennt.[90] Nur diese Werke erkennt Gott als gut an.[91] Diese Werke gehören dem Menschen zu, der "mitwürcker mit got in im/ in lieb uñ in meinen"[92] ist, aber böse sind erst die Werke, die sich der Mensch aneignet (ibid.). Es ist dem Menschen möglich, die guten Werke Gottes durch Selbstsucht zu verderben.[93]

Was hat Arndt hier mit Tauler gemeinsam? Wie Tauler lehrt er, dass nur die Werke Gottes im eigentlichen Sinne gut sind.[94] Hier ist Christus das Vorbild, "er hat Gott alles in jm unnd durch jhn lassen wircken/ was er gedacht/ geredt unnd gthan."[95] Mit Tauler verbindet Arndt auch, dass nur diese Werke, die Gott in der entleerten Seele, bei den Demütigen, Gelassenen[96] selbst wirkt, ihm gefallen.[97] Dies bedeutet auch, dass der Mensch die Ehre der guten Werke nicht sich zurechnen kann, er kann daher auch nicht die Seligkeit verdienen, denn die Werke sind Gottes; wer es versucht, sie sich selbst zuzuschreiben, verdirbt sie vielmehr.[98] Die guten Werke sind Christi Leben in dem Christen, und daher auch ein Zeugnis der Gegenwart Christi.[99] Hier besteht ein Zusammenhang mit der Tugendlehre Arndts: die Tugend ist eine Spiegelung von Gottes Eigenschaften, daher muss sie von Gott und zu Gott gehen.[100] Anders ausgedrückt: das tugendhafte Leben, die Einheit des menschlichen Willens mit Christi Willen sind eine Art Menschwerdung Christi in uns.[101]

Da nun der Glaube für Arndt die Einwohnung Christi bedeutet, ist das Leben Christi im Leben des Christen das Zeichen der Gegen-

89 BT 55 va f, H 185; 148 ra, H 444; 92 ra, H 343; 115 rb, H 491.
90 BT 12 rb, H 38; 82 ra, H 287.
91 BT 8 rb, H - ; 83 vb, H 293.
92 BT 110 rb, H 474; vgl. Wrede a.a.O. S. 249 f.
93 BT 33 rb, H 94; 50 vb, H 157; 93 rb, H 347.
94 Vgl. ThD Kap. 15, S. 37.
95 WChr 1:1:7, S. 8; 1:3:8, S. 33 f.
96 WChr 3:21:2, S. 141 f.
97 WChr 1:21:22, S. 224 f; 1:24:9, S. 246; 1:26:3, S. 266; 3:Vorrede:4; 3:20:7, S. 140; 3:2:4, S. 15; 3:9:2, S. 68; 3:22:1, S. 146 f.
98 WChr 3:22:2, S. 147; 1:31:−, S. 319 ff; 3:16:3, S. 115 f; 3:20:1, S. 136; 3:22:7, S. 153; 3:22:8, S. 154; 3:22:10, S. 155.
99 WChr 1:11:10, S. 96; 1:22:1, S. 226 f; 1:31:12, S. 328; 2:22:7, S. 257; 2:27:4, S. 301; 3:8:7, S. 63; 3:11:3, S. 85.
100 WChr 3:11:3, S. 84 f.
101 WChr 2:33:12, S. 349.

wart Christi, wie es auch ThD sagt. [102] Und wo das Leben Christi nicht ist, da ist auch nicht Christus, was für Arndt bedeutet, dass dann auch der Glaube nicht wahr ist. Arndt steht hier vor der scheinbar paradoxen Wirklichkeit, mit der auch Luther gerungen hat: der Glaube wird nicht durch die Werke wahr, und doch ist er nicht von den Werken zu trennen. Arndt schreibt: "In der Rechtfertigung gehet der Glaube durchaus mit keinen Wercken umb/ Rom . 4. Aber wenn er mit Menschen handelt in foro caritatis, muss er mit Wercken umbgehen/ und dem Nechsten dienen durch die Liebe/ das ist seine Proba."[103] Der wahre Glaube ist nicht von der Liebe zu trennen, eben weil Christus durch den Glauben im Herzen wohnt.[104] Die Rechtgläubigkeit, die sich nicht in Demut und Liebe, sondern in Zorn, Geiz, Hochmut ausdrückt, hat ihn dazu geführt, hier weiter zu denken als die Mystik und Luther. Der Glaubensbegriff Luthers und die Lehre der Mystik von dem Werk Gottes in und durch den Menschen haben ihm aber zu der Erkenntnis verholfen: wo die Liebe Christi nicht ist, das ist Christus nicht, und wo Christus nicht ist, da ist kein Glauben, obwohl man sich Rechtgläubigkeit zuschreibt.

Für Arndt wie für alle Mystiker ist die Gottesvereinigung das Ziel des Menschen, nicht nur als Glaubenstatsache, sondern als erlebte Wirklichkeit. Zu der Erfahrung dieser Wirklichkeit will Arndt in der Nachfolge der Mystiker seinen Leser führen. Arndt geht aber nicht, wie Tauler es vornehmlich macht, von der Allgegenwart Gottes aus, sondern von der gnadenhaften Einwohnung Christi in der Seele durch den Glauben. Diese Tatsache bedeutet, dass der Weg zur Gotteserfahrung den rechtfertigenden Glauben voraussetzt, und damit ist auch gesagt, dass die Erfahrung der unio mystica nicht nur einzelnen auserwählten Seelen, sondern jedem Christen möglich ist, ja, nicht nur möglich, sondern notwendig, denn aus dieser Erfahrung wächst die Kraft zur ethischen Erneuerung und Wiederaufrichtung der Gottebenbildlichkeit des Menschen. Arndts ethisches Anliegen hat dem, was er mit den Mystikern gemeinsam hat, einen neuen Schwerpunkt gegeben. Auch für die Mystiker sind die guten Werke von dem in der Seele einwohnenden Christus gewirkt, Arndt hat aber dieses seinem Anliegen sehr gemässe Thema zur Hauptsache gemacht. Dieser Gedanke gehört zu den selbstverständlichen in der reformatorischen Frömmigkeit. Das Neue bei Arndt liegt nicht in dieser Lehre der guten Werke als Gottes Werken in und durch uns, sondern in seinem Aufgreifen der Taulerschen Seelenkunde und der Introversionsmy-

102 ThD Kap. 43, S. 87.
103 WChr 1:30:1, S. 308; vgl. 1:25:3, S. 259; 1:29:4, S. 294 f; 1:17:2,
    S. 158 f; 2:4:6, S. 55; 2:35:3, S. 401 f.
104 WChr 1:Vorrede:4; 1:24:19, S. 253; 1:30:2, S. 308; 1:39:10, S.
    426; 3:11:2, S. 84.

stik, die zur Erfahrung des Daseins Christi in der Seele fuhrt. Taulers Lehre von der unio mystica hat ebenso wie seine Gotteslehre andere Akzente als Arndts Darstellung, sie ist auf die Allgegenwart Gottes, bzw. seine einheit ausgerichtet; die Seelenkunde Taulers aber und die sich aus ihr ergebende Introversionsmystik hat er aufgegriffen.

Die Gottesvereinigung ist zuweilen als ein Identitätsverlust des Menschen aufgefasst worden. Weder Arndt noch die Mystiker bestätigen diese Auffassung; auch in der innigsten Vereinigung bleibt ein Abstand zwischen Gott und Mensch. Die überschwenglichen Worte der Mystiker, die diese Erfahrung beschreiben, sind nicht als theologische Aussagen zu werten, sondern als Versuche, ein unaussagbares Erleben auszudrücken. Es ist bezeichnend für Arndts Vorsicht, dass er einige dieser Ausdrücke, wie Vergottung und Gottesgeburt, vermeidet, obwohl er die Wirklichkeit, die damit gemeint ist, beschreibt.

Die Frage des Synergismus als Frage des menschlichen Mitwirkens bei der Entzündung des Glaubens wird bei Arndt eindeutig beantwortet. In diesem Sinn ist er keineswegs Synergist. Auf dem Weg zur Gotteserfahrung und Heiligung aber setzt er ein Mitwirken des Menschen mit Gott voraus, ein Ineinander von Passivität und Aktivität. Die Gotteserfahrung ist für Arndt ein Erfahren des durch den Glauben in der Seele einwohnenden Christus. Der wahre Glaube ist für Arndt immer der tätige, lebendige Glaube, der zu seiner Lebendigkeit und Tatkraft eben durch die Erfahrung geführt wird. Diese Tat, dieses Werk des Glaubens ist das Anliegen der Arndtschen Lehre von der Gottesvereinigung.

DIE ENTWICKLUNG ARNDTS

Arndts Schrifttum erstreckt sich über 25 Jahre, von De X plagis Aegyptorum 1596 bis zur Vorrede zu Taulers Postille 1621. Wir werden nun nach der Entwicklung Arndts fragen, jedoch nicht nach seiner Anschauung in ihrer Ganzheit, sondern nach ihrem Verhältnis zur Mystik. War sie immer dieselbe, oder lässt sich hier eine Wandlung erkennen? Um diese Frage zu beantworten, werden wir nach Gedankenkreisen suchen, die Arndt im WChr mit den Mystikern gemeinsam hat, und zwar zuerst nach dem augustinischen Gottesgedanken und Weltbild, wo Gott das höchste Sein, Gute, Licht und Schönheit des Stufenkosmos ist. Mit diesem Thema ist die Taulersche Seelenkunde eng verbunden, mit Hauptwörtern wie Seelengrund. Der Mensch als Mikrokosmos entspricht hier in seiner stufenhaften Struktur dem Makrokosmos. In der Christologie sind zwei Gedankenkreise von besonderem Interesse: Die Passionsfrömmigkeit und die Nachfolge Christi. Abschliessend wird die Bedeutung der Introversionsmystik, deren Voraussetzung die oben genannte Seelenkunde ist, untersucht.

Die Texte, die untersucht werden sollen, gehören verschiedenen Gattungen an. Drei von ihnen sind Vorreden zu Schriften der Mystiker: Die Vorreden zu ThD von 1597 und 1605 (mit NChr) und das Vorwort zu Taulers Postille von 1621. Zwei sind Predigten: Die Leichenpredigt für Bürgermeisterin Schöppenstedt von 1603 (gedruckt 1604) und die Catechismuspredigten (1616). Ein einziger Text ist ein Traktat: Von der Vereinigung der Gläubigen mit Jesu Christo, ihrem Haupte (1620). Es liegt nahe, dass diese Untersuchung nur eine Richtung der Antwort andeuten kann. Für vollständig gesicherte Ergebnisse müsste das ganze Arndtsche Schrifttum untersucht werden, was den Rahmen dieser Arbeit sprengen würde.

Arndts erste Ausgabe der ThD wurde 1597 gedruckt, ein Jahr vor der Pest. Arndt war damals Hauptpastor an St. Nicolai in Quedlinburg, nachdem er 1590 wegen seines Widerstands gegen die calvinistischen Tendenzen des landesherrlichen Kirchenregiments aus seiner Heimat Anhalt vertrieben worden war. Die zweite Ausgabe wurde von Arndt 1605 zusammen mit der Nachfolge Christi veröffentlicht. Arndt war nun seit 1599 Hauptpastor an St. Martini in Braunschweig. Seine ersten Jahre in Braunschweig waren von den Streitigkeiten zwischen Stadt und Herzog, Stadtadel und Bürgerschaft geprägt.

Die Vorreden zu ThD sind von besonderem Interesse, da sie

beschreiben, was Arndt bei den Mystikern als wichtig empfand: die Lehre soll in Leben verwandelt werden[1], "oder wie Christus in uns leben/ und Adam in uns sterben soll/ sonderlich wie der Mensch mit GOtt solle vereiniget werden/ welches ist des Menschen Vollkommenheit/ und finis totius Theologiae"[2]. Wir finden hier auch einen klaren Ausdruck für Arndts Auffassung von der Gottesvereinigung: "An dieser Einigkeit liegets alles/ denn diese Vereinigung mit GOtt ist die neue Creatur/ die neue Geburt/ der Glaube/ Christus in uns durch den Glauben/ Christi Leben in uns/ Christi Einwohnung/ des heiligen Geistes Erleuchtung/ das Reich Gottes in uns/ diss ist alles eins."[3] In der Vorrede von 1605 wird das ethische Anliegen noch deutlicher: "An dieser Erneuerung in Christo/ an dieser geistlichen Himmlischen Göttlichen παλινγενεσία ist alles gelegen/ dieselbe ist finis totius Theologiae & Christianismi. Diss ist die Vereinigung mit Gott. 1 Cor. 6. die Vermählung mit unserm HiͫelBräutigam JEsu Christo Hos. 2."[4] Abgesehen davon, dass Erneuerung und Wiedergeburt hier statt Vereinigung Hauptwörter sind, ist auch zu bemerken, dass die Brautmystik, die in ThD kaum zu finden ist, hier zur Sprache kommt. Die neue Vorrede gilt nicht nur der Neuausgabe der ThD, sondern auch der NChr, und hier finden wir eben Beispiele für die Brautmystik. [5] Wie eng die Gottesvereinigung in Arndts Verständnis der Mystiker mit der Erneuerung verbunden ist, bezeugen seine Worte im Vorwort von 1605: "Summa die Vereinigung mit Christo/ durch den lebendigen Glauben/ die Erneuerung in Christo/ durch die Tödtung des alten Menschen/ ist der Zweck und Ziel dieser Schrifften."[6] Wir sehen auch hier, dass Arndt das reformatorische Hauptwort "durch den lebendigen Glauben" bei den Mystikern voraussetzt. Lebendiger Glaube ist für Arndt immer der tätige Glaube, fides operosa [7], anders ausgedrückt, die ins Leben verwandelte Lehre. Und diese Erneuerung, die in der Vereinigung mit Christus inbegriffen ist, hat die Busse, "die Tödtung des alten Menschen" zur Voraussetzung. So hat Arndt 1597 und 1605 die ThD und die NChr gelesen.

Die Vorrede von 1597 enthält auch eine Andeutung, dass Arndt schon damals die Vorarbeit zum WChr angefangen hatte. Er schreibt: "Ich habe zwar eine kurtze Erklärung über diss Büchlein angefangen/ mich selbst darin zu üben und wo es nütz und noht seyn

1 WChr 1706, S. 1256, Vorrede 1597.
2 Ibid. S. 1257.
3 Ibid.
4 Ibid. S. 1261, Vorrede 1605.
5 NChr 3:23, S. 196 f; 3:27, S. 207.
6 WChr 1706, S. 1263, Vorrede 1605.
7 Ibid. S. 1256, Vorrede 1597.

Außlegung.

20391

Des Trostreichen

Spruchs / Aus dem 73. Psalm: Wenn
ich nur dich habe/ so frage ich nichts nach Himmel vnnd
Erden/ etc. Welcher ist eine beschreibung eines Gottgelassenen vnd
Gott ergebenen Menschen: Darin auch geleret wird/ wie man
müsse zum Himmelreich vnd zum seeligen Ende geschickt
vnd bereitet werden:

Gehalten bey

Dem Christlichen Begrebnus der Gottsee-
ligen Vieltugentsamen /Christlichen vnd Erbarn Ma-
trn / Maria von Vechteldt / Weyland des Ehrnuesten /
Achtbarn vnd Welwreisen Herrn/ Curd von Scheppenstedt/ Bür-
gemeister der alten Stadt Braunschweig/ Ehelichen vnd Vielge-
liebten Haußfrauen / Welche der liebe Gott nach langwirigem
Creutz/ Aus diesem Jammerthal zu sich in sein ewig
Reich abgefördert / den 28. Tag Decembris
Anno 1603.

Durch

Herrn Johan Arndt/ Diener des Göttlichen Worts zu
S. Merten in Braunschweig.

Gedruckt zu Braunschweig bey Andreas Duncker/
Anno 1604.

*Titelblatt der Leichenpredigt für Bürgermeisterin Schöppenstedt 1603
(1604)*

wird/ wil ichs gerne mittheilen."[8] Diese "Übung" Arndts könnte in den Kapiteln des WChr, in denen Weber Einflüsse der ThD aufgezeigt hat[9], zu verspüren sein.

Der augustinische Gottesgedanke ist schon in den beiden Vorreden zu ThD gegenwärtig; ThD "lehret dich die Welt verlassen/ und das höchste Gut suchen"[10], es findet sich darin ein "Verlangen nach dem höchsten ewigen Gut"[11]. Die augustinische Gedankenwelt wird hier vorausgesetzt, obwohl sie nicht ausgeführt wird. Die Taulersche Seelenkunde wird lediglich angedeutet; in einer polemischen Darstellung der Schultheologie legt Arndt die Klage Gottes in Jer. 2,13 aus: "...es sind Menschen / die mich im innern Grund ihres Hertzens nicht suchen... behelffen sich mit Büchern und vielen Schrifften..."[12].

Die Nachfolge Christi und die Meditation über das Leben Christi bilden in den beiden Vorreden wichtige Gedanken. Sie dienen dem Zweck, wahres und falsches Christentum voneinader zu trennen: "Wo ist aber Christus/ ohne daselbst/ da nicht allein sein Wort und Lehre/ sondern auch sein Leben ist?"[13] Und Christi Leben ist die Liebe.[14] Die Nachfolge Christi, d.h. die Liebe, ist für Arndt eine Voraussetzung für die Bewahrung der reinen Lehre und der Einigkeit der Christen.[15] Die Nachfolge Christi erhält im Zweiten Vorwort von 1605 das Gepräge der Passionsfrömmigkeit: "...die Gleichförmigkeit mit Christo in Gedult/ Sanfftmuht/ Demuht/ Creutz/ Trübsal und Verfolgung"[16]. 1597 schreibt Arndt aber: "Wo nun Christi Leben ist/ da ist eitel Liebe/ denn Christi Leben ist nichts denn Liebe."[17] Es mag hier noch ein Zeichen dafür sein, dass die Frömmigkeit Angelas auf Arndt um 1605 zu wirken angefangen hat.

Der Weg zur Gottesvereinigung ist von Nachfolge und Busse geprägt: "Sollten die Apostel von oben herab den Geist Christi empfahen/ musten sie das Leben Christi an sich nehmen..."[18]. Wahre Erleuchtung und Erkenntnis Christi ist nicht ohne Busse und Bekehrung zu Gott, wahre Gottseligkeit, Nachfolge Christi und Weltverschmähung zu denken.[19] Die Introversionsmystik Taulers hat Arndt

8 Ibid. S. 1256 f.
9 Weber a.a.O. S. 53-63.
10 WChr 1706, S. 1258, Vorrede 1597.
11 Ibid. S. 1259, Vorrede 1605.
12 Ibid. S. 1252, Vorrede 1597.
13 Ibid. S. 1250, Vorrede 1597; vgl. S. 1259, Vorrede 1605.
14 Ibid. S. 1250.
15 Ibid. S. 1251, 1253, Vorrede 1597.
16 Ibid. S. 1259, Vorrede 1605.
17 Ibid. S. 1257, Vorrede 1597.
18 Ibid. S. 1254, Vorrede 1597.
19 Ibid. S. 1262, Vorrede 1605.

Inhalt der Vier Bücher

Das I. LIBER Scripturæ.

Wie in einem waren Christen Adam täglich sterben / Christus aber in ihm leben soll / Vñ wie er nach dem Bilde Gottes täglich erneuert werden / und in der newen Geburt leben müsse.

Das II. LIBER vitæ Christus.

Wie Christi Menschwerdung / Liebe / Demut / Sanfftmut / Gedult / Leyden / sterben / Creütz / Schmach und Todt / unser Seelen Artzney / und Heilbrunnen: Spiegel und Buch / unsers Lebens sey. Und wie ein wahrer Christ / Sünde / Todt / Teuffel / Hölle / Welt / Creutz und alle Trübsal durch den Glauben / Gebet / Gedult / Gottes Wort unnd himlischen Trost überwinden sol: Und dasselbe alles in Christo Jesu / durch desselben Krafft / Stercke und Sieg in uns.

Das III. LIBER Conscientiæ.

Wie Gott den höchsten Schatz / sein Reich / in deß Menschen Hertz geleget hat / als einen verborgenen Schatz im Acker / als ein Göttliches innerliches Liecht der Seelen.

Das IIII. LIBER Naturæ.

Wie das grosse Weltbuch der Natur von Gott zeuget / und zu Gott führet.

Inhaltsverzeichnis von WChr I, 1606

noch nicht aufgegriffen. Ihre Hauptbegriffe, wie Einkehr, Gelassenheit, Seelenruhe, spielen keine Rolle. Die Vereinigung mit Christus hat für Arndt vor allem eine ethische Bedeutung: der im Christen einwohnende Christus wirkt die guten Werke.[20]

Die Leichenpredigt für Bürgermeisterin Schöppenstedt ist eine Auslegung des Psalterwortes "Wenn ich nur dich habe/ so frage ich nichts nach Himmel und Erden...". In diesen Worten sah Arndt "eine beschreibung eines Gottgelassenen und Gott ergebenen Menschen"[21].

Hier finden wir den augustinischen Gottesgedanken und das mit ihm verbundene Weltbild breiter ausgeführt. Gott ist alles Gute, die höchste Herrlichkeit, die höchste Weisheit, die höchste Freude, die höchste Schönheit, "das beste und höchste Gut/ ohne welchen kein wahres bestendiges gut sein kann/ Dann so viel ist etwas gut so viel es Gotts teilhafftig ist... Denn ohne jhn ist alles böse/ unnd mit jhm ist alles gut."[22] Die Schöpfung hat also ihr Dasein von Gottes Sein, und sie ist eben in ihrer Teilhaftigkeit an Gottes Sein gut. Der Mensch ist berufen "das lautere höchste Gut zu wünschen und zusuchen", sich mit ihm zu vereinigen[23], denn obwohl die Schöpfung gut ist, ist sie nicht das höchste Gut; deshalb muss der Gläubige "Himel unnd Erden fahren lassen... und sich bloss und lauter allein an Gott halten"[24]. Die Weltverschmähung ist der Grundton der Predigt.[25] Dass der Mensch als Mikrokosmos eine Zusammenfassung der Schöpfung ist, bedeutet hier, dass die Verweslichkeit und das Leiden der ganzen Welt in ihm zusammenkommt.[26]

Die Taulersche Seelenkunde benutzt Arndt, um den Angefochtenen zu trösten: "Ist dann gar auss mit einem gleubigen/ wenn er in solche Hellen: unnd Seelenangst gerädt? Mit nichten/ Es bleibet noch jmmer ein seeliges fincklein: ein jnnigliches verborgenes sehnen im jnnersten grund der Seelen..."[27] Fünklein bezieht sich hier nicht wie bei Tauler auf den Seelengrund, sondern auf die Gegenwart des Heiligen Geistes in dem Wiedergeborenen.[28]

Die christologische Struktur der Predigt ist die augustinische: "durch jhn allein mustu zum Vater kommen", und dieses "durch

20 Ibid. S. 1257, Vorrede 1597; S. 1261, Vorrede 1605.
21 Titelblatt zur Leichenpredigt.
22 Leichenpredigt S. 6 r.
23 Ibid. S. 8 r, vgl. S.11 r, v. Vgl. S. 3 v: "die begierde des Höchsten Guts".
24 Ibid. S. 7 r.
25 Ibid. S. 3 v, 6 v, 7 r.
26 Ibid. S. 7 r, 9 v.
27 Ibid. S. 10 v.
28 Ibid. S. 3 v, 4 r.

jhn" bedeutet hier Meditation über das Leben Jesu als Buch des Lebens, von der Menschwerdung bis zu seiner Verherrlichung. [29] Das Buch des Lebens bezeichnet also hier die Erlösungstat Gottes in Jesus Christus. In gerade dieser Weise hat Arndt im WChr mit Angela von Christus gesprochen. Das Vorkommen dieser Redeweisen in der Leichenpredigt lässt uns annehmen, dass die Frömmigkeit Angelas schon 1603 auf Arndt eingewirkt haben könnte, d.h. eben in dem unruhigen Jahr, als der alte Stadtadel von den Anhängern Hennings von Brabant gestürzt wurde. Arndt zeigte sich als Anhänger des Adels, zu dem die Bürgermeisterin Schöppenstedt, geb. von Vechtheldt, auch gehörte. Diese politischen Unruhen endeten erst mit der grausamen Hinrichtung Hennings von Brabant am 17. September 1604. [30]

Die Darstellung der Christologie hat schon hier die früher erwähnte Zweigliedrigkeit; auch ist das Bild Jesu von seiner Passion geprägt: "Sihe an deinen HErrn Jesum Christum/ wie willig unnd gerne hat er seinen Leib für dich Aufgeopffert/ wie hat er Jhn umb deinetwillen lassen verwunden/ Zerschlagen/ unnd Peynigen... So hab umb derselben willen auch dein Creutz lieb..."[31]. Die Nachfolge ist ein Passionsweg, ein Mit-Leiden mit Christus; ein Wandeln im Elend.[32] Dieses Passionsgepräge unterstützt die Annahme, dass Arndt hier unter dem Einfluss Angelas steht, wenn schon auch zu beachten ist, dass die Nachfolge Christi hier nicht als ethisches Vorbild dargestellt wird, sondern als Lebensdeutung der Leidenden, was auch das Passionsgepräge der Nachfolge beleuchten kann.

Die Leichenpredigt ist auf die Vereinigung mit Gott ausgerichtet. Mit Taulers Worten beschreibt Arndt, wie "Gott sey ein lauter fliessendes und mitteilendes gut/ uns seine Natur sey das er nichts anders wolle und begere/ den sich selbst dem Menschen mitzutheilen... wüste er nur ein hertz das leehr were von der weld er gösse sich selbst mit alle seinem Gut gar hinein..."[33]. Wir sehen hier, wie die Darstellung von Gott als dem höchsten Gut der Lehre von der Gottesvereinigung dient; wir finden auch einen Gedanken, den Arndt im WChr gemeinsam mit Tauler hatte: die Entleerung der Seele. Diese Entleerung kann auch als eine Einkehr beschrieben werden: "...suche auch Gott in dir selbst: gehe in dich selbst durch inniglicheandacht/ kom wider zu deinem eigenē hertzē durch

29 Ibid. S. 4 v.
30 Fr. Arndt a.a.O. S. 46–57; Koepp 1912 a.a.O. S. 29 f, vgl. Jörg Walter: Rat und Bürgerhauptleute in Braunschweig 1576-1604, S. 90.
31 Leichenpredigt S. 9 v.
32 Ibid. S. 6 r.
33 Ibid. S. 5 r, v; vgl. S. 7 r.

betrachtüg deines elendes/ kere wider in dich selbst von der Augen-
lust... so wirstu gewiss Gott in dir entpfinden/ ja in dir hören
reden..."34. Und: "...last uns unsere Hertzen von der Weld reinigen/
damit wir dises hohen Guts mögen theilhafftig werden..."35. Arndt
zielt auf die lebendige Empfindung und Mitteilung Gottes, das
Schmecken des himmlischen Trosts, und wer dies erfahren hat, dem
ist alles Zeitliche gering.36 Zu dieser Erfahrung gelangt der Gläubige
durch das Leiden Christi, aber auch durch "innerlichen fride unnd
ruhe unserer Seelen"37. Arndts Anliegen ist die geistliche Erfahrung,
die dem Gläubigen Gott als das höchste Gut darstellt, wodurch er
von der Welt frei wird.38 Die Leichenpredigt zielt auf die Vorbereitung für die Ewigkeit, und die mit den Mystikern gemeinsamen
Gedankenkreise werden diesem Ziel untergeordnet. Das ethische
Anliegen, das in den Vorreden zu ThD und im WChr die Hauptsache ist, schweigt hier, was in einer Leichenpredigt verständlich ist.
Arndt ist in dieser Predigt Tröster der Betrübten und Wegweiser
zum ewigen Leben eher als Eiferer für die Erneuerung. Das Passionsgepräge des Lebens und der Nachfolge Christi, der als Buch des
Lebens dargestellt wird, zeugt von einem Einfluss des Werkes Angelas; ebenso lassen auch die deutlichen Spuren der Introversionsmystik und die ausführliche Anführung Taulers eine Einwirkung von
seiten der Postille Taulers annehmen. Ausser Tauler werden Gregor
und Bernhard erwähnt.39
   Als die Catechismuspredigten von 1616 als Anhang zu den Psalterpredigten veröffentlicht wurden40, war Arndt seit 1611 General-
superintendent in Zelle. 1615 hatte er eine Generalvisitation durch-
geführt.41 Am 28. Januar 1616 schrieb er sein zweites Testament42, in
dem er auf die Postille, die Psalterpredigten und die Catechismuspredigten als Zeugnisse seines Glaubens hinweist.43 WChr und Paradiesgärtlein werden also nicht erwähnt. Seine bleibende Vorliebe für
die Mystiker bezeugten die Neuausgaben der ThD und der NChr
von 1617 und aus den folgenden Jahren, wie auch seine Vorrede zu
Taulers Postille von 1621.
   Die Catechismuspredigten gehören zu einer Gattung, die natürlich

34 Ibid. S. 5 r.
35 Ibid. S. 5 v.
36 Ibid. S. 5 r; 7 r, v.
37 Ibid. S. 5 v; 6 r; vgl. S. 8 r, 11 r.
38 Ibid. S. 8 r.
39 Ibid. S. 7 v, 8 v.
40 Fr. Arndt a.a.O. S. 131 f.
41 Ibid. S. 124.
42 Ibid. S. 131.
43 WChr 1955, S. 50 f.

von der reformatorischen Botschaft geprägt ist. Es ist nur zu erwarten, dass Arndts bewusste Bekenntnistreue sich hier noch deutlicher bestätigt. Finden sich hier Spuren von dem augustinischen Gottesgedanken und dem entsprechenden Weltbild?

Auch in den Catechismuspredigten ist Gott für Arndt "das höchste wesentliche Gut"[44]. Dieser augustinische Gedankenkreis erhält zwar nicht das Schwergewicht, das der Darstellung von Gott als Vater zukommt [45], aber sein Vorhandensein in diesen durch ihren Ausgangspunkt so tief reformatorisch geprägten Predigten zeigt, dass wir hier eine für Arndt selbstverständliche Gedankenstruktur vor uns haben. Er denkt augustinisch.

Gott als das höchste Gut steht hier für die Gnade und Liebe Gottes: "...denn er ist Gott/ das höchste Gut/ ein überfliessender Brunn aller Gütigkeit..."[46], der Gott, an den der Glaube sich richtet. Gott als das höchste Gute ist die Liebe (ibid.), und eben weil er als höchstes Gut "besser denn alle Creaturen" ist, soll der Mensch Gott über alles lieben.[47] Vor allem stellt Arndt mit diesem Gedankenkreis die Seligkeit dar, wo Gott für die Auserwählten alles Gute sein wird. [48] Gott als das höchste Gut führt den Gedanken und das Begehren des Menschen von der Erde zum Himmel.[49] Das augustinische Gepräge des Arndtschen Denkens tritt hier deutlich hervor. Arndt hat aber auch eine augustinische Gedankenstruktur [50], die ihn mit Tauler verbindet, in einer für seine Entwicklung kennzeichnenden Weise verarbeitet. Tauler schreibt: "Gedenck was ein yegklich hertz gedencken mag/ das findest du tausentfalt an im. Wiltu lieb/ oder treüw oder warheyt/ oder trost/ oder stät gegenwertigkeit/ diss ist an im über al on mass unnd weyss. Begerstu schönheit/ er ist der aller schönst. Begerstu reichtumb/ er ist der aller reichst. Begerstu gewallt/ er ist der gewaltigest..."[51]. Im WChr hat Arndt diese Gedankenstruktur aufgegriffen: "Liebstu etwas schönes/ warumb liebestu GOtt nicht/ der aller Schönheit ein Ursprung ist? Liebestu etwas guts/ warumb liebestu GOtt nicht/ der das ewige Gut ist/ und ist niemand gut ohne Gott..."[52] In den Catechismuspredigten hat Arndt mit Hilfe dieser Gedankenstruktur das Werk Christi dargestellt: "Begehrest du Gottes Hulde/ suche sie in seiner Mensch-

---

44 Catechismuspredigten, Jena 1630, S. 176 v, vgl. 17 v.
45 Z.B. ibid. 16 r, 17 r, 103 v, 172 v, 189 v, 191 r.
46 Ibid. S. 370 v f.
47 Ibid. S. 350 v.
48 Ibid. S. 325 r.
49 Ibid. S. 163 v, 371 v, 372 r; vgl. 326 r.
50 Z.B. Confessiones 2:6, S. 42; vgl. Adam a.a.O. S. 262 f.
51 BT 136 rb, H 607.
52 WChr 1:28:8, S. 291.

werdung. Begehrest du Vergebung/ du hast sie in seinem Leiden...”⁵³. Der ursprünglich Augustinische und Taulersche Gedanke,
den wir auch im WChr fanden, galt dem Begehren des Menschen
nach Schönheit, Reichtum und Güte, hier aber richtet sich das
Begehren auf Gottes Güte und Vergebung. Die Gedankenstruktur
bleibt dieselbe, der Inhalt aber ist nicht mehr der augustinische,
sondern der biblisch-reformatorische.

Von dem augustinischen Weltbild mit seinem Stufenkosmos weisen die Catechismuspredigten etliche Spuren auf. ⁵⁴ Der Grundge-
danke ist, dass die Schöpfung dem Wohl des Menschen dient. Arndt
gibt hier eine gründliche Darstellung der christlichen Gesellschaft. ⁵⁵
Selten wird die Taulersche Seelenkunde aufgegriffen; doch tritt der
Arndt des WChr in Worten wie diesen hervor: ”Muss das Gebet im
Geist und in der Warheit geschehen/ welches von dem innerlichen
Hertzengebet zu verstehen ist/ das von Hertzen Grund gehet/ und
denn dass man das Hertz abwendet und abzeucht von allen jrrdi-
schen Gedancken/ weltlichen Lüsten und Sorgen/ uñ von gantzem
Hertzen sich zu Gott wendet... allein in jhm ruhet/ und sich jhm
gantz und gar lesset...”⁵⁶. Hier begegnen wir nicht nur dem Hauptwort der Taulerschen Seelenkunde, dem Grund; hier werden auch
die Einkehr, die Ruhe der Seele und die Gelassenheit als Voraussetzungen des Gebets dargestellt. Solche Ausführungen sind aber in der
grossen Textmasse der Catechismuspredigten nicht häufig. War es
für Arndt im WChr ein Hauptgedanke, dass der Weg der Erneuerung durch die mit Einkehr, Seelenruhe, Gelassenheit erreichte geistliche Erfahrung führt, so heisst es nun: ”Ein Mensch ohne Erkentnüs
Gottes ist ein Bild des Sathans/ woltest du den lieber also bleiben/
denn dass du zu Gottes Bilde woltest ernewret werden? das kan aber
nicht geschehen ohne durch den Catechismum.”⁵⁷ Das Schwergewicht ist hier von der geistlichen Erfahrung auf die geistliche
Erkenntnis verschoben, eine Entwicklung, die Arndt im WChr
gerade bekämpft hatte. Damals hatte Arndt die Kenntnis der rechten
Lehre vorausgesetzt; bei seinem neuen Standpunkt können wir
Erfahrungen der Generalvisitation ahnen, die vielleicht diese Voraussetzung nicht unangefochten liessen. Wie damals in Braunschweig
Arndts ethisches Anliegen einem pastoralen Bedürfnis entsprach, so
nehmen wir an, dass die Catechismuspredigten aus einem von Arndt
empfundenen Bedürfnis, die reformatorische Lehre darzustellen,
erwachsen sind.

53 Catechismuspredigten S. 375 r.
54 Ibid. S. 317 r f.
55 Z.B. Ibid. S. 52 v, 55 r, 142 r, 187 v, 264 r.
56 Ibid. S. 168 r.
57 Ibid. S. 6 v.

Die Passionsfrömmigkeit ist in den Catechismuspredigten zwar vorhanden, tritt aber nur wenig hervor. Sie dient vornehmlich dem ethischen Anliegen Arndts als "Artzney wider die Böse Lust"[58], aber die Wunden Jesu verkündigen auch die Gnade Gottes, "aus seinen heiligen Wunden ist diss alles geflossen"[59]. Die Passionsfrömmigkeit prägt ebenso die Darstellung des Lebens Jesu als Lebensdeutung des Christen: "...von der Stunde an seiner Geburt biss in den Tod ist er nicht ohne Leiden und Schmertzen gewest/ und hat Schande und Schmach/ und Creutz und Tod über sich gehen lassen . . . Wie solte ich einen andern Weg erwehlen ins Himmelreich . . ."[60]. Aber das Leben Christi ist ebenfalls von Gottesfurcht, Demut, Geduld, Liebe und Glauben gekennzeichnet, und dies alles wird den Christen durch den Glauben zugerechnet.[61] Hier werden also dem Christen die Tugenden des Lebens Christi nicht nur als Buss-Spiegel und als Vorbild vorgehalten, sondern vor allem als Trost. Der Darstellung des Lebens Christi wird dadurch ein neuer Akzent gegeben. Da aber Arndt alle Gebote in dem Leben Christi erfüllt sieht, ist das Leben Christi ebenso Buss-Spiegel und Vorbild.[62] Wo Christus als Vorbild beschrieben wird, liegt der Nachdruck nicht so sehr auf dem Passionsgepräge des Lebens Jesu, als auf Tugenden wie Liebe, Sanftmut, Geduld, und diese Tugenden werden im Leiden und Kreuz geübt. Weil nun Christus alle Gebote erfüllt hat, so bedeutet hier Nachfolge Christi, nach den Geboten Gottes zu leben[63], mit Christus das Kreuz zu tragen und von den Sünden aufzuerstehen, wie auch der Name Gottes durch Nachfolge geheiligt wird und der in der Taufe Wiedergeborene sich befleissigt "Gott zu gefallen und Christo ehnlich zu werden"; Arndt warnt vor Spekulation über das Abendmahl; hier gebührt eher die demütige Nachfolge Christi: "Melius est esse imitatorem humilitatis Christi, quam scrutatorem Majestatis."[64] Die ganze Auslegung des Katechismus wird also in den Nachfolge-Gedanken eingefügt, noch ein Zeugnis für die enge Verbindung der reformatorischen Frömmigkeit mit der Überlieferung der Mystik bei Arndt. Sein Anliegen ist in den Catechimuspredigten dasselbe wie im WChr: die Verwandlung der Lehre in Leben. Es ist nicht genug, das Leben Christi zu kennen: "...das edele Leben Christi/ das mustu in dir empfinden/ dass dich diese edele Speise mit Christo vereinige/

58 Ibid. S. 92 r, vgl. S. 223 v.
59 Ibid. S. 344 v, vgl. S. 342 v.
60 Ibid. S. 329 v.
61 Ibid. S. 351 v, vgl. S. 368 r.
62 Ibid. S. 368 r, v; 369 r; vgl. S. 396 r.
63 Ibid. S. 188 r, 115 r.
64 Ibid. S. 301 r, 320 v, 322 r, 327 v, 336 v, 340 v; vgl. 189 v, 224 r, 347 r.

dich in jhn verwandele."[65] Der Gedanke ist hier, wie bei Tauler und im WChr, der Augustinische: "Du solt mich nicht in dich/ sondern ich wil dich in mich verwandeln"[66]. Diese Verwandlung in Christus bedeutet für Arndt nicht einen Identitätsverlust des Menschen, sondern das Geprägtsein seines Lebens durch das Leben Christi, nicht nur als eine äussere Form des Lebens, sondern als eine innere Kraft; der Katechismus, der in Christus zusammengefasst ist, muss in den Christen "inkarniert" werden: "Wie aber nun der H. Catechismus in Christo seine höchste Vollkommenheit hat/ so muss er in aller Christen Hertz durch den lebendigen Geist Gottes geschrieben seyn... und diese newe Geburt ist in jhm das newe heilige Leben/ und nichts anders denn der lebendige Catechismus..."[67]. Arndts Anliegen ist noch dasselbe wie im WChr und in den Vorreden zu ThD: "Das ist das Finis und Ende des gantzen Predigtampts/ dass wir durchs Wort Gottes und Sacrament/ und durch den heiligen Geist zum Bilde Gottes wieder ernewert werden."[68] Die Akzentverschiebung, die hier vorliegt, lässt das Anliegen, die Erneuerung, unberührt, sie lässt aber das Schwergewicht, das im WChr der geistlichen Erfahrung zukommt, auf die äusseren Gnadenmittel fallen. Im WChr schreibt Arndt von der Einkehr in das Innere durch die Seelenruhe: "Auss diesem einigen Quillet heraus das gantze Christliche Leben"[69], hier dagegen wird von der Erneuerung der Gottebenbildlichkeit durch Wort und Sakrament gesprochen.

In der Untersuchung des WChr haben wir zwei Gedankenkreise auf dem Weg zur Gottesvereinigung unterschieden. Der erste ist von der Introversionsmystik, der zweite von rein biblischen Themen geprägt. Zwar haben wir nun gesehen, dass die Taulersche Seelenkunde für Arndt in den Catechismuspredigten weniger bedeutet, aber wo sie vorkommt, da dient sie eben der Introversionsmystik. Die Hauptbegriffe dieser Mystik, wie Einkehr und Gelassenheit, sind hier kaum zu finden; die Wirklichkeit die sie meinen, hat Arndt jedoch beschrieben: "So bald der Mensch in seinem Hertzen Gott einen Sabbath helt/ und ruhet von zeitlichen Dingen/ so bald fehet der heilige Geist zu lehren in dem Tempel des Hertzens."[70] Es muss Christus im Herzen eine würdige Wohnung bereitet werden, die Welt, Satans Werk und die Liebe des Zeitlichen muss hinaus. [71] Mit

---

65 Ibid. S. 256 r.
66 Ibid.; WChr 2:4:7, S. 57; BT 61 vb, H 209; 65 vb, H 223; 67 ra, H 229; 141 rb, H 341.
67 Catechismuspredigten S. 348 r.
68 Ibid. S. 395 r.
69 WChr 3:2:4, S. 15.
70 Catechismuspredigten S. 299 r f; vgl. S. 37 r, 309 r.
71 Ibid. S. 328 r, 351 r; vgl. 63 r, 66 v, 368 r, 368 v.

einem schönen Gleichnis beschreibt Arndt die Gelassenheit: "So bald Abraham ausgieng aus seinem Vaterland/ ward er ein Grossvater des Messiae/ So bald wir unserm eigen Willen absagen/ so bald geschicht Gottes Wille in uns/ und Christus fehet an in uns zu leben."[72]

Der andere Kreis ist von Busse, Liebe und Demut gekennzeichnet: "Ach wenn wir nur unser Hertz wirdiglich bereiten köndten durch den Glauben und wahre Busse/ durch Liebe und Demut."[73] Und: "O lieber Mensch/ bereite deine Seele mit Busse und Demut/ auf dass der HErr dein Gott zu dir komme..."[74] Auch von der Vereinigung mit Christus im Abendmahl sagt Arndt: "Ach wenn ich nur mein Hertz wirdiglich bereiten köndte durch wahre Busse!"[75]

Durch den Glauben wird der Mensch mit Gott vereinigt[76], "... wie der Glaube das Haus ist/ darinn Christus wohnet in unsern Hertzen"[77]; die Vereinigung geschieht durch Wort, Taufe und Abendmahl[78]. Wir haben hier wieder eine Bestätigung des neuen Schwergewichts der Gnadenmittel. Auch die Brautmystik kommt zur Sprache[79], ebenso die Lehre von der Kirche als Leib Christi, oft mit dem ethischen Anliegen verbunden und als Trost der Betrübten[80]. Im Himmel wird die Vereinigung mit Gott vollendet.[81]

Der Weg zur Gottesvereinigung hat sich bei Arndt wenig geändert; zwar fehlt die Taulersche Terminologie, aber sachlich stimmt die Darstellung mit der des WChr überein. Wir können jedoch beobachten, dass die Gnadenmittel in dieser Darstellung ein neues Gewicht erhalten; darin ist eine Entwicklung Arndts zu erkennen.

Um ein Verständnis der mystischen Rede von der Gottesvereinigung zu gewinnen, haben wir für den Begriff zwei Bedeutungen angenommen, erstens die Vereinigung als Glaubenstatsache, und sodann die Erfahrung der Vereinigung, anders ausgedrückt, das Objektive und das Subjektive. Im WChr fällt das Schwergewicht auf die Erfahrung, aber hier, wo Wort und Sakrament hervorgehoben werden, finden wir eine Akzentverschiebung in Richtung auf das Objektive. Diese Akzentverschiebung wird bei Arndt durch das Bild der geistlichen Vermählung mit Christus beleuchtet, die so oft in der Geschichte der abendländischen Mystik die Erfahrung der Einwoh-

72 Ibid. S. 185 v.
73 Ibid. S. 255 r; vgl. 44 r Rand; 93 r, 294 v, 295 r.
74 Ibid. S. 328 v.
75 Ibid. S. 342 r.
76 Ibid. S. 165 r, 372 r, 396 v.
77 Ibid. S. 367 v.
78 Ibid. S. 216 v, 255 v f, 291 v, 342 r.
79 Ibid. S. 64 v, 151 r, 170 v, 216 v, 305 v.
80 Ibid. S. 115 v, 320 r, 323 r, 376 v.
81 Ibid. S. 163 v.

nung Christi beschreibt; hier aber ist es mit der Taufe verbunden: "Durch die heilige Tauffe werden wir mit Christo geistlich vermählet/ als mit unserm Bräutigam..."[82]. Eben die Vorstellung, die häufig der subjektiven Erfahrung dient, stellt also hier die objektive Glaubenstatsache dar.

Die Vereinigung mit Christus hat in den Catechismuspredigten vor allem eine ethische Bedeutung. Die guten Werke sind die von Gott in und durch den Menschen gewirkten[83], und der Gott, der diese guten Werke wirkt, ist der durch den Glauben einwohnende Christus.[84] Arndt betet: "Kom̄ zu uns du H. Dreyfaltigkeit/ mache Wohnung bey uns/ mache uns zu deinem Tempel und Werckzeugen des H. Geistes/ las in unsern Hertzen/ als in deinem Tempel leuchten das Liecht deines Erkenntnüs/ Glaube/ Liebe/ Hoffnung/ Demut/ Gedult/ Gebet/ Gottesfurcht."[85] Die Tugenden des christlichen Lebens sind hier als ein Werk der im Menschen einwohnenden Dreifaltigkeit beschrieben. Die geistliche Erfahrung dieser Einwohnung wirkt auch die Uberwindung der bösen Liebe, d.h. der Liebe zur Welt: "...wenn Christus der Gecreutzigte in recht dein Hertz keme und du jhn recht schmeckest/ so vergienge dir die Liebe der Welt..."[86]. Anderseits sind das tugendhafte Leben und die Nachfolge des Leidens Christi eine Voraussetzung für den Bestand der Vereinigung mit ihm.[87]

Wir haben die Frage gestellt, wie die Gedankenkreise, die Arndt im WChr mit den Mystikern gemeinsam hatte, in den Catechismuspredigten behandelt wurden. Zwar ist ihre Bedeutung hier geringer; sämtliche von der Reformation hervorgehobenen Gedanken sind hier breit ausgeführt, auch die, die man im WChr vermisst hatte, z.B. die Lehre vom kirchlichen Amt.[88] Unsere Untersuchung verfolgt nicht das Ziel, ein Bild der ganzen Darstellung zu geben, sondern nur einige mit der Mystik gemeinsame Gedanken zu beschreiben. Schon die Tatsache, dass eine Auslegung des Catechismus solche Gedankenkreise enthält, zeugt davon, dass der Einfluss der Mystik bei Arndt sich nicht mit dem WChr oder dem Paradiesgärtlein erschöpft. Diese Behauptung findet auch eine Stütze in Arndts fortgesetzter Tätigkeit als Herausgeber von Schriften der Mystiker. Wir haben aber in diesem Einfluss der Mystik auf Arndt eine Entwicklung bei ihm festgestellt, die sich in Richtung auf die objektiven Glaubenstatsachen einer Gna-

---

82 Ibid. S. 216 v.
83 Ibid. S. 314 v, 329 r.
84 Ibid. S. 183 r; vgl. S. 133 r.
85 Ibid. S. 379 v, vgl. S. 342 r, 362 r.
86 Ibid. S. 313 r.
87 Ibid. S. 63 r, 319 v, 374 r.
88 Ibid. S. 220 v, 231 r.

denmittelfrömmigkeit bewegt. Die Erneuerung, Arndts bleibendes Anliegen, wird nun eher als ein Werk Gottes durch Wort und Sakrament, weniger als eine Folge der geistlichen Erfahrung aufgefasst.

In den Jahren nach der Herausgabe der Evangelienpostille und der Psalterpredigten mit den Catechismuspredigten arbeitete Arndt an der neuen Kirchenordnung seines Gebietes. [89] 1619 wurde ihm eine grosse Ehre erzeigt, als Joh. Val. Andreä ihm sein Werk Reipubliae christopolitanae descriptio widmete. [90] Anderseits wuchs das Missstrauen gegen ihn. Die Veröffentlichung von Weigels Schriften hatte den Ursprung des 34. Kapitels des Zweiten Buches klargelegt, und in Danzig waren schon 1618 die Streitigkeiten über Arndts Wahres Christentum ausgebrochen [91], die in dem Rathmannschen Streit eine Fortsetzung fanden. [92] 1620 gab Daniel Cramers Angriff auf Arndt den Anstoss zu dessen wichtigen Briefen an Herzog August. [93] Inmitten dieser Schwierigkeiten veröffentlichte Arndt 1620 seine Schrift "Vereinigung der Christ-Gläubigen Mit dem allmächtigen/ unsterblichen und unüberwindlichen Kirchen-Haupt Christo Jesu", die oft als zweiter Teil des fünften Buches dem WChr beigefügt wurde. Koepp beschreibt diesen Traktat als "in gewisser Weise zentral, die Summe in einem Kern" [94]. Hat Koepp hier recht gesehen, dann hat bei Arndt keine Entwicklung in seinem Verhältnis zur Mystik stattgefunden. Der Traktat wäre dann als eine Zusammenfassung der mystischen Themen des WChr zu beurteilen, und als solche könnte er uns einen Schlüssel zu unserer Aufgabe bieten.

Diese Koepps Behauptung muss in einer näheren Untersuchung des Traktats geprüft werden. Darin hat er recht gesehen, dass Arndt hier wie in seinen früheren Schriften Augustinisch denkt: Gott ist das höchste Gut, zu dessen Geniessen und Liebe der Mensch geschaffen und erlöst worden ist; die Seelen der Gottesfürchtigen können mit nichts als Gott gesättigt werden, und die Gotteserfahrung ist für Arndt ein "Beweiss unserer Vereinigung mit dem höchsten Gut" [95]. Kein Geschöpf kann den Menschen zufriedenstellen: "Denn des Menschen Affect und Begierde steiget allezeit natürlicher Weise hinauf zu demjenigen/ das da höher ist/ biss so lange sie erreichet dasselbige/ welches das allerbeste und höchste Gut ist." [96] Die Gotteslehre dient hier dem Anliegen, den Menschen von dem Geschöpflichen zu lösen.

89 Fr. Arndt a.a.O. S. 138 ff.
90 Ibid. S. 150. Koepp 1912 S. 81.
91 Fr. Arndt a.a.O. S. 154.
92 Ibid. S. 174. Koepp a.a.O. 1912 S. 86 ff.
93 Fr. Arndt a.a.O. S. 177.
94 Koepp a.a.O. 1959 S. 9.
95 WChr 1706, S. 1102, 1113, 1124, 1131, 1143.
96 Ibid. S. 1132.

Gott ist als das höchste Gut der einzige, auf den sich die Begierde des Menschen richten soll.

Von der Taulerschen Seelenkunde entdecken wir kaum mehr als Spuren, so wenn Arndt betet: "Durchscheuss/ O süsser HErr JEsu/ unsere Hertzen mit den feurigen Pfeilen deiner Liebe/ brich hindurch in die verschlossene und innerste Kammer der Seelen und Hertzen..."[97]. Die Wirklichkeit ist hier dieselbe, die Tauler mit dem Begriff Seelengrund gemeint hat, die Sprache ist jedoch eine andere; hier reden eher Bernhard und das Hohe Lied als Tauler und die neuplatonische Seelenkunde. Schon hier können wir also eine Entwicklung bei Arndt annehmen. Es scheint nun, als ob die Bernhardinische stärker als die deutsche Mystik auf ihn wirkt. Diesen Eindruck verstärkt der christologische Akzent des Traktats; Christus ist vor allem der Seelenbräutigam.[98] Der Traktat unterscheidet sich auch darin von den übrigen hier untersuchten Schriften Arndts, dass die mystische Erfahrung darin ausführlich beschrieben wird, vornehmlich in der glühenden Sprache des Hohen Liedes.[99] Sie ist das inwendige Reden des Christus im Herzen, der Mensch wird "mit einem solchen geistlichen Geschmack und Wollust erfüllet/ dass seine Seele wünschet davon zu ziehen", das Herz "wird durchsüsset/ das Gemüht schmeltzet für Liebe/ die Thränen fliessen für Freuden/ der Geist frolocket/ die Begierden brennen"[100]. Wir haben schon früher bemerkt, dass Arndt im WChr die geistliche Erfahrung nur sehr vorsichtig dargestellt hat, Worte wie die in diesem Traktat gebrauchten sind dort kaum zu finden; auf diesen Umstand stützt sich die Annahme, dass Arndt selber keine mystische Erfahrung gehabt habe.[101] Die Darstellung dieses Traktats bietet in dieser Hinsicht etwas Neues. Wie ist nun diese Entwicklung zu verstehen?

Eine Deutungsmöglichkeit ist, dass es Arndt zur Zeit der Arbeit am WChr an der Erfahrung fehlte, die ihm später zuteil wurde. Eine andere Möglichkeit ist, dass ihm die Bernhardinischen Einflüsse nun eine Sprache vermittelt hatten, die eine Beschreibung der Gotteserfahrung ermöglichte. Diese Deutung der Entwicklung erscheint als die glaubwürdigste, da Arndts Bestreben, im WChr seine Leser zur Gotteserfahrung zu führen, schwerlich nur auf Lesefrüchten aufbauen konnte.

Da die Taulersche Seelenkunde im Traktat schweigt, so fehlen hier auch die Begriffe der Introversionsmystik: Entblössung, Einkehr,

---

97 Ibid. S. 1127.
98 Ibid. S. 1118-1125.
99 Ibid.; S. 1127 f.
100 Ibid. S. 1130, 1141, 1134; vgl. S. 1142.
101 Schwager a.a.O. S. 36, 86; Koepp 1912 a.a.O. S. 218, 287;
       Wallmann: Joh. Arndt und die Prot. Frömmigkeit S. 61 f.

Gelassenheit. Die Akzentverschiebung in Richtung auf das Objektive, die wir in den Catechismuspredigten beobachtet haben, ist hier noch stärker; die Gottesvereinigung ist auf die Schöpfung und die Erlösung, die Gottebenbildlichkeit des Menschen, das Wort Gottes, die Inkarnation, die Einwohnung des Heiligen Geistes, auf Taufe und Abendmahl gegründet. [102] Von den zwei Kreisen der Begriffe, die im WChr der Darstellung des Weges zur Gottesvereinigung dienten, ist hier nur der erste, der biblische, vorhanden: Busse, Glaube, Liebe, Gebet. Der zweite, von der Introversionsmystik geprägte, fehlt also. Hier zeigt sich eine ganz deutliche Entwicklung, die Koepps Urteil über den Traktat nicht bestätigt. Die Akzentverschiebung in Richtung auf das Objektive hat die Mystik im Traktat anders als die im WChr gestaltet, obwohl dasselbe Anliegen wie im WChr zur Sprache kommt: die Erneuerung. [103]

Hier können wir also von einer deutlichen Entwicklung bei Arndt in seinem Verhältnis zur Mystik reden. Er hat die Taulersche Seelenkunde und die durch sie bedingte Introversionsmystik schweigen lassen, sein Weg zur Gotteserfahrung ist von den objektiven Glaubenstatsachen und den biblischen Begriffen geprägt, und er beschreibt ausführlich die geistliche Erfahrung in der Sprache des Hohen Liedes.

Der Traktat stellt zwar keine Zusammenfassung der Arndtschen Frömmigkeit dar, er legt aber Zeugnis ab von einer Entwicklung Arndts, die Koepp anderswo beobachtet hat: von der deutschen Mystik hin zu der Bernhardinischen. [104] Hierin ist nicht notwendigerweise eine völlige Entfremdung der deutschen Mystik gegenüber zu sehen, sondern eher eine Akzentverschiebung, die Arndts Verehrung Taulers und der ThD unangefochten liess, in Dankbarkeit für das, was er von ihnen gelernt hatte, wie die fortgesetzten Ausgaben der von ihm edierten Mystiker und die Vorrede zu Taulers Postille zeigen. [105] Obwohl die Bernhardinische Frömmigkeit jetzt stärker auf ihn wirkte, hatten doch entscheidende Eindrücke von Tauler bei ihm Bestand. Welche diese waren, können wir erwarten, aus der Vorrede zu Taulers Postille kennenzulernen.

Die Postille Taulers wurde von dem Verleger Michael Hering in Hamburg im Jahre 1621, Arndts Todesjahr, herausgegeben. Die

---

102 WChr 1706, S. 1100.
103 Ibid. S. 1102, 1105, 1135.
104 Koepp a.a.O. 1912 S. 76.
105 Vgl. Wallmanns andersartige Urteil, a.a.O. S. 71. Eine völlige Entfremdung Arndts Tauler gegenüber widerspricht auch die Darstellung der Repetitio Apologetica (1620), WChr 1706, S. 1210, 1215.

Ausgabe baut auf BT, auch Druckfehler sind übernommen.[106] Die Ausgabe enthält weiter ThD und NChr mit Arndts Vorrede zu diesen beiden Schriften. Auf dem Titelblatt finden wir das uns vom WChr schon wohlbekannte Wort "Omnia nos Christi vita docere potest."[107]

Es gibt also mehrere Gründe anzunehmen, dass Arndt nicht nur als Verfasser des Vorworts, sondern auch in anderer Hinsicht an der Ausgabe beteiligt gewesen ist; damit verstärkt sich die Annahme, dass Arndts Entwicklung zu einer grösseren Abhängigkeit von der Bernhardinischen Mystik und einem deutlicheren Geprägtsein von der reformatorischen Gnadenmittelfrömmigkeit keine völlige Entfremdung der deutschen Mystik gegenüber einschloss.

In der Vorrede zu Taulers Postille finden wir dasselbe Anliegen wie in der ersten Vorrede zu ThD von 1597: Die Erneuerung, die Wiederaufrichtung vom Abbild Gottes im Menschen. So hat er Tauler gelesen: "Zu einer solchen besserung hat Taulerus alle seine Predigten gerichtet... Es gründet Taulerus seine gantze Lehre auff die dempffung und unterdrückung des Fleisches/ unnd auffrichtung des Geistes oder des newen Menschen..."[108] Und diese Erneuerung oder Besserung zielt auf das Herz des Menschen (ibid.). Die Mittel dazu sind Gottes Wort, der Heilige Geist und die Sakramente (ibid.). Die auf der Taulerschen Seelenkunde bauende Introversionsmystik schweigt auch hier. Nur einen Begriff daraus hat Arndt aufgegriffen: die Gelassenheit, "und ist nichts anders als dass man sich dem willen Gottes gantz lässet"[109]. Die Nachfolge Christi wird hier als die Erneuerung beschrieben, "die Welt liebe dempffen/ die hoffart demütigen/ den Geitz ausstilgen", und als ein Leidensweg "verlestert/verachtet und erwürget werden"(ibid.).

Arndts polemische Spitze hat hier dieselbe Richtung wie früher: gegen die Schultheologie [110], es findet sich jedoch in dieser Vorrede ein leiser Vorbehalt Tauler gegenüber: "Das ist wohl wahr/ dass

---

106 Z.B. S. 69: "und geordnete freyheit" (BT 30 rb); Vetter S. 55: "und ungeordente friheit."

107 Die Ausgabe ist Albrecht Schelen, Gerhardt Rantzow, Holger Rosenkrantz und Detleff Rantzow gewidmet. In dem Exemplar des WChr von 1610, das in der Carolinischen Bibliothek zu Uppsala vorhanden ist, finden wir noch ein weiteres Zeichen einer Verbindung zwischen Arndt und Holger Rosenkrantz: das Werk wurde 1615 von Holger Rosenkrantz an Sophie Brahe verschenkt.Vgl. Koch-Kornerup: Den danske Kirkes historie, Bd IV, S. 288-294.

108 Taulers Postille 1621 S. III r.

109 Ibid. S. 3 v.

110 Ibid. S. 3 r, v.

etwas fürleufft im Taulero, das nicht alles zu practiciren/ oder in gleichen wehrt soll auffgenommen werden...”[111].

Arndt ist also in mancher Hinsicht derselbe geblieben, in seinem Augustinischen Gottesgedanken, seinem ethischen Anliegen und seiner Polemik. Tauler, dessen Einfluss wir in der Leichenpredigt von 1603 spürten, und den Mystikern, die er 1597 und 1605 [112] herausgab, ist er verbunden geblieben. Wir haben jedoch einen neuen Einfluss entdecken können: Angela von Foligno. Hat Arndt sich, wie anzunehmen ist, auf die Kölner Ausgabe von 1601 gestützt und von Angela die neue Rede von Christus als dem Buch des Lebens gelernt, dann begann die Wirkung ihrer Frömmigkeit auf ihn zwischen 1601 und 1603, dem Jahr der Leichenpredigt für die Bürgermeisterin Schöppenstedt, um dann mit dem Zweiten Buch des WChr, das bereits 1606 konzipiert war[113], ihren Höhepunkt zu erreichen. In den spätesten Schriften haben wir wenige Spuren der Passionsfrömmigkeit gefunden, die bei Angela, in der Leichenpredigt von 1603 und im Zweiten Buch lebendig ist; der Nachfolgegedanke ist aber immer gegenwärtig und dient vornehmlich dem ethischen Anliegen. In den späteren Schriften fanden wir desgleichen eine zunehmende Gemeinschaft mit der Bernhardinischen Mystik, wie vor allem die grosse Darstellung der geistlichen Ehe im 7. Kapitel des untersuchten Traktats zeigt. Die auf der Taulerschen Seelenkunde gegründete Introversionsmystik schweigt grösstenteils. [114] Es ist eine Akzentverschiebung in Richtung auf die objektiven Heilstatsachen und Gnadenmittel eingetreten, die wir im Zusammenhang mit Arndts deutlicherem Geprägtsein von der reformatorischen Frömmigkeit bemerkt haben.

War Arndt je ein Mystiker, oder war er nur ein Liebhaber der Mystik? Das Zeugnis des WChr und vor allem des untersuchten Traktats hat wahrscheinlich gemacht, dass man Arndt als einen Mann mit eigener Erfahrung der überschwenglichen Wirklichkeit der Einwohnung Christi betrachten darf. Sein Lebensende liefert das endgültige Zeugnis dafür, dass ihm im Leben gewährt wurde, was er beschrieben hatte.

Als er an seinem Todestag, dem 11. Mai 1621, nach kurzem Schlaf erwachte, sagte er: ”Vidimus gloriam ejus, gloriam quasi unigeniti a

---

111 Ibid. S. 3 v.
112 In einem Brief 27.1. 1604 haben wir das erste Zeichen für Arndts Interesse für NChr. Schwager a.a.O. S. 117.
113 Nach dem Titelblatt und Inhaltsverzeichnis der Braunschweiger Ausgabe 1606.
114 Arndt verteidigt sie noch in der Repetitio Apologetica 1620, WChr 1706, S. 1210 f, 1215, 1221 f. Sie hat aber im Traktat und in der Vorrede zu Taulers Postille keine Bedeutung mehr.

patre." Seine Frau fragte ihn, wann er diese Herrlichkeit gesehen hätte; er antwortete: "Jetzt habe ich sie gesehen; ei, welch eine Herrlichkeit ist das! Die Herrlichkeit ist es, die kein Auge gesehen, kein Ohr gehöret und in keines Menschen Herz kommen ist; diese Herrlichkeit habe ich gesehen." Sein letztes Wort war: "Nun habe ich überwunden."[115]

115 Fr. Arndt a.a.O. S. 186.

DIE ERGEBNISSE

Die Frage, die im Mittelpunkt dieser Arbeit steht, hat die frühe Debatte um Arndts Schrifttum, wie auch die moderne Arndtforschung von Anfang an bewegt: Was bedeutet für Arndt das Erbe der Mystik? Die frühere Forschung hat mit einer daraus erwachsenen Frage gerungen: Hat sich Arndt durch den Einfluss der Mystik von der evangelischen Frömmigkeit entfernt? Die Antwort auf diese Frage ist vom Verständnis der Art der evangelischen Frömmigkeit bedingt, wie uns das bei Ritschl, Koepp und Weber deutlich wurde. Auch das Bild, das sich der Forscher von der Mystik macht, wirkt auf seine Beantwortung der oben angegebenen Frage ein.

Die Aufgabe, die wir uns in dieser Arbeit gestellt haben, unterscheidet sich von der oben beschriebenen Frage insofern, als es hier darum geht, den Wandel der Mystik bei ihrer Rezeption durch Arndt zu untersuchen. Nicht das ganze Arndtsche Schrifttum wurde hier behandelt, sondern nur die mit der Mystik gemeinsamen Gedankenkreise im WChr und in einigen anderen Schriften.

Unsere Hypothese war: Arndt war weder ein Kompilator aus den mystischen Schriften, noch lässt sich seine Mystikrezeption schlechthin als eine "Entgiftung der Mystik" ansehen. Aus seiner Verarbeitung der Mystik und ihrer Verbindung mit der reformatorishen Überlieferung entstand vielmehr etwas Neues, eine evangelische Mystik, die sich durch ihr starkes Hervorheben von Glaube und Wort von der mittelalterlichen Mystik unterscheidet, eine Frömmigkeit, die in ihrem Verhältnis zu ihren mittelalterlichen Quellen von Kontinuität und Selbständigkeit geprägt war. Weiter nahmen wir an, dass Arndts Hauptanliegen, die Erneuerung des christlichen Lebens, seine Mystikrezeption gefärbt hätte.

Die hier angewandte Methode ist die theologiegeschichtliche, d.h. die Verfasser werden als Ausleger des gemeinsamen christlichen Glaubens untersucht, und die Untersuchung wurde daher nach der Glaubensregel strukturiert.

Der Gang durch die Texte hat uns gezeigt, dass der letzte Punkt unserer Hypothese der wesentliche ist: Arndts ethisches Anliegen, seine Bestrebung, die Erneuerung des christlichen Lebens zu fördern, hat sein WChr durchaus geprägt, nicht nur die Lehre vom Werk des Heiligen Geistes, sondern auch Gotteslehre, Anthropologie, Christologie und die Lehre von der Gottesvereinigung. Wiederholt hat er bezeugt, dass es dies ist, was er aus den Schriften der Mystiker gelernt hatte; sie sind für ihn die "alten kurtzen Büchlein/

die zu einem heiligen Leben führen"[1]. Mit dem ethischen Anliegen verbunden ist auch Arndts Polemik gegen die Schultheologie und sein Bestreben, die Lehre in Leben zu verwandeln, wie er es vor allem von der ThD gelernt hatte. Es ist hierin nicht eine Geringschätzung der reinen Lehre zu sehen, vielmehr war Arndt überzeugt, dass nur die in Leben verwandelte Lehre sich rein erhalten könne. Die polemische Spitze seiner Darstellung kann jedoch in einer neuen Zeit zu lehrmässiger Gleichgültigkeit beigetragen haben. Es ist auffallend, und es muss auch Arndts Gegnern offenbar gewesen sein, dass er sich im WChr fast nirgends gegen die Spiritualisten richtete, sondern nur gegen die Schultheologie. Die Mystiker dagegen haben in ihrer Polemik beide Seiten angegriffen: "die grossen Meister zu Paris" ebenso wie "die freien Geister". Dieser Mangel an theologischem Empfinden, der Arndt lange die Gefahren des Spiritualismus übersehen liess, hat erheblich zu seinen Schwierigkeiten beigetragen. Er war überhaupt ein Mann, der sich wenig auf die Sorge der damaligen Theologen um die an jedem Punkt richtige Auslegung der reinen Lehre eingelassen hat, wie seine Vorrede zu Taulers Postille klarmacht. Johann Gerhard, der diesen Mangel gesehen hat, erklärt ihn dadurch "quod/J. Arndt/ in Academiis Medicinae potissimum fuerit deditus, nec iudicium de controversis Theologicis, audiendis praelectionibus et habendis disputationibus formauerit"[2] und schliesst daraus "quod rectius sentiat, quam loquitur" (ibid.). Arndts Mangel an theologischem Scharfsinn und Gespür wird also daraus erklärt, dass er vornehmlich Medizin studiert hatte und in theologischen Disputationen nicht geübt war; er "meinte es richtiger als er es sagte".

Unsere Untersuchung hat gezeigt, wie unsicher die Arndtsche Darstellung in mehreren Punkten ist, z.B. in der Lehre von dem inneren Wort; anderseits haben wir auch gesehen, mit welcher Vorsicht Arndt schwierige mystische Begriffe, wie Gottesgeburt und Vergottung, umgangen oder verarbeitet hat, und ferner, wie er in seinen späteren Schriften die Taulerschen Redewendungen fast völlig vermieden hat, obwohl dieselbe Wirklichkeit beschrieben wird. Hier hat vermutlich die Kritik an den "phrases", wie man sagte, auf ihn gewirkt.

Wir können also Gerhard teilweise in seiner Beurteilung folgen. Aber die Sache kann auch anders gesehen werden. Mag sein, dass Arndt in theologischen Disputationen ungeübt war; es war doch ein solch "ungeübter" Geist, der das WChr schrieb, nicht einer der Schultheologen. Als Mediziner und Schüler des Paracelsus war Arndt ein Mann der Praxis, der angewandten Erkenntnis. Eben in

1 Vorrede zu ThD 1597; WChr 1706, S. 1257.
2 Zit. von Johann Ernst Gerhard: Epistola ad amicum, Lipsiae 1720, S. 11.

seiner Ungeübtheit in den rationalistisch geprägten theologischen Disputationen und mit seinem medizinischen Hintergrund hat er es vermocht, eine Seelenführung zu geben, deren sonst keiner von den Verkündigern seiner Zeit mächtig war. In der Schultheologie unge-übt und mit dem praktischen Blick des Arztes hat er die wichtigen Erkenntnisse dort aufgegriffen, wo er sie fand, zur Heilung der geistlichen Krankheiten seiner Zeit. Ohne die Vorbehalte der damali-gen Schultheologie hat er sich das Erbe der Mystik angeeignet. Er hat ihre Gedanken verarbeitet und mit seinem Anliegen wie mit seiner evangelischen Grundhaltung verschmolzen. Man tadelte die "phra-ses", aber absichtlich und grob ist Arndt nie vom rechten Wege abgewichen. Es war nie seine Absicht, sich von dem reformatori-schen Erbe abzuwenden, und aus seinen Briefen wie aus der Repeti-tio Evangelica von 1620 geht deutlich eine grundfeste Überzeugung von seiner Unschuld hervor, aber auch ein weniger erfreuliches Unvermögen, seine Kritiker zu verstehen.

Arndt hat bei seiner Rezeption der Mystik immer den rechtferti-genden Glauben vorausgesetzt. Er hat das WChr nicht für Ungläu-bige, sondern für wiedergeborene Christen geschrieben. Hier stossen wir auf eine neue Schwierigkeit bei Arndt, denn der rechtfertigende Glaube in einer Form, die mit der reformatorischen Überlieferung übereinstimmt, ist höchstens ein Nebenthema der Mystik. Daher hat Arndt die Mystiker unter Voraussetzungen gelesen, die ihnen fremd waren. Einerseits hat er also die Mystiker, geschichtlich zu Unrecht, in einen reformatorischen Rahmen eingefügt, andererseits wünschte er, man solle sein WChr unter derselben Voraussetzung lesen. Zwar ist diese Voraussetzung im WChr dargestellt, aber da es sich meistens nur um eine Voraussetzung handelt, erhält die Darstellung eine Akzentverschiebung in Richtung auf die Ethik, die Arndts WChr zum Ausdruck einer neuen Frömmigkeit innerhalb der evangeli-schen Welt macht. Arndt sah das WChr wie auch die Schriften der Mystiker als Band II und folgende in einer Reihe, deren erster Band den reformatorischen Glauben darstellte; doch da der Inhalt dieses ersten Bandes einerseits den Mystikern wenig bekannt war und andererseits seinen späteren Lesern gar nicht richtig klar wurde, sind die andauernden Ausseinandersetzungen um das WChr verständlich. Arndt hat sein Werk "Vier Bücher vom Wahren Christentum" genannt, aber es stellt nicht das ganze Christentum dar, es muss nach seinen eigenen Angaben zusammen mit seinen übrigen Schriften gelesen werden. Es ist nicht erstaunlich, dass dieser Vorbehalt nicht überall gehört wurde und nicht jeder verstand, dass "das wahre Christentum" nicht das ganze Christentum darstellt.

Wir haben in den Arndtschen Schriften durchgehend den mit der Mystik gemeinsamen augustinischen Gottesgedanken und das mit ihm verknüpfte Weltbild gefunden, und zwar im WChr deutlicher ausgeprägt als bei den Mystikern: Gott ist das höchste Gute des Stufenkosmos. Er gibt sich in Liebe aus und er zieht die Liebe und das Begehren des Menschen, die nur in ihm gesättigt werden können, an sich. Die stärkere Ausprägung dieser philosophisch beeinflussten Gedanken bei Arndt erklärt sich zum Teil aus seinem naturphilosophischen Interesse, das vor allem mit Paracelsus verbunden ist. Arndts Anliegen war nicht nur die Erneuerung des christlichen Lebens und die Wiedererweckung einer Theologie, die auf die christliche Praxis, "die Übung des Glaubens", gerichtet war, sondern auch das Licht der Natur und das Licht der Gnade miteinander zu verbinden.

Der hier erwähnte Gottesgedanke ist eng mit der Anthropologie verbunden, vor allem mit dem Thema der Gottebenbildlichkeit des Menschen. Dadurch dient die Darstellung von Gott als höchstem Gut, höchster Schönheit und höchster Liebe auch seinem ethischen Anliegen.

Diese Gedankenwelt steht bei Arndt einer anderen Vorstellung gegenüber, die zwar bei den Mystikern zu finden ist, aber bei Arndt klarer ausgeprägt ist, besonders in den Catechismuspredigten [3]: Gott als der gute himmlische Vater. Die Taulersche Gotteslehre hat einen Akzent, der Arndt fremd war; sie ist auf die Einheit des göttlichen Wesens, den Abgrund Gottes gerichtet. Hier können wir vermuten, dass Arndts evangelische Frömmigkeit ihn gehindert hat, Tauler zu folgen.

Wir sehen also schon in der Gotteslehre, wie drei verschiedene Kräfte auf Arndts Mystikrezeption (A) eingewirkt haben: Das ethische Anliegen (B), das reformatorische Erbe (C) und das naturphilosophische Interesse (D).

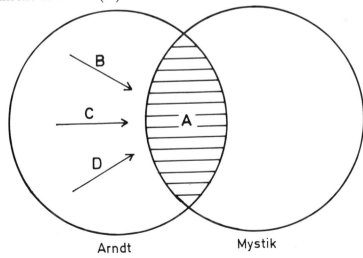

Arndt   Mystik

3 Besonders in den Auslegungen des ersten Glaubensartikels und des Vater Unsers.

223

Das ethische Anliegen wird auch in der Lehre von der Dreieinigkeit deutlich. Die Liebe der Heiligen Dreifaltigkeit stellt das Ziel des Menschen als Gottes Abbild dar. Die Gottebenbildlichkeit des Menschen sieht aber Arndt nicht, wie Tauler, in den oberen Seelenkräften, sondern in dem ganzen Menschen, dem inneren und äusseren. Hier bestätigt sich wieder Arndts ethisches Anliegen. Er hat Taulers Seelenkunde grösstenteils übernommen, er hat jedoch ein tieferes Bewusstsein von der Verderbtheit des Innersten im Menschen als Tauler. Die Taulersche Seelenkunde hat in der Leichenpredigt von 1603 und im WChr von 1605-1609 ihre grösste Bedeutung gehabt. Sie ist dort die Voraussetzung der Introversionsmystik als Weg zur geistlichen Erfahrung, aus der Arndt die ethische Erneuerung erwartet. In den späteren Schriften haben wir wahrgenommen, wie diese Bedeutung verblasst, bis zum Traktat De unione von 1620, wo sie völlig schweigt.

Arndts Verarbeitung der Mystik wird auch in einem anderen Bereich deutlich, dem der Tugendlehre. *Durch* die Tugend *über* die Tugend zur Gotteserfahrung hat Tauler seine Zuhörer führen wollen, für Arndt steht aber die Tugend als Frucht des rechtfertigenden Glaubens im Vordergrund. Hier sehen wir wieder, wie Arndts ethisches Anliegen und seine evangelische Frömmigkeit die Darstellung eines mit der Mystik gemeinsamen Gedankenkreises geprägt haben.

Arndts Sündenlehre ist eng mit dem mit der Mystik gemeinsamen Gottesgedanken und Weltbild verbunden. Die Sünde ist vor allem die ungeordnete, d.h. die fehlgerichtete Liebe. Die Sündenerkenntnis wird jedoch bei Arndt tiefer als bei den Mystikern, sie richtet sich auf die Erbsünde, das tiefe Verderben des Menschen. Dieser Schwerpunkt hat seine Bedeutung nicht nur für die Anthropologie, sondern auch für die Soteriologie, denn je tiefer die Erkenntnis der Sünde wird, desto unumgänglicher wird die Erlösungstat Christi. Hier hat die reformatorische Überlieferung auf die Verarbeitung des mystischen Erbes eingewirkt. Die reformatorische Frömmigkeit hat auch Arndts Darstellung der Botschaft der Geschöpfe beeinflusst. Die emblematische Deutung der Schöpfung zeigt wiederum, wie die Naturphilosophie auf Arndt eingewirkt hat.

Arndts Anliegen war das wahre Christentum, das Lehre und Leben, oder im Leben verwirklichte Lehre ist. Seine Christologie entspricht diesem Anliegen: Christus ist für Arndt Erlöser und Vorbild. Diese Gedankenstruktur gehört zur abendländischen Überlieferung; sie ist auch bei Luther zu finden. Wo Luther aber den Nachdruck auf Christus als Erlöser gelegt hat, wird im WChr eine Akzentverschiebung zu Christus als Vorbild deutlich. Sieht man Arndts WChr vor dem von Arndt vorausgesetzten Hintergrund, ist diese Akzentverschiebung wenig mehr als eine Ergänzung der evangelischen Botschaft; wo aber das WChr allein auf die Frömmigkeit wirkte, kann die Akzentverschiebung zu einer von dem evangelischen Glauben verschiedenen Spiritualität beigetragen haben. Wir sehen hier noch einmal welche Vorsicht vonnöten ist, um Arndt gerecht zu werden. Im Hinblick auf die Wirkungsgeschichte Arndts können wir die strengen Urteile Koepps und Ritschls nicht völlig ablehnen, historisch aber wurden sie Arndt nicht gerecht, da sie den von ihm als selbstverständlich vorausgesetzten Hintergrund nicht beachteten.

Die Darstellung von Christus als Erlöser hat Arndt vor allem mit Angela von Foligno und Johann Staupitz verbunden; sein Zeugnis von der Erlösungstat Christi geht aber weit über deren Worte hinaus. Der Glaube an die Versöhnung durch Christi Blut ist nicht nur das Fundament Arndts, er durchdringt sein ganzes Werk. Diese Tatsache wurde uns besonders deutlich in dem Exkurs. Wir haben dort gesehen, wie die Arndtsche Frömmigkeit sich in vieler Hinsicht von der Taulers unterscheidet. Das Denken Taulers ist auf den Abgrund Gottes, auf seine unergründliche Einheit gerichtet. Dort sucht er die Gnade und die Ruhe der Seele. Arndt dagegen richtet seinen Glauben auf Christus und die heilige Dreifaltigkeit; dort findet *er* die Gnade Gottes und die Ruhe seiner Seele. So verschieden ist die Spiritualität Arndts und Taulers, dass wir die Arndtschen Texte niemals als "ein Kompendium Taulers" darstellen könnten. Die reformatorische Frömmigkeit hat Arndt tiefer beeinflusst als die Taulersche Einheitsmetaphysik.

Der mittelalterliche Christus-Glaube fand in der Passionsfrömmigkeit einen wichtigen Ausdruck. Auch diese hat durch Angela und Tauler, vermutlich auch durch Bernhard, auf Arndt gewirkt. Die Passionsfrömmigkeit war für die Mystiker, wie für Arndt, eine Trägerin des Versöhnungsglaubens; bei Arndt erhält sie ein ethisches Gepräge, das ihn eher mit Tauler als mit Angela verbindet. Die Mitleidensfrömmigkeit hat für Arndt wenig Bedeutung gehabt. In den späteren Werken sind die Einflüsse der Passionsfrömmigkeit abgeschwächt.[4] Wir können also hier sehen, wie Arndts ethisches Anliegen seine Verarbeitung des mystischen Erbes beeinflusst hat; in der Darstellung von Christus als Arzt, die ihn vornehmlich mit Angela verbindet, wird indessen seine reformatorische Frömmigkeit deutlich, indem er Busse und Glauben eher als Mitleiden als Voraussetzungen für das Geniessen der Seelenarznei dargestellt hat.

Mit der Passionsfrömmigkeit ist bei den Mystikern der Nachfolge-Christi-Gedanke verbunden. Er ist auf die Nachahmung des Erdenlebens Jesu ausgerichtet, doch tritt bei Arndt das Leidensgepräge hinter einer Betonung der aktiven Tugenden des Lebens Jesu zurück.

---

4 In den Catechismuspredigten hat die Passionsfrömmigkeit mehrfach Ausdruck gefunden, z.B. S. 92 r, 223 v.

Arndt hat hier besonders von ThD gelernt, wie das Leben Jesu im Leben des Christen verwirklicht werden soll. Die Darstellung dieses Gedankens in der Vorrede zur ThD von 1597 kann uns die Vermutung nahelegen, dass wir hier den entscheidenden Anstoss für Arndts Antwort auf seine pastorale Frage vor uns haben, jedoch sehen wir auch hier, wie Arndts ethisches Anliegen ihn veranlasst hat, der Leben-Jesu-Frömmigkeit einen neuen Akzent zu geben. Für die Mystiker war die Hauptsache immer der "Durchbruch", die geistliche Erfahrung, zu der die Nachfolge des Lebens Jesu eine Voraussetzung ist, Arndt dagegen zielt auf die ethische Erneuerung. Die Nachfolge Christi ist ein Gedanke, den Arndt ebenso gründlich in den Catechismuspredigten wie im WChr ausgeführt hat.

Das ethische Anliegen war bei Arndt durchgehend, was sich auch darin zeigt, dass für ihn der Schwerpunkt seiner Darstellung bei der Nachfolge als notwendiger Folge des Glaubens liegt. Die Nachfolge Christi ist für Arndt *das* gute Werk, das aus dem Glauben erwachsen muss, wo er echt und lebendig ist, und dieser Schwerpunkt bestätigt wiederum sein reformatorisches Geprägtsein. Die Nachfolge Christi als das gute Werk des Glaubens bedeutet für Arndt Liebe schlechthin. Wo aber das Passionsgepräge der Nachfolge überwiegt, da ist Arndt ein Tröster der Leidenden, indem er das Leiden auf dem Nachfolgeweg dem Christen als Lebensdeutung darstellt. Die Nachfolge als Leidensweg dient dem Trost, die Nachfolge, die mit Liebe verbunden ist, dient dem ethischen Anliegen. Auch wo die Nachfolge als Voraussetzung der Gotteserfahrung beschrieben wird, ist das ethische Anliegen vorhanden, denn der Gotteserfahrung kommt bei Arndt vornehmlich als Kraftquelle der Erneuerung Bedeutung zu.

Die Leben-Jesu-Frömmigkeit erhält bei Arndt einen Ausdruck, der ihn besonders mit Angela verbindet: Christus ist das Buch des Lebens. Zwar wird dieser Begriff in seinem biblischen Sinn z.B. in der Konkordienformel angewendet, und Arndt kann auch so reden, aber wo Christus als Vorbild als das Buch des Lebens dargestellt wird, da nehmen wir Einflüsse von Angela an, und dies führt uns zu der Vermutung, dass Angelas Wirkung auf Arndt etwa zwischen 1601 und 1603 begonnen hat. In den späteren Schriften haben wir den Begriff nicht gefunden.

Für die theologischen Auseinandersetzungen in der damaligen Zeit war die Beziehung zwischen dem Wort Gottes und dem Werk des Geistes von zentraler Bedeutung. Arndt steht hier auf orthodox lutherischem Boden, obwohl er sich manchmal unklar ausdrücken konnte. Die Fragen, die sich aus diesen Auseinandersetzungen ergaben, liegen der Gedankenwelt der Mystiker, mit Ausnahme von Staupitz, fern. Die Mystiker zielen vielmehr auf das Hören des Wortes im Inneren, die Erfahrung vom Wort. Damit meinen sie dieselbe Wirklichkeit wie die Gottesvereinigung. Arndt hat ihren Gedanken aufgegriffen. Untersucht man aber die konkreten Arndtschen Aussagen, so sieht man, dass dieses Hören des Wortes im Inneren nichts anderes ist, als eine lebendige Erfahrung der Botschaft des äusseren Wortes. Auf dieses *äussere* Wort fällt bei Arndt der Nachdruck, während Taulers Akzent auf dem Hören des *ewigen* Wortes Gottes im Inneren liegt. Wir haben darin ein weiteres Anzeichen dafür gesehen, wie verschieden Arndts Frömmigkeit von der Taulers ist, da Tauler immer auf die verborgene Einheit Gottes, den Abgrund zielt, während Arndts Glaube sich auf Christus und die heilige Dreieinigkeit richtet.

Für Arndt wie für die Mystiker ist die Hauptsache die Verwirklichung des Wortes im Leben des Christen, die Umwandlung der Lehre in Leben. Sie geschieht durch die lebendige Erfahrung, das Schmecken des Wortes. Die Mystiker haben Arndt den Weg zu dieser Erfahrung gezeigt, obwohl das erfahrene Wort, wie gesagt, für Arndt nicht wie für Tauler das ewige, sondern das äussere Wort Gottes ist. Arndt ist hier zwar von den Mystikern beeinflusst, sie bieten ihm einen Weg zur Lösung der pastoralen Fragestellung an. Sein reformatorisches Bewusstsein bestätigt sich jedoch eben hier in seiner Betonung des äusseren Wortes.

Das Hören des inneren Wortes steht der Erfahrung nahe, die als Vereinigung mit Gott beschrieben wird. Diese Erfahrung geht bei Arndt und Tauler von verschiedenen Wirklichkeiten aus. Für Tauler steht die Allgegenwart Gottes im Vordergrund, für Arndt dagegen die gnadenhafte Einwohnung Christi und der Heiligen Dreifaltigkeit durch den Glauben in der Seele des Christen. Die Taulersche Seelenkunde bietet die Voraussetzung der Introversionsmystik, die zur Gotteserfahrung führt, da die Gegenwart Gottes in der Seele nicht nur eine im Glauben erfasste, sondern auch eine in der Erfahrung angeeignete Wirklichkeit wird. Schon in der Leichenpredigt von 1603 hat diese Frömmigkeit auf Arndt gewirkt, um einen Höhepunkt im Dritten Buch des WChr zu erreichen. In den späteren Schriften wird ihr Einfluss wieder schwächer, und obwohl sie von Arndt in der Repetitio Apologetica noch 1620 verteidigt wird, schweigt sie in dem untersuchten Traktat desselben Jahres. Wir fanden aber einen anderen Gedankenkreis in diesem Zusammenhang, der den Weg zur Gottesvereinigung beschreibt, mit Worten des biblischen Denkens, wie Glaube, Busse, Liebe, Gebet, und dieser Kreis, der schon im WChr deutlich ausgeprägt ist, tritt in den späteren Schriften noch stärker hervor. Indessen sind die beiden Kreise nicht völlig voneinander getrennt, sie haben, besonders im WChr, spürbar aufeinander eingewirkt.

Arndt hat im WChr die geistliche Erfahrung durch die Introversionsmystik gesucht. Die Ausdrücke, die diese Erfahrung beschreiben, sind jedoch im WChr so wenig ausgeprägt, dass in der früheren Forschung angenommen wurde, Arndt habe selber überhaupt keine mystischen Erlebnisse erfahren; im dem untersuchten Traktat aber wird die Gotteserfahrung teilweise in der überschwenglichen Sprache des Hohen Liedes, beschrieben, und hier hat Arndt die Introversionsmystik grösstenteils verlassen, um vielmehr eine Akzentverschiebung der Frömmigkeit in Richtung auf die objektiven Glaubenstatsachen darzustellen. Wir haben verschiedene Möglichkeiten, diese Tatsache zu verstehen.

Arndt hat sich seit der Veröffentlichung des WChr von der Introversionsmystik entfernt, und zugleich hat er in dem späten Traktat die geistliche Erfahrung mit Worten zum Ausdruck gebracht, wie sie im WChr kaum zu finden sind. Diese Worte haben einerseits so viel mit Bernhards Gedanken gemeinsam, dass wir eine stärkere Einwirkung der Bernhardinischen Mystik auf Arndt annehmen, obwohl die deutsche Mystik ihm auch verbleibende Eindrücke vermittelt hat, anderseits deutet die Akzentverschiebung in Richtung einer Gnadenmittelfrömmigkeit eine Zunahme von Arndts evangelischem Bewusstsein an. Die Spuren der Naturphilosophie sind in den hier untersuchten späteren Schriften gering.

Die hier erreichten Ergebnisse lassen sich folgendermassen zusammenfassen: Bei dem alten Arndt ist Taulers Einfluss abgeschwächt. Die Introversionsmystik schweigt grösstenteils. Ebenfalls abgeschwächt ist die Einwirkung Angelas; von ihrer Passionsfrömmigkeit sind nur wenige Ansätze erkennbar. Verbleibend ist aber der ethische Ansatz der Mystiker, die auf Arndt zur Zeit seiner Arbeit am WChr eingewirkt haben: Tauler, ThD, Thomas à Kempis, Staupitz und Angela (A). Mit neuer Kraft wirkt aber nun an Arndt die Bernhardinische Frömmigkeit (B).

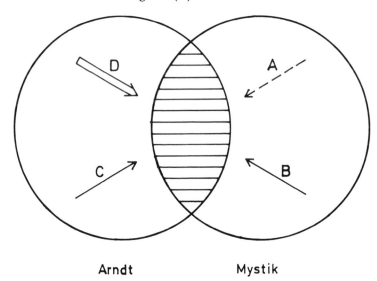

Arndt   Mystik

Die Verbundenheit Arndts mit Bernhards Spiritualität haben wir in dieser Arbeit nur andeutungsweise untersucht. Hier stellt sich der Forschung eine Aufgabe, die nur mit Hilfe einer genauen Untersuchung der Postille und des Paradiesgärtleins zu lösen ist. Erst wenn diese Aufgabe gelöst sein wird, kann die Frage nach Arndts Verhältnis zu den "Büchern im Staube" endgültig beantwortet werden. Dass in dieser Arbeit der Schwerpunkt bei dem WChr liegt, erklärt sich einerseits durch die Notwendigkeit einer Abgrenzung, anderseits durch die grössere wirkungsgeschichtliche Bedeutung dieses Werkes.

Auf Arndts Mystik-Rezeption hat sein ethisches Anliegen (C) eine bleibende Wirkung. Bei dem alten Arndt wird sie zudem von einer zunehmenden Prägung durch die evangelische Frömmigkeit (D) gekennzeichnet.

Die Erfahrung der Einwohnung Christi in der Seele ist der Brennpunkt der mystischen Spiritualität. Zu dieser Erfahrung will Arndt seine Leser führen. Die Art der Gegenwart Gottes im Inneren beschreibt Arndt mit einem anderen Akzent als Tauler: Tauler, der auf den Abgrund Gottes ausgerichtet ist, geht vornehmlich von der Allgegenwart Gottes aus, Arndt dagegen denkt an die gnadenhafte Einwohnung Christi und der heiligen Dreifaltigkeit durch den Glauben. Die Arndtsche Mystik setzt also immer den rechtfertigenden, von dem Wort Gottes gewirkten Glauben voraus, auch wo sie den mit Tauler gemeinsamen Weg der Introversionsmystik geht, und Arndt hat die Mystiker auch mit dieser Voraussetzung gelesen.

Arndts Anliegen ist jedoch nicht die geistliche Erfahrung der Einwohnung Christi in der Seele, sondern die ethische Erneuerung, die er aus der Erfahrung dieser Glaubenswirklichkeit erwartet. Der Weg des Mystikers und sein Ziel sind für Arndt ein Mittel, seine pastorale Frage zu beantworten, nicht eine Spiritualität, die an sich Wert hat. Die Schriften der Mystiker waren für ihn immer "Büchlein, die zu einem heiligen Leben führen".

Arndt ist auf eine pastorale Schwierigkeit gestossen, von der viele seiner Zeitgenossen zeugen: Die Intellektualisierung des Glaubens und das Fehlen ethischer Kraft im Glaubensleben. Mit mehr Kühnheit als Vorsicht hat er versucht, diese Schwierigkeit zu überwinden. Teilweise hat er dabei an Gedanken Luthers angeknüpft, z.B. an dessen Lehre vom lebendigen, tätigen Glauben; hauptsächlich hat aber seine Verarbeitung des geistlichen Erbes der Mystik ihm dabei geholfen. Es lässt sich schwer beweisen, dass Arndt absichtlich von der evangelischen Lehre abgewichen ist. Sein ethischer Schwerpunkt und die Betonung der Erfahrung, besonders im WChr, unterscheiden sich von der reformatorischen Frömmigkeit. Die Würdigung dieser Tatsache kann verschieden ausfallen. Wird an Arndts wirkungsgeschichtliche Bedeutung gedacht, muss das WChr im Vordergrund stehen, und dann werden die Streitigkeiten um Arndt und

Urteile wie Ritschls weniger unbegreiflich, obwohl man in mancher Hinsicht Arndt gegenüber ungerecht gewesen ist. Ist die Frage geschichtlich gestellt, dann muss mit Arndts ganzem Schrifttum und mit dem von Arndt im WChr und in seiner Mystik-Rezeption vorausgesetzten Gedankengut gerechnet werden. Bei einer Beurteilung von einem solchen Ausgangspunkt her wird man eher in Johann Gerhards Urteil einstimmen, "quod rectius sentiat, quam loquitur".

QUELLEN

Arndt, Johann: Vier Bücher Von wahrem Christenthumb, Das erste Buch, Braunschweig 1606
- Vier Bücher Von wahrem Christenthumb, Magdeburg 1610
- Vier Bücher Vom Wahren Christenthum, Stade 1706
- Sechs Bücher Vom Wahren Christentum, Mühlheim a.d. Ruhr 1955
- Paradiss Gärtlein, Magdeburg 1612
- Postilla, Jehna 1620
- Der gantze Catechismus, Erstlich in sechstzig Predigten ausgelegt, Jehna MDCXXX
- Leichenpredigt für Bürgermeisterin Schöppenstedt, Braunschweig 1604
ThD: Die Deutsche Theologia, Hg. Johann Arndt, Lüneburg 1621
Theologia Deutsch, Hg. Herm. Mandel, Leipzig 1908
Tauler, Johannes: Johannis Tauleri des seligen lerers Predig, Basel 1522
- Postilla, Hamburg 1621
- Die Predigten Taulers, Hg. Ferd. Vetter, Berlin 1910
- Predigten, Hg. Georg Hofmann, Freiburg im Breisgau 1961, Neudruck: Einsiedeln 1979
Thomas à Kempis: Nachfolgung Christi, Hg. Joh. Arndt, Magdeburg 1606
Staupitz, Johann: Zwey alte geistreiche Büchlein... Von der holdseligen Liebe Gottes... Von unserm H. Christlichen Glauben, Hg. Joh. Arndt, Braunschweig 1605
Angela von Foligno: /Visiones et Instructiones / B. Angela de Fulginio, ostendens nobis veram viam qva possumus seqvi vestigia nostri Redemptoris, Coloniae Agrippinae MDCI
- Visionum et instructionum liber, Hg. J. H. Lammertz, Coloniae, Bonnae et Bruxellis MDCCCLI
- Gesichte und Unterweisungen, übers. von J. H. Lammertz, Köln, Bonn u. Brüssel 1851
Weigel, Valentin: Ein schön Gebetbüchlein, Newen Stadt 1618

LITERATUR

Adam,Alfred: Dogmengeschichte I-II, Gütersloh 1981

Andersson, Torsten: Gammaltestamentliga texter i kyrkans guds-
tjänst, Lund 1969

Arndt, Friedrich: Johann Arndt, Berlin 1838

Augustin: The City of God, ed. David Knowles, Harmondsworth
1980

– Bekenntnisse, Paderborn MCMLII

Baeumker, Cl.: Der Platonismus im Mittelalter, in: Platonismus in
der Philosophie des Mittelalters, Hg. Werner Beierwaltes, Darmstadt 1969

Barth, Hans-Martin: Atheismus und Orthodoxie, Göttingen 1971

Bernhard von Clairvaux: On the Song of Songs Bd I-IV, Michigan
1979-80

– Sancti Bernardi Opera Bd 1-2: Sermones super Cantica Canti-
corum, Romae 1957-58

Beyschlag, Karlmann: Grundriss der Dogmengeschichte, Bd I,
Darmstadt 1982

Bihlmeyer, Karl(Hg.): Die apostolischen Väter, Tübingen 1956

Bornkamm, H.: Mystik, Spiritualismus und die Anfänge des Pietismus im Luthertum, in: Vorträge der Theologischen Konferenz, 44
Folge, Giessen 1926

Brecht, Martin: Philipp Jakob Spener und das Wahre Christentum,
in: Pietismus und Neuzeit, Bd IV, 1977/1978, Göttingen 1978

Brenz, Johannes: Opera, Bd VII, Tubingae 1578

Brown,Peter: Augustine of Hippo, London 1979

Butler, Cuthbert: Western Mysticism, London 1967

Congar, Yves: La Foi et la Théologie, Tournai 1962

– Mystikernas språk och teologernas språk, Lumen 7/1964

Delitzsch, Franz: Wer sind die Mystiker?, Leipzig 1842

Denifle, Heinrich Seuse: Die Deutschen Mystiker des 14. Jahrhunderts, Freiburg in der Schweiz 1951

Dionysius Areopagita: Göttliche Namen, übers. v. J. Stiglmayer,
München 1933

Doncoeur, P.: Angèle de Foligno, in: Dictionnaire de Spiritualité, Bd
I, Paris 1937

Faivre, Antoine/ Zimmermann, Rolf Christian (Hg.): Epochen der
Naturmystik, Berlin 1979

Filthaut, E. (Hg.): Johannes Tauler - ein deutscher Mystiker;
Gedenkschrift zum 600. Todestag, Essen 1961

Fischer, Erdmann Rudolph: Vita Joannis Gerhardi, Lipsiae
MDCCXXIII

Franz, Günther: Bücherzensur und Irenik, in: Theologen und Theologie an der Universität Tübingen. Hg. von Martin Brecht, Tübingen 1977

Gerhard, Johann Ernst: Epistola ad amicum, Frankfurt und Leipzig 1720

Gerhard, Johann:Loci theologici, ed. Cotta I-XX, Tubingae 1767-81
— Postille Erster Teil, Berlin 1870

Gilson, Étienne: Introduction à l'étude de Saint Augustin, Paris 1949
— La théologie mystique de Saint Bernhard, Paris 1934
— The Elements of Christian Philosophy, New York 1963

Grützmacher, Richard H.: Wort und Geist, Leipzig 1902

Hashagen, Fr.: Johann Arndt, in: Predigt der Kirche, Bd XXVI, Leipzig 1894

Hector, Ingvar: Ritschls Arndt-kritik och luthersk uppfattning av rättfärdiggörelse och helgelse (in Maschinen − schrift) Lund 1964

Heiler, Fr.: Gelassenheit, in: RGG Bd II, Tübingen 1958

Hoffman, Bengt R.: Luther and the Mystics, Minneapolis 1976

Hofmann, R.: Nachfolge Christi, LTK Bd VII, Freiburg 1962

Hägglund, Bengt:Die Bedeutung der "regula fidei" als Grundlage theologischer Aussagen. Studia Theologica XII, 1, Lund 1958
— De homine − Människouppfattning i äldre luthersk tradition, Lund 1959
— Die Voraussetzungen der Rechtfertigungslehre Luthers in der spätmittelalterlichen Theologie. Lutherische Rundschau II/ 1961
— Luther und die Mystik, in: Kirche, Mystik, Heiligung und das Natürliche bei Luther, hg. von Ivar Asheim, Göttingen 1967
— Traditionens struktur, Svensk Teologisk Kvartalskrift 1969
— Traditionsforskningen och den historiska metoden, in: Årsbok för Vetenskapssocieteten i Lund 1974
— Trons mönster, Lund 1982
— Geschichte der Theologie. Ein Abriss, München 1983

Inge, W.R.: Christian Mysticism, London 1899

Iserloh, Erwin: Luther und die Mystik, in: Kirche, Mystik, Heiligung und das Natürliche bei Luther, hg. von Ivar Asheim, Göttingen 1967
— Nachfolge Christi, LTK Bd VII, Freiburg 1962

Kähler, Martin: Tugend; Realenzyklopädie für prot. Theologie und Kirche, Bd XX, Leipzig 1908

Karmiris, John: A Synopsis of the Dogmatic Theology of the Orthodox Catholic Church, Scranton 1973

Kelly, J.N.D.: Early Christian Doctrines, London 1977

Kemper, Hans-Georg: Gottebenbildlichkeit und Naturnachahmung im Säkularisierungsprozess, Bd I, Tübingen 1981

Koch, Ernst: Nicht nur ein Streit um Worte. Die Auseinandersetzung um den Tertius usus legis in Frankfurt/ Oder als Teil der

Vorgeschichte der Artikel IV bis VI der Konkordienformel. In: Bekenntnis zur Wahrheit, Hg. Jobst Schöne, Erlangen 1978

Koch, Hal/Kornerup, Bjørn:Den danske Kirkes historie Bd IV, København 1959

Koepp, Wilhelm: Johann Arndt - eine Untersuchung über die Mystik im Luthertum, Berlin 1912

– Johann Arndt und sein "Wahres Christentum", Berlin 1959

Leclève, Louis: Sainte Angèle de Foligno, Paris 1936

Lenfant, David: Concordantiae Augustinianae, Bruxelles 1963

Lohse, Bernhard: Martin Luther, München 1981

Lorenz, R.: Augustinus, in RGG Bd I, Tübingen 1957

Lossky, Vladimir: The Mystical Theology of the Eastern Church, London 1973

Lund, Eric: Johann Arndt and the Development of a Lutheran Spiritual Tradition. Diss. phil. Yale University 1979

Lyngdal, Lars Erik og Rönning, Rolf: Vitenskapskritikk, Oslo 1977

Melanchthon, Philip: Loci Communes, Lipsiae MDXLVI

Nygren, Anders: Tro och vetande, Helsingfors 1970

Oberman, Heiko A.: Simul gemitus et raptus, in: Kirche, Mystik, Heiligung und das Natürliche bei Luther, hg. von Ivar Asheim, Göttingen 1967

– Preface to Johann Arndt: True Christianity, London 1979

Osiander, Lucas: Theologisches Bedencken, Tübingen 1624

Pagel, Walter: Paracelsus, Basel 1958

Pleijel, Hilding: Die Bedeutung Johann Arndts für das schwedische Frömmigkeitsleben, in: Festschrift an Martin Schmidt, Bielefeld 1975

Preger, Wilhelm: Geschichte der deutschen Mystik im Mittelalter, Bd III, Leipzig 1893

Prenter, Regin: Guds virkelighed, Fredericia 1982

– Theologie und Gottesdienst, Århus 1977

Przywara, Erich: Augustinus - die Gestalt als Gefüge, Leipzig MCMXXXIV

von Rad, Gerhard: Die Theologie des Alten Testaments, Bd II, München 1960

Rahner, H.: Die Gottesgeburt. Die Lehre der Kirchenväter von der Geburt Christi im Herzen des Gläubigen. Zeitschrift für katholische Theologie 59/1935

Rauch, Winthir: Das Buch Gottes, München 1961

Rayez, André: Humanité du Christ. Age d'or de la dévotion médiévale. Dictionnaire de Spiritualité Bd VII:1, Paris 1969

Ritschl, Albrecht: Geschichte des Pietismus, Bd II, Bonn 1884

Ritschl, Otto: Dogmengeschichte des Protestantismus, Bd IV, Göttingen 1927

Rolt, C.E. (Hg.): Dionysius the Areopagite, London 1977

Sanders, D.: Wörterbuch der deutschen Sprache, Leipzig 1860 - Berlin 1885

Sasse, Hermann: In statu confessionis, Bd II, Hermannsburg 1976
 — Sacra Scriptura, Hermannsburg 1981

Schindler, Alfred: Augustin/Augustinismus I, TRE Bd IV, Berlin — New York 1979

Schlüter, Dietrich M.: Philosophische Grundlagen der Lehren Johannes Taulers, in: Johannes Tauler - ein deutscher Mystiker, hg. von E. Filthaut, Essen 1961

Schmidt, Martin: Augustin/Augustinismus IV. Augustinismus in der Neuzeit, TRE Bd IV, Berlin — New York 1979

Schneider, Hans: Johann Arndt und die makarischen Homilien, in: Makarios-Symposium über das Böse, Hg. Werner Strothmann, Wiesbaden 1983

Schwager, Hans-Joachim: Johann Arndts Bemühen um die rechte Gestaltung des Neuen Lebens der Gläubigen, Gütersloh 1961

Seebass, Fr.: Johann Arndt - der Kämpfer für das wahre Christentum, Giessen 1955

Spink, Georg Samuel: John Arndt's Religious Thought: A Study in German Proto-Pietism. Diss. Temple University 1970

Steinmetz, David C.: Luther and Staupitz, Durham 1980

Stöckl, Albrecht: Geschichte der Philosophie des Mittelalters, Bd II, Mainz 1865

Stoeffler, F. Ernest: Johann Arndt, in: Orthodoxie und Pietismus, hg. von Martin Greschat, Stuttgart 1982

Stoltz, Anselm: Theologie der Mystik, Regensburg 1936

Söderblom, Nathan: Till mystikens belysning, Lund 1980

Tersteegen, Gerhard: Ausserlesene Lebensbeschreibungen Heiliger Seelen, Bd II, Frankfurt und Leipzig 1735

Tholuck, A.: Lebenszeugen der lutherischen Kirche, Berlin 1859

Wallmann, Johannes: Die Anfänge des Pietismus, in: Pietismus und Neuzeit, Bd IV, 1977/78
 — Herzog August zu Braunschweig und Lüneburg als Gestalt der Kirchengeschichte, in: Pietismus und Neuzeit, Bd VI, 1980
 — Johann Arndt und die protestantische Frömmigkeit. Zur Rezeption der mittelalterlichen Mystik im Luthertum, in: Frömmigkeit in der frühen Neuzeit, hg. von D. Breuer, Amsterdam 1984
 — Zwischen Reformation und Humanismus, in: Zeitschrift für Kirche und Theologie 3/1977

Walter, Jörg: Rat und Bürgerhauptleute in Braunschweig 1576 - 1604, Braunschweig 1971

Weber, Edmund: Johann Arndts vier Bücher vom wahren Christentum, Hildesheim 1978

Weilner, Ignaz: Johannes Taulers Bekehrungsweg, Regensburg 1961

Wiebe, Orlando Harold: Johann Arndt - Precursor of Pietism. Diss.

University of Iowa 1965

Winter, Friedrich Julius: Johann Arndt, Leipzig 1911

Wrede, Gösta: Unio mystica - Probleme der Erfahrung bei Johannes Tauler, Uppsala 1974

Wyser, Paul: Der "Seelengrund" in Taulers Predigten, in: Lebendiges Mittelalter, Festgabe für Wolfgang Stammler, Freiburg in der Schweiz 1958

Zeller, Winfried: Theologie und Frömmigkeit I-II, Marburg 1971, 1978